U0073711

創見文化，智慧的銳眼
www.book4u.com.tw　　www.silkbook.com

王道：未來3.0

獨家附贈
「明天以後的世界」有聲書CD
The world of The days after tomorrow
Future 3.0

世界不說，你卻一定要知道的未來趨勢

為什麼一天到晚為了生活拼命卻還是深陷危機？一語道破，這正是你「不重視未來的結果」。

上海世博主題論壇「未來學」主講人
亞洲八大名師
王寶玲——著

一本所有企業主、
投資人與平凡「窮忙族」該注目的趨勢預言書。
你覺得未來是一種宿命嗎？現在，就奪回主導權吧！

華 人 世 界 非 文 學 類 暢 銷 書 最 多 的 本 土 作 家

王 寶 玲 博士

　　台灣知名的未來學專家Dr.Wang王寶玲博士，自年輕時代就充滿了理想與抱負，立志要創造一番非凡的作為。就讀建國中學時期，受到數學老師林昌煜、歷史老師辛意雲與國文老師林宣生等師長們的啟迪，認真投入校刊（建青）和班刊（建雛、涓流等）編輯的工作，不管是企劃、採訪、邀稿、編輯、印刷與發行樣樣都自己來，除了大量閱讀圖書與報章雜誌之外，也發表自己的創作，無疑是位標準的文藝青年，並自此開始對文化傳承與出版傳播事業產生了濃厚的興趣。就讀台灣大學期間，他不斷思考未來人生要走的路，並認真考慮投入教育文化、數位內容（Digital Contents）等拓展軟實力的傳媒產業之可能性。畢業後，他遠赴美國加州大學洛杉磯校區（UCLA）攻讀MBA和統計學博士，並於1989年學成歸國。

　　王博士回台後，展開了他的圓夢計畫，在20年內創辦了輻射全世界的華文內容產業集團與全球華文聯合出版平台，他潛心研究未來的科技、管理、行銷、微型創業、圖文傳播與內容（ICP）產業，使得王博士不僅事業有成（全球華文EP同步出版的領航者、名列亞洲八大名師首席），也從中悟出了不少有關未來的生存發展之道和成功心法。王博士貴為亞洲八大名師之首，在2010年受邀到上海世博主題論壇中擔任「未來學」的主講者，2012年更受聯合國UNDP之邀發表有關未來世界的專題報告。而為了讓後人能分享他多年來研究未來學的精髓，特別將這些研究成果，完整收錄在本書與附贈的有聲書CD之中，希望能夠激勵和幫助更多的人轉換思維，成為不被時代巨浪吞噬的新一代「未來人」，並能逐步實現夢想，邁向成功！

In the future , impossible is nothing

未來的可能性看似瘋狂、看似無邊無際,卻沒有「不可能」。

　　吾友寶玲在本書中引用了一段瑞士科學家的話語——「我們必須了解地球、太空與大腦。我們必須了解人之所以為人的原因。」可說是本書的最佳註解。

　　在《王道:未來3.0》當中,王博士鉅細靡遺地闡述了關於人類、國際社會、科技與醫學進步、你我所處的生態環境,甚至到達航太領域的未來發展,這些都是讓人類可以更了解自我以選擇未來的實效知識。

　　在幾個世紀之前,許多人類認為「不可能」,甚至不願去思考想像的事物,在現代卻被世人視為理所當然,無論是登陸月球、人手一支iPhone或HTC、用電腦Skype視訊會議,或是人工受孕的試管嬰兒等……短短幾個世代,人類就已經不斷地超越自我極限,將夢想化作眼前的現實;同樣地,在未來,人類的智慧與科技的進步將更加神速(或說超速),「沒有不可能」的能力也將大幅提升。基於這樣的觀點,王博士在本書中提到的諸多未來圖像,看似「瘋狂」、看似「不可能」,但你卻無法斷言它將來真的「不可能」存在。

王博士撰寫這本《王道：未來3.0》的目的，除了以最簡單的說明、最宏觀的角度帶領讀者朋友們一同窺探你我與世界的未來面貌之外，我想最重要的，還是在於未來學的最大積極作用——改變未來。

　　在字裡行間，王博士不只一次透露出「未來決定於現在人類的活動與選擇」之觀念，強調現在的行動與決策將會大大影響未來，就如「蝴蝶效應」，將會對未來有著深遠的、根本性的改變。因此，如果你我希望等在那裡的自己的未來是美好的、是充滿笑容的，那麼在現在這個當下就應該謹言慎行，為未來施肥料，而不是埋下禍根。

　　眼前的地球暖化，是過往經濟發展遺留下來的毒瘤；糧食短缺，是過去農地變更與現在人口過剩衍生而來的苦果。既然，未來是可以改變的，那麼在此時此刻，人類就必須共同承擔守護地球的責任，掃除我們已經可預見到的生態與社會發展隱憂。

　　王博士就像未雨綢繆的先知，一方面對未來懷抱著無限憧憬，一方面對於未來又顯得憂心忡忡。因此，他不僅提出令人嚮往的願景，又寫下關於道德、人際關係以及環境的反思。「發展」就像革命，都是先破壞而後建設的，只是它破壞的是生態，而建設的卻是人類無止境的欲望。雖然說有得必有失，但我們必須斟酌這樣的「得」是否值得我們的「失」？人類追求進步的歲月中，是否有一些重要卻容易被忽略的價值就此犧牲，並且再也喚不回了、回不去了？這一切的一切，都是你我一般的市井小民無法逃避的大哉問。

　　如今，在全球化的浪潮之下，遠在地球另一端的某個小島國的某一戶人家發生的某一件事，都可能與你切身相關。所以，你不能、也不該再對國際事務不聞不問。而王博士撰寫此書，就是為了使讀者朋友們的國際思維與未來觀甦醒。

即便你沒有從事任何投資，你也必須知道未來能源與科技概念的走向如何；即使你以後沒有移民的打算，你也應該了解未來的國際局勢；即使你已經捧著一個舒舒服服、穩穩妥妥的公務員鐵飯碗，你也不能不知道未來會有哪些新行業竄起？而又有哪些行業正在消逝？因為，世界改變的速度已經超越了所有的過去，你必須「先覺」以備後患。

在現代，唯一不變的真理是「改變」，一個只關心自己、只注意眼前熟悉事物的人，活在熟悉環境的人，終將被世界淘汰。你現在認為熟悉的人事物，可能在一夕之間完全改變，只有打開你的雙耳、雙眼，還有你的心，調整好心態隨時接收最新資訊，並且不斷加快自我思維的新陳代謝，才能在變化之中立於不敗。就算遭遇重大變故，你也能有恃無恐地安然度過。

《王道：未來3.0》可說是一本全方位的「未來攻略」，它能帶你一點一滴地拼湊未來，教你如何為自己規劃一個前途無量的將來，並且活化你的思維，激發你的創造與想像力。

如果，對於聽起來很飄渺無邊的「未來」，你感到不知所措、也不知如何去瞭解、感到欲振乏力，那麼，就從翻開這本書開始吧！讓王博士用通俗易懂的說明，為你打通名為「未來」的任督二脈！

于飛翔

編按▶于飛翔現為北京含章行文出版發行集團總裁

關於未來，
Simple is the best

未來世界包羅萬象、變化萬千，一個原則：「簡單就好」。

　　放眼坊間書局，「預測未來」、「看見未來」、「未來經濟」、「未來世界」……討論未來趨勢的書籍琳瑯滿目，讓人看了就是目眩神暈。多數作者因為對某一領域學有專攻，因此紛紛將未來趨勢化作文字出版，搖身一變成為預測大師。

　　可惜的是，這些關於未來的書目，大多僅從單一方向、單一角度來詮釋作者眼中的未來，例如經濟學者談金融、股票、證券及投資；生態學家就探討土地、暖化、大氣和冰川；軍事專家分析武器、國土、戰爭與談判；社會學家就探討人際關係、家庭、生活和工作；而科學家當然研究電腦科技、網路及3C……這樣的切入角度優點在於深入剖析、慧心獨具、夠專業，但對於一般讀者卻有著過於微觀且艱澀難懂的問題存在著。

　　反觀王博士的《王道：未來3.0》，卻清楚地解決了上述的偏頗點。在本書中，王博士豐富的學識表露無遺，舉凡醫療、科技、社會、經濟等，他皆能旁徵博引，侃侃而談。最重要的是，他用一種生活化的文字，將許多抽象的專有名詞或遙不可及的未來描繪地就像在

眼前。經過王博士融會貫通之後編寫的文字，未來學不再沉重難解，反而變得簡單易懂，變得「很親切」。

例如，「雲端運算」對未來生活會有什麼巨大影響？核融合與核分裂的差別在哪裡？幹細胞移植如何對現代醫療有貢獻？諸如此類疑問，在其它的同類著作當中不是過於複雜，無法三言兩語而解釋之；就是過於專業，即使你上窮碧落下黃泉地找資料，看了一堆術語也仍舊無法釐清。

但是，在《王道：未來3.0》當中，王博士卻娓娓道來，用既精確又簡易的方式讓讀者了解箇中涵義。讀完了這本書，就像是吸收了所有關於過去、現在及未來的發展菁華……當然不只是「讀懂」未來，下次等有人聊到相關話題，你還能舉一反三，為他們「解釋」未來究竟是怎麼一回事。

這都歸功於王博士深入淺出的文字底蘊。

綜觀本書，我認為此著作相較於其它探討未來學的書目來說，有著以下優點：

一、全面宏觀

如同前述，坊間眾多「趨勢大師」出版的著作，往往只就某一領域深入鑽研，因此缺乏全面性。在未來，經濟受能源影響，能源取決於科技，科技又影響國力，國力又將左右世界版圖……每一個環節都環環相扣、互為因果，因此，如果僅從單一面向理解未來，恐怕有以管窺豹之弊。

而本書正好補足了這項缺憾，它面面俱到地將未來世界的藍圖仔細勾勒，讓讀者用一種更為宏觀的眼光看未來，並且能做出綜合性思

考。閱讀此書，就像是吸收了數十本書的精髓。

二、化繁為簡

許多預測未來的專著，用字遣詞往往過於晦澀專業，即便讀者徹頭徹尾、反反覆覆閱讀個幾遍，但是對於大量專業術語還是丈二金剛摸不著頭腦，這樣不免顯得可惜。

反觀本書作者，雖然埋首研究「未來學」多年、雖然閱歷豐富，但他卻拒絕「吊書袋」，而以一種簡潔、平鋪直敘的方式，與讀者分享他對於未來的看法，還有對於各種創新科技的理解。讀完本書，讓你有種酣暢舒暢之感，更助你形塑「自己的」未來圖像。

三、平衡公正

一個人的言論，往往受自我觀點、身分、背景與環境影響。因此，經濟學家通常大力提倡經濟繁榮的前景，生態學家不免呼籲環境保育的重要，而生物學家當然極力宣揚基因工程的好處。

只是，生產與生態、人工與天然，本來就存在著對立與矛盾，無論是倒向哪一方，都不免有失偏頗。有鑑於此，王博士在此書中，一方面引介中外正在發展的新技術、新思維，一方面也不諱言地提醒讀者「顛覆傳統」需付出的背後代價有多大。

王博士的評判公正而平衡，多數避免以偏概全，因為他的最終目的，並不是「灌輸」讀者某種主張，而是激發讀者的多元思維與想像空間。例如，本書除了詳述微網誌的革新，也提到因此導致的網路個人資料外洩的危險；除了闡釋經濟與貿易擴張的趨勢，也敘述了「幸福指數」及「樂活」的風行。他關心的，不只是眼前利益，而是讓全

人類感到未來「進步、有希望」的正向福祉。

四、平易近人

最後，本書的最大特點，就是把「未來」拉進日常生活中，使讀者看待未來不再那麼「事不關己」。談國際局勢，一般人多半認為那是國家元首或是政客必須關注的事，但王博士卻能以「地球公民」的身分給予讀者「你不得不具有世界觀」的自覺；論及太空科技，你我或許以為那是太空人或科學家才需要懂的領域，但王博士同樣能以「太空移民」的構想喚起你的注意——因為未來你我的子孫都有可能住在外太空中！

2010年，上海世博期間，王博士曾受邀前往主講「未來學」，或許是因為與讀者有了第一線的互動，使得王博士在詮釋未來時，比其他專家學者更能貼近民眾、更理解民眾的閱讀需求。

本書可說是集結了王博士多年來對未來學的苦心鑽研，內容含英咀華、包羅萬象，對於錯過王博士於上海世博演講與2012年亞洲巡迴講演的朋友們來說，實為一大福音！祝福大家！

柯明朗

編按▶柯明朗博士現為風華集團總經理．上海中歐EMBA兼任教授

前言

誰說我們
無法預測未來？

如果你現在不願前進，那麼將來的風景就是陌生的了。

人類文明史已經走過了數千年歷程。在剛剛過去的20世紀中，人類社會發生了幾千年來不曾發生的巨變。腳踏21世紀的第一個10年，放眼未來，我們的眼前是一方空前開闊、空前絢麗的廣袤星空。

然而，當我們靜下心來思考「未來」，人類社會中諸多已知領域的未知變化、未知領域的懸而未解，依然不斷地強烈吸引我們的注意力，因此也推動無數的專家學者不辭辛勞地探求未來的真實。

我們的未來到底是如何的？當一個新的時代驟然降臨，地球和世界將會發生什麼變化？未來社會的發展將會有著怎樣的進步？我們又將如何面對未來職場中即將發生的巨大轉變？人類的未來又將能在戰勝疾病、克服衰老的夢想上邁出多精彩的步伐……？

當然，每個人或多或少都對未來世界充滿了好奇與幻想。100年前，人類實現像鳥一樣飛翔的夢想；50年前，人類邁開了飛向浩瀚宇宙的第一步……可見，先有夢想才能打造未來，對於你我生存的這個世界來說，2020年、甚至2050年的地球、社會環境、日常生活、職場及醫療技術等，也並非不存在著「夢想」與「可能」。

如今，我們站在最新科技發展的前端，當然可以暢想未來前景。只是，面對未來，我們心中可能會湧起更多的複雜感受，因為未來同樣地可能充滿了美好，也帶給我們無止盡的擔憂。但是記得，歷史它的自然而然，終究無人可擋，與其杞人憂天，不如試著面對未來、了解未來、進而試圖扭轉未來並創造未來。

無論是國與國之間、企業之間還是人與人之間，想要在人事物上取得先機，成為未來的贏家，關鍵都取決在於我們是否能正確地瞭解未來情勢、掌控未來發展。

在過去，人類因為網路，開始了第一波的浪潮，或者稱為「Web1.0」，這個時代的特徵，就是企業單向地在網站上發佈訊息，消費者單方面地上網擷取自己所需要的資訊；而從2003年開始，「Web1.0」與「Web2.0」轉換了，網友們有了更大的自主性，他們可以自由地在網路平台上發表意見、分享經驗或成果，使網路世界變成了一個無限大的「集體智庫」。

如今，你我已經來到「Web3.0」時代，即結合了「三螢一雲」以及「互聯網」的意思。我們說，身處在擁有龐大資訊處理能力及人工智慧的「雲腦」時代裡，所有的人類活動、疑難雜症，只要上網，就能立即得到各種回應與解決辦法，這，不就是更智慧的未來嗎？

無論是人類過去的活動，還是現在社會的種種決策，這都是正在形塑你我共同未來的一種過程。在未來，「科技」將會是主宰人類社會、經濟、醫療、生態以及能源發展的最大關鍵。因此，筆者以《王道：未來3.0》、副書名——世界不說，你卻一定要知道的未來趨勢，來為本書命名，目的就是為了強調「奠基過去、關注現在、放眼未來」的至大重要性。在筆者2010年的拙著《王道：成功3.0》當

中，我提出了1.0、2.0乃至3.0的成功三部曲；而同屬一系列的《王道：未來3.0》中，「3.0」一詞正好突顯了本書的種種未來思維。

在《王道：未來3.0》當中，包含了各種對未來的預測和推想，但本書的根本目的除了預測近期未來，當然也不放過遙遠的未來。無非是希望能帶領讀者朋友們以全新的視角來看待現在熟悉的事物，並期望培養廣大的心胸來接受世界的新思維、以更清晰的思路解讀未來的種種進化。如果你現在不願前進，那麼將來的景象就都是陌生的了。

在此書當中，筆者探討了一些關於未來的重大議題，並深入淺出地闡述了由科技化與全球化所帶來的巨大變革，將會如何地影響你我未來的生活、工作方式甚至整個世界，同時描述了許多令人嚮往且能改變人類生活的力量，例如自體複製器官、虛擬辦公及奈米醫療機器人等。

又如同多數人對「Web3.0」時代五花八門、莫衷一是的詮釋，對於未知的未來，人們總是有著各式各樣，或天馬行空、或信誓旦旦的想像。但「未來」卻始終像是一片神秘的荒原，我們只能任憑想像馳騁其中。

因此，本書並不是要探討未來的具體型態（因為沒有人知道正確答案，除非他活得夠久），反倒是對焦在未來的「各種可能性」上，當然還有每個人腦海中曾想像過的，那些多采多姿的未來藍圖。

透過本書，筆者希望國家決策者能瞭解關於未來發展的重大議題；企業經營者能掌握未來商業的蓬勃走向；科研人員能研究未來科技的進化程度；上班族與學生族群能認知到自己未來的補強方向；醫療工作者能洞悉到人類與生命未來的最大可能性……。

在某種程度上，本書主旨是對過去、已出現之新事物，與現在、未來的全方位回顧與探討，我們更可以從中設想未來會如何發展，從而形塑自己的未來。不過，通常更多靈光一閃的idea與各種突發事件，也必定會不斷地打壞你我的未來規劃和第一預測——但是不論如何，這通常也比對未來什麼都不想的要好。

　　希望透過本書所傳達出的未來觀，可以帶給您更多對於未來的美好想望，開啟您的未來之眼，讓「本夢比」不再是一場夢！

王寶玲

于台北 上林苑

作者簡介　　　　　　　　　　　　　　　　　　　　　002

推薦序一　In the future, impossible is nothing　　003

推薦序二　關於未來，Simple is the best　　　　　006

前言——誰說我們無法預測未來　　　　　　　　　010

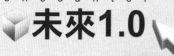

encounter

未來1.0

Overture
預測未來，請先看懂「未來學」

01　未來學到底是……　　　　　　　　　　　　022

02　既非占卜也非算命　　　　　　　　　　　　027

03　前瞻未來的價值在於做正確的選擇　　　　029

04　未來學教你如何看未來　　　　　　　　　033

05　時至今日的未來學　　　　　　　　　　　036

Chapter1
面對，你我挑起的地球殘酷報復

1-1　重大天災接連不斷　　　　　　　　　　　040

1-2　溫室效應遠比你想像還殘酷　　　　　　　047

1-3　電影「2012」可能真實上演　　　　　　　053

1-4　各國造孽全球擔　　　　　　　　　　　　056

1-5　上帝伸出手，還有時間搶救物種　　　　　060

1-6　人口爆炸一眨眼　　　　　　　　　　　　064

1-7　核武戰爭將提前世界末日　　　　　　　　070

1-8　人造黑洞真能吞噬地球？　　　　　　　　074

1-9　天上宮闕會是什麼模樣？　　　　　　　　077

1-10 拿下「高邊疆」就能稱霸世界　　081

1-11 第三次世界大戰是星際大戰？　　084

Chapter2

你不能忽視，職場邊界正在消失

2-1　你的工作正在消失ing　　086

2-2　全球職場吹龍捲風　　090

2-3　你需要知道的未來職場現象　　093

2-4　未來前十大熱門行業排行榜　　098

2-5　女人，妳的名字是強者　　104

2-6　未來女性的熱門職業有哪些　　107

2-7　學蜜蜂──「蜂群式作業」　　111

2-8　打破刻板體制的「網絡式」組織　　114

2-9　再會了，我的辦公桌小隔間　　116

2-10　既封閉又開放的未來辦公室　　119

2-11　健康環保綠色辦公正是時尚　　121

2-12　你也會想試試的辦公設備　　125

Chapter3

搶先習成，你的進階版職場方向

3-1　告訴我未來最賺錢的行業　　129

3-2　你應該為了你的工作學會……　　136

3-3　抓對重點，你也可以創業吸金　　141

3-4　不是誰都可以的「遠距辦公」　　145

3-5　地點、時間靈活的「行動辦公室」　　148

3-6　保護地球的「綠領」成為新寵兒　　152

3-7　擋不了的「新五領」新商機　　155

breakthrough

未來2.0

Chapter4

近如咫尺，你我該注目的醫療趨勢

4-1	傷口小的微創手術正是潮流	164
4-2	我的家庭醫生是機器人	167
4-3	Stand up！久坐導致未來七成疾病	170
4-4	都市化與不良習慣造成罹癌病患增加	175
4-5	體貼女性，男性避孕藥即將問世？	178
4-6	移植器官不用等——自體複製	181
4-7	動物？還是機械？掀起器官移植革命	183

Chapter5

凌駕造物主，未來人類醫學超突破

5-1	未來醫學首突破的前十名	186
5-2	未來手術房，消失的醫生和護士	191
5-3	醫療用奈米機器人誕生	194
5-4	全人類的救世主——萬能細胞	198
5-5	延長壽命與數位醫療趨勢	201
5-6	人造肉量產，滋味如何？	204
5-7	一片皮膚養出孩子	206
5-8	你想訂做一個Baby嗎？	209
5-9	男性也可以懷孕？	212
5-10	道德煎熬——複製人悄然誕生	215
5-11	打造電腦人身的科學怪人	219
5-12	全面進化——新人種出現？	221

Chapter6

再會石油，新型能源比較好

6-1 核電爭議與尋找再生能源   224

6-2 史上最大的「藍金」爭奪戰   227

6-3 等到石油用完那一天……   231

6-4 拋棄石油比較好   234

6-5 沒有石油，用什麼驅動車子？   238

6-6 多種類車子即將取代汽車   240

6-7 高速火車與飛機的驚人進化   244

6-8 核融合發電將取代危險的核分裂   248

6-9 我們的科技決定能源的未來   251

6-10 未來的十大新型能源   254

Chapter7

備受矚目，後賈伯斯時代的未來科技

7-1 數位資訊包山包海   260

7-2 電子貨幣將完全取代紙幣   262

7-3 電子閱讀器崛起，徹底顛覆紙產業   265

7-4 麻瓜世界的魔法「電子紙」   267

7-5 心想事成，腦波控制電腦   270

7-6 打破形體限制的「未來電腦」   272

7-7 「未來電視」3D、智慧、螢幕大   275

7-8 「未來手機」，指尖上的萬事通   279

7-9 傷害隱私的手機病毒散播   282

efficacy
未來3.0

Chapter8
消費變革，從中國崛起到全球高齡化

8-1	世界格局發展方向	288
8-2	由農村與教育崛起的中國	293
8-3	中國山寨與挖角的經濟效應	295
8-4	中國薪資結構的轉變	299
8-5	0元是商業的未來	302
8-6	Web3.0即時網路時代來臨！	306
8-7	不可不知的「雲端運算」趨勢	310
8-8	再快一點！寬頻競速時代到來	313
8-9	資訊媒體傳播的「後革新」時代	317
8-10	「體驗式經濟」你喜歡嗎？	320
8-11	國際競爭已轉向大都會區	324
8-12	還沒發現？全球化就在你身邊	326
8-13	四海一家地球村取代了城市優勢	330
8-14	擋不住的全球高齡化趨勢	332

Chapter9
模式終結，一個人經濟成為主流

9-1	智慧城市將是現代城市的進化版	336
9-2	沒有市中心的都市	341
9-3	你也可能上演楚門秀	343
9-4	「學校」只是學習場所的統稱	346
9-5	你家的房子夠智慧、夠環保嗎？	349

9-6　傳統婚姻家庭模式宣告終結　354

9-7　你現在一個人嗎？　357

9-8　我的家人是機器人　361

9-9　機器人取代人類所有工作　366

Chapter10
樂活，先切換未來腦模式

10-1　未來的巨變，不會先等你換腦袋　369

10-2　善用數據，就會推測未來　374

10-3　緊跟社會脈動，從「無」想「有」　377

10-4　「熱門關鍵字」的背後意義　380

10-5　現在就會「後」（Post-）思考模式　382

10-6　開拓藍海＝尋找被遺漏的縫隙　384

10-7　硬實力+軟實力+巧實力　386

10-8　用國民幸福指數，幸福治國　388

10-9　回到過去，自給自足樂活風　392

10-10　醒來，請慢活　394

10-11　回歸綠色生活，幸福留子孫　399

appendix
附錄

‧出版的未來　406

‧中文關鍵字　438

‧英文關鍵字　442

‧Test！你進化成未來人了嗎？　446

‧未來便利貼！關於未來，他們是這樣說的　453

Wang's Golden Rules :Future3.0
The future that the world has never said

 Overture 　預測未來，請先看懂「未來學」

 Chapter 1 　面對，你我挑起的地球殘酷報復

 Chapter 2 　你不能忽視，職場邊界正在消失

 Chapter 3 　搶先習成，你的進階版職場方向

encounter
未來1.0

FUTURE 1.0

現在是好是壞，
都是過去一手造成的

為未來施肥料，而不是埋下禍根。

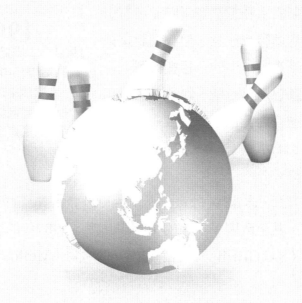

你、我的最大共通點就是——
為了未來生活，而非為了過去生活。

01/
未來學到底是……

1901年，當時任教於倫敦大學的英國作家威爾斯（H.G. Wells）率先提出了一種關於「未來的科學」的觀念，強調人類應該要有遠見思維，以求能提早面對即將到來的未知未來——這就是未來學的開端。

成功與失敗的關鍵在於未來力，如果你我想錯未來，跑錯方向，就可能遭受致命的結果。因此，要如何做情境規劃，如何思考發展策略，也就是我們決定未來存亡的最大關鍵。

未來學意識的種子

威爾斯的這種說法在當時並沒有引起什麼熱烈迴響或注意，但我們說這只是「未來學意識」中的一種初代雛型。而最讓人意想不到的是，到了20世紀40年代，這種理念竟也逐漸發展成一門影響世界甚鉅的重點學科，未來學種子至此終於開花。

追根究底，未來學（Futures Studies）能在歐美國家長此以往的發展下來，甚至改變了現在的世界觀，除了1907年的美國社會學家吉爾費蘭（S.C.Gilfillan）曾創造出一個名詞（Mellontology），意

關鍵數字

1901

1901年，英國作家威爾斯（H.G. Wells）率先提出「一種關於未來的科學」觀念，此後逐漸發展為我們今日所知的未來學。

思是「研究未來的事情」之外，我們說僑居美國的德國政治學教授奧西普・弗萊西泰姆（O. K. Flechtheim）可謂是功不可沒。如何能這麼說？因為正是這位政治學教授認為未來學將是「知識的前導」之極為重要的分支，並強烈主張要獨立開設一門「未來學」（Futurology）學科，這門新興學科才得以順勢地蓬勃發展。

簡單易懂的三大原則

如今，未來學已開花成為一門跨社會學、政治學、哲學、經濟學、軍事科學、生態學、環境科學、人口學、數學、資訊科學以及系統工程等各種領域的綜合性學科。它是「理論研究」，即是未來學的基礎理論、方法論、哲學觀點、流派、未來學家及其思想、未來思想發展史等；同時又是一個殺手級App的「應用研究」，即是預測未來的技術、未來的預測方法及其應用，當然也包括了趨勢分析、願景打造、策略規劃、政策分析與評估等等。

到了現代，由於研究未來學的學者專家們的前仆後繼，因此未來學的研究課題就產生了多種觀點，但我們說仍有三個原則是普遍獲得學者們的一致認可的。

◎原則1：未來學是以發展中的事物作為研究對象，並將研究的著眼點向後延伸，著重在於瞭解即將發生或展現的未來將會是如何的情境上。

◎原則2：立足在現在，研究事物未來，用科學的方法與態度進行質化和定量研究，為描述、甚至創造未來提供最佳的方案。

◎原則3：肯定未來物件的可知性。無論未來發展如何地風雲變化，有著難以捉摸、不可確定的特點，我們都仍然可以相信未來是可

預知的，只要我們藉助一定的方法與工具就可以導出未來的概括性結論，或者事物的未來發展導向。

替未來學下定義吧

簡單來說，我們可以將未來學定義成——以科學的方法、理論和預測手段，來探討社會、經濟、政治、軍事、生態、科學技術等領域的發展前景與趨勢，是能夠讓人們在選擇「最佳方案」時，能提供決策依據的一門實用科學。

而作為社會科學的應用研究的話，未來學具有（1）科學性：選擇物件的客觀性、研究方法的系統性、研究結果的真實性。（2）未來性：研究結果提供出研究物件的未來形象，並能站在未來的角度上來觀察現在。（3）決策性：研究的目的在於提供目前活動的決策參考，以實現期盼的未來。（4）社會性：未來學同時把社會制度、社會結構、人口組成、職業分布、社會階級、社會問題、社會指標和社

升級
未來腦

未來學要學什麼？

根據美國世界未來學會（World Future Society）的劃分，未來學主要研究領域包含了社會（Society）、科技（Technology）、經濟（Economy）、環境（Environment）、以及政治（Politics）五個面向，一般簡稱為「STEEP」。

而研究內容主要在於針對未來世界的上述五個面向做預測與分析，作為指導「現在」決策的參考，同時關注跨領域的整合及交互作用。

會福利等各領域已經發生、或正在發生的變化作為動態現象研究，並分析出變化趨勢，能提供動態思考之依據。

同時，未來學還具有時間優勢，所以未來學又被稱為「動態歷史學」，因它能夠客觀地把過去、現在和未來當作一脈相承的過程加以觀察、呈現。

記住，當你能站在未來的高度上來審視過去與現在，就能更真實地體會到變化的本質，同時能更有意識、或更有意義地規劃現在所做的每一件事，因為你已認知到自己的所作所為將會如何地影響自己未來的每一小步。

「鑑往知來」已經不夠，「以來治今」才是王道

現代的社會轉變已經大幅超速，讓開始吃了一點苦頭的世人驚覺到——如果人類過去的活動太過缺乏遠見，從來不曾從未來角度來反想、規劃當下的這個行為本身，那麼就會讓過去活動的不良結果困擾了人類的現在、甚至即將到來的未來。

關鍵數字

50%

人類遭遇毀滅性災難的發生率，已從一百年前科學家們預估的 20％ 爬升到了 50％。毀滅的原因就是來自於人類不顧後果所鑄下的種種錯誤。

簡單一點說，「各人造業大家擔」（已不是各人擔了）最能中肯表現出這種思慮不周的後果，因如今你想得到的環境污染、生態圈的破壞、人口爆炸等，有哪一項不是在證明「種什麼因，得什麼果」的自然反撲嗎？

英國科學家馬丁·瑞斯（M. J. Ress）曾面色凝重地說：「一百年前，我們不知道有核子危機，但是現在我們知道了；一百年前，我

們不知道病毒可以在實驗室裡製造，但是現在我們也知道了。也許，人類的疏忽和愚蠢會輕易地毀了我們自己。」他也指出，人類遭遇毀滅性災難的發生率，已經從一百年前科學家們預估的20%，急升到50%。在你我都不自覺的現在，可能性就已經大幅增加，而毀滅的原因，當然就是後知後覺人類的種種不顧後果之行為所導致的。

　　為什麼活在當下的人要學未來學？我們說最大的目的就在於打破以往舊時代「鑑往知來」的「事後思考」，改用「以來治今」的新觀點來做「事前計劃」。因為避免重蹈覆轍已算是一種消極的想法，防患於未然才是更有效的積極態度，可以避免人們在此時此刻就無知地親手為未來的苦果埋藏下禍因。

無論是手相還是塔羅牌，
跟未來學相關的只有「關注人類的未來發展」這一點。

02/
既非占卜也非算命

一提到預測未來，或是預知自己將來的命運時，我們都會想到中國的紫微斗數、算命，或是西方的星座、塔羅牌。但是不是真的相信這些未知的力量能看透人生某階段的命運，也就因人而異了。而未來學，我們說大部分都跟這些毫無相關。

　　雖然算命跟未來學的共通點都在於「預測未來」上，像是預測未來的自己、國家、或是可能發生的天災等都是屬於未知的一部分。但其實，無論是占卜、算命，還是塔羅牌、手相，我們說都只有一個理念與現代未來學相同，那就是「關注人類的發展與未來」。至於其他方面都明顯有著天壤之別，來看看究竟差在哪裡吧！

差在形式上截然不同

　　首先，我們說占卜、算卦和未來學在形式上就已經截然不同。

　　遠古時期，自然界的力量遠遠超過人類力量，當時人類的祖先改造大自然的能力十分有限，所以古人往往想藉由占星術、算命及占卜等來推算未來命運。而這種舉動就是根據單一、偶然或特殊現象的發生來推斷未來。

　　但是未來學的認識未來、預測未來，既不是憑著直觀經驗來判斷，也不是個人的隨意猜想，而是以「理性思維」與「科學方法」來詮釋變化的趨勢，而且抱持的是人類能夠預測，甚至改變未來的積極想法。

差在面對的對象不同

　　算命和未來學所要面對的對象不同。占星術等的推算方法關心的多是個人命運或國家運勢，它是一種心靈導向的認識方式，無法大幅超出預測者的視野。而未來學主要並不研究日常生活中的瑣事，也不預測個人的成敗，它關心的主要是與人類社會發展有關的一系列課題，涉及了經濟、政治、科技、生態等領域的重大發展過程。未來學研究未來，不只能告訴我們結果，更重要的是能讓我們對不同的未來有所選擇（也同時讓個人有選擇改變自己未來的可能）。

差在預測方式的不同

　　算命和未來學依據的預測方式不同。前者多從人事物中的偶然性提出必然性來加以詮釋、或將特殊現象作為普遍現象，無形中使其披上神秘的外衣，有時會給人穿鑿附會的感覺。

　　而未來學依據的是科學預測手段及邏輯思維，具有科學性、可行性、可預測性、方向性等特色。

差在產生效應的不同

　　算命和未來學產生的效應不同。算命多半被看作是一種宿命論（當然，因人而異），將未來視為一種「命」，是無法改變的天命之必然，因此囿限了人類視野，讓我們不往前看──因天命不可改變。

　　而未來學正好相反，由於對未來有系統化、創造性的認識等，使未來學能夠引導你我規劃與行動，也因此更能積極主導未來。

　　也就是說，在未來學的場合裡，必須先屏除某些怪力亂神的習慣思維，試著以「科學」、「理性」作為基礎來思考，藉由自己的選擇、自己的雙手創造出更美好的未來。

未來取決在於，
我們「現在能做」以及「還無法做到」的事。

03/
前瞻未來的價值
在於做正確的選擇

未來學涉及的層面相當廣泛，舉凡政府各部門、各地區、甚至包括你周遭的每個人。它已經成為一門獨立學問，而且堂而皇之地深入你想不到的各種領域，讓人類大大加強了學習、工作、與生活中不可或缺的超速進化力。

看見未來的同時，預見自己的將來

現今世界的節奏變化快得讓人來不及眨眼，若我們能學會以「未來思維」開闊眼界、激發才能，就能直搗黃龍地深探未來，在多變的浪潮中站穩腳跟，成為自己的最終贏家。

「前瞻未來」已經是引導人類活動決策的一個重要依據，因此未來學越來越受到地球村的各個國家重視，社會作用力當然也非常強大。未來學刺激了人類社會產生新的思考問題的思維，同時啟發並提升人們超前思維的能力——那就是將發展的事物看成一段連續的、存在著變數的動態變化過程，因此能提高預見事物發展的宏觀能力。

你、我、世界的未來，都是選擇出來的

未來學的作用力強大，「學習未來學」的確是勢在必行的時代趨

勢。它讓人類預見未來的可能，並且讓人清楚地認知，我們所要的未來是掌握在對「可能未來」的「選擇權」上，使之深刻地體認到「未來是取決在於我們現在所能做的和還無法做到的事」上，因而能促使你我積極地著手改造未來。

另外，未來學有科學性的預測手段，讓人們能有效掌握實用的預測方法，並運用理論來認知事物的發展遠景，再結合科學方法摸索出變化趨勢，提高預見的準確度。

未來學還有時間導向的特質，它能分析發展中的事物，提出未來可能的變化方向，策劃出各種選擇方案，以供決策機構篩選。事實上，當選擇的範圍越大時，決策的失誤就越小；若能充分考慮未來發展的各種情勢，決策的精確度就會越高。

例如高速公路應該規劃幾線道？蘇花高是否興建？核四廠的續建與否等……都可以「未來所欲結果」作為導向，評估出適合現在的最佳行動。

告訴我未來學的價值

1. 確立未來觀，向未來下訂單

未來學的思維特色在於「發展的觀念」、「連續及不連續的觀念」、「因果必然性」、「可能突變的多元觀念」、「變遷與變數觀念」及「時間導向觀念」等。

由於擋不住時間的流逝，因此環境必定隨之改變，過去的成功模式，在未來也沒人能保證一定行得通。故未來學與古時唐太宗的名言「以古為鏡，可以知興替」的思維方式截然不同，未來學強調的是面向未來，向未來下訂能夠造就現在生活的力量與智慧的訂單。

未來1.0

encounter

未來學賦予了人類有益的思維，助你我在現實的生活中加速觀念的update，以應付變化迅速的社會環境。這裡的重點在於，如果未來是可塑的、存在著各種可能的，那麼你我當然可以從中選擇有助於實現理想的那條路。

　　現在的一切都影響著未來，小變化也可能演變為大變革，因此有什麼理由可以放棄實現自己的未來而跟著時代隨波逐流呢？

2. 激起時間意識，應變力大幅UP

　　現代社會由於變化加遽，導致人們可能因為措手不及而遭受衝擊的機會大增，且最終可能消匿在突如其來的浪潮中，無聲無息。未來學卻可以引導我們預先認知、推測並分析未來確定無疑或可能發生的事。

　　當我們心理上已有接受社會正在變化、或變化持續加速的事實之後，就能在觀念上有所準備，能不斷調整自己與周遭的關係，進而適應未來環境。

　　對於未來，有些人為自己規劃的藍圖過大、過遠、為期過長，致使他們計畫中的未來最後淪為逃避現實的幻想；反之，有些人為自己規劃的未來為期過短，進而變成停滯、安逸不前。

　　未來學幫助我們瞭解一個重點——設想未來，必須要有「時間意識」。在做出選擇之前，必須評估各種待選方案的可行性與接近目標的準確度，以求選擇出最適時適切的規劃。也就是未來學有助於加強我們的選擇力與應變能力。

3. 創造性思考，開啟多樣選擇

　　研究歷史，讓我們瞭解現在的問題是如何發生的，起因是什麼；

研究未來卻可以告訴我們解決現實問題的直接辦法。當人們開始思考未來，而不只是關注到眼前的燙手山芋時，在那一刻，就已經產生了「創造性思考」。

我們當然可以選擇更有創造性的領域，然後思考該領域未來的發展潛力，規劃出各種選項來朝目標前進。但是未來學不只是提供了人們發展創造力的基本理論，同時也提供了方法，讓我們懂得如何開創未來的選項。

大致上來說，研究未來學的目的不在於預言未來，而是著重在透過考察各種待選方案、判斷其可見的結果，來達到你我所想望的未來。

將某些現象指為謊言或是奇蹟的人，
有多少是因為自己的無知所致？

04/
未來學
教你如何看未來

懂了未來學就真能預測未來嗎？究竟要如何才能實際運用呢？前面說到：「未來，都是選擇出來的。」特別是當選擇的範圍越大時，決策的失誤就會越小，如果我們能充分考慮未來發展的各種情勢，那麼決策的精確度必然能大幅提升，而充分考慮就必須要知道一些基礎理論。

　　人類可以依據一定的前提預見未來，像是透過分析可能會出現的各種未來狀況，進而打開選擇方案的大門。但我們說要準確地做到這點的最大前提就是——需要「嚴謹的科學方法」。

先認識4個基礎理論

　　◉「可知性原理」：就是確認未來研究的物件是可以被掌握的，先承認未來發展的可知性，就能以主動積極的態度來研究事物的變化，做出正確預測。

　　◉「可能性原理」：是指預測時，先找出各種複雜的因果變化，以提出各種可供選擇的「可能」方案。

　　◉「連續性原理」：表示預測應該從一連串發展的脈絡及變化中，對過去和現在進行動態分析與理解。它的重點在於：「連續性原

理」並不是單純處理一成不變的事物發展，而是必須解析出發展前後的相互依賴和交互作用才行。

　　◎「創造性原理」：預見未來的目的在於創造未來。當我們瞭解、認識了事物的發展規律及影響未來發展的條件之後，就可以創造方向，使它朝著我們所希望的路徑發展。

不可不知的5個研究法

◆重點在變數的「動態歷史分析法」

　　用動態的觀點看待未來時空發生的事，重點在於「注重變數」、「處理可變事物」。

◆一直都會如此的「連續法」

　　假定某種事物以現在的方式繼續存在，或以同樣的規律發展，就可以預測未來仍會處於相同狀態之中。

◆進行多種假設的「斷續法」

　　假定事物不是以某種慣常的方式變化，那麼我們就要利用一系列相互關聯的事件來進行多種假設，以歸納未來形象。

◆需要旁人的「集思法」

　　對某項事物進行未來研究時，藉由他人甚至眾人的參與，可消除主觀，並能更周詳地重塑對未來圖像的認知。

◆過去很重要的「經驗法」

　　經驗有時對思考大有幫助，若是較為簡單的變化過程，往往能憑藉著豐富經驗來預見未來的發展狀況。

想想你是哪一種未來學流派？

　　未來學發展至今，自然形成不少流派，而各流派劃分的依據也有所不同。例如根據未來學家的思考與立論主張，可分為「社會歷史學派」、「技術觀點學派」；更有人根據未來學家對世界未來發展前景的態度，將其劃分為「悲觀派」、「樂觀派」和「現實派」。

　　在這裡以「悲觀派」、「樂觀派」和「現實派」作為說明。

　　「悲觀派」學者通常認為：「人類發展正處於災難頻仍階段，例如國際間互相牽制、剝削與殘殺，污染自己賴以維生的空氣和水源，建造囚禁自己的都市，製造摧毀一切的核子武器……」因此，人類將會面臨到很多自然與人為災難，像是人口爆炸、糧食危機、核戰毀滅、生態浩劫及能源耗盡等。

　　但「樂觀派」多認為：「人類有日益精進的強大知識，既然我們能發明科學技術，那麼一定也能發明克服『後遺症』的方法，社會和經濟的發展永無止境，一切問題都將迎刃而解。」例如面對能源危機，人類可以利用新技術生產新能源，如海底探索、地熱開發、風力利用、或是太陽能與再生能源等。

　　而「現實派」則認為：「人們應該把研究重點從遠期未來，轉移到近期未來；把研究目的從提早準備，轉移到創造未來。人們只考慮未來、預測未來是絕對不夠的，還必須在形成未來與創造未來之間積極努力，要當未來的『生產者』，而不是未來的『消費者』」。

　　無論思維是屬於哪一種流派，未來學家們的共同目的都不過是想再一次提醒人類必須關注周遭的人事物與世界的未來發展，並且避免人類因為個人思慮不周的輕舉妄動，就對個人、世界未來造成永不可彌補的傷害。

未來學從萌芽至今的最明顯變化是，
研究角度從單一國家擴大為全球範圍。

05/
時至今日的未來學

未來學自確立至今雖然只有短短一個世紀，但形成過程卻經歷了起承轉合等完備的發展歷程，並在下述的5個進程之中，不斷地以各領域的創新思維為人類解決了諸多社會問題。讓更多的人發現未來、思考未來，這對地球及全人類來說是有著正面幫助的。

未來學的發展階段約可分為「準備」、「萌芽」、「擴張」、「蓬勃」與「探討」5個進程階段。

1. 準備階段──「未來學」一詞確立

準備階段約是從20世紀初到20世紀40年代初期。

19世紀末至20世紀初，西方國家開始出現經濟危機的週期縮短、工人失業、社會貧富懸殊、種族衝突擴大等問題，並引發了第一次世界大戰。人們為了建立更美好的明天，便開始將思考重點放在未來，也意識到研究未來問題的重要性。

隨後，1901年英國著名小說家威爾斯極力倡導設立一門名為「未來科學」的學科； 1907年，美國社會學家吉爾費蘭（S. C. Gilfillan）則呼應了威爾斯，提出了「驗證預言」的觀點，呼籲世人研究事物未來。

> 關鍵
> 數字
>
> **1943**
> 1943年，德國社會學家奧西普‧弗萊西泰姆（O.K. Flechtheim）正式提出了「未來學」一詞，確立了未來學的概念。

到了1935年，威廉‧奧格本（W. Ogburn）提出了建立「預測科學」以預測未來。等到1943年，德國社會學家弗萊西泰姆（O. K. Flechtheim）正式提出了「未來學」（Futurology）一詞，此時終於確立未來學的概念。

自此之後，從開始風起雲湧的學術運動便可得知：「研究未來」已成為社會普遍認可的趨勢，也逐步累積了日後未來學的社會基礎與學術能量。

2. 萌芽階段──以社會科學為主

萌芽階段約從20世紀40年代中期到50年代，主要以「社會科學」的未來研究為主。

二次大戰後，世界政治局勢發生重大變化，社會主義國家勢力衝擊資本主義體系。面對國際局勢這樣的劇烈變化，西方國家一方面設法進行戰後復興計劃，以尋找資本主義制度更好的出路；另一方面則致力於評估社會主義對未來的影響，同時也從軍事上預測未來變化。

3. 擴張階段──以自然科學為主

擴張階段主要從20世紀60年代初期到中期左右。

戰後興起的「新科技革命」逐漸受到重視，因此這時候主要以自然科學的未來研究為主，相關機構經常調查和預測有關未來的問題。

在此階段，像是高伯瑞（J. K. Galbraith）的《富裕社會》（The Affluent Society）和《新工業社會》（The New Industrial State），以及朱文納勒（B. de Jouvenel）的《預測藝術》（The Art of Conjecture）等未來學著作都大量出現。

1967年，美國更成立了「千禧年委員會」，同時出現了許多專

門從事科學技術、社會經濟、軍事政治等方面的預測規劃的組織，例如哈德遜研究所（Hudson Institute）、世界未來學會（World Future Society）等，這些組織的目的都在於提供可靠的預測訊息與決策依據。

4. 蓬勃階段——起因是科技發展與環境破壞的矛盾

蓬勃階段約是從20世紀60年代後期到70年代初期。

在這時期，人口成長與環境過度開發已經造成人與自然生態、人與生存環境的各種矛盾，使研究未來的學問引起世界普遍的關注。

1972年，羅馬俱樂部（The Club of Rome）的第一份報告《成長的極限》（Limits to Growth）出版，書中分析經濟成長所帶來的種種問題，在全球引起熱烈迴響，此份報告是有關環境問題最暢銷的出版物之一。

也因此，在尋找破壞生態環境的「禍首」之時，人們開始反省、評估起所謂「科技」的意義。此後，西方未來學家紛紛對科技發展與環境之間的交互作用產生興趣，他們探討這種變化的走向，並描繪出未來的作用模式。

像是托佛勒（A. Toffler）的《未來的衝擊》（Future Shock）、丹尼爾‧貝爾（D. Bell）的《後工業社會的到來》（The Coming of Post-Industrial Society）等，都是該領域的代表著作。在這個階段，自然、社會科學家、政府官員和企業界人士也組成了研究核心，從各種角度研究未來。

◆註：羅馬俱樂部是一個研討國際政治問題的全球智囊組織。

5. 探討階段——研究由單一國家擴大為全球範圍

探討階段是從20世紀70年代中期到現在。

未來學家開始將研究角度從單一國家轉為全球範圍，探討人類社會的未來，並提出人類社會發展的種種可能性，力圖讓世人們做出最明智的抉擇，同時也提出解決目前危機的各種方案。

這個時期的研究核心主要在於未來學家所提出的「三大課題」——（1）僧多（人口）粥少（農業產量）的「糧食問題」、（2）科技發展造成無法挽回的環境污染的「生態危機」、（3）因人際關係失調而影響身心健康發展的「生理與心理問題」。而除此之外的全球問題（如永續發展）也已成為當前未來學的研究重點之一。

升級
未來腦

未來學在台灣的發展

　　未來學在台灣的萌芽始於1970年代。當時未來學在歐美國家如火如荼地開展，因故訪美的淡江大學創辦人張建邦博士正好躬逢其盛。有鑒於歐美學術界對於未來議題的重視，張建邦認為台灣在不久的將來，也將面臨到相同處境，於是未雨綢繆，將未來學引進台灣。

　　此後，張建邦博士著手翻譯歐美相關著作，並且創辦台灣第一本關於未來學的雜誌——《明日世界》，終於開拓國人的未來學視野，並激起台灣學術界對於未來學的注意與重視。

　　1996年，淡江大學率先成立了未來學研究所；2007年，佛光大學亦設立了未來學系，共同目標都是培育具國際視野及未來觀的未來學人才，於是台灣未來學學術發展的理論基礎就此奠定。

**給人類最直接的報復，
就是自然災害規模的不斷擴大。**

1-1
重大天災接連不斷

地球居民都會發現，近年來的重大天災似乎有接連不斷的趨勢，「生態失衡」除了造成溫室效應與物種的不斷滅絕之外，與人類最直接相關的，就是自然災害規模的不斷擴大，相信你也能從新聞報導中得知這樣不太樂觀的災害頻傳。

2011年，發生在日本東北的311大海嘯震驚全世界。接著，輪到泰國面臨半世紀以來最嚴重的水患，已超過8百萬居民受影響，且災難持續超過兩個月，造成泰國中北部損失慘重。接著10月，土耳其東部發生了芮氏規模7.2的強震，死亡人數累積逾百人，這是土耳其20年來最慘重的震災，發生至今仍有超過兩百次的餘震。現代災害的毀滅力已經變得非常強大。

水患破壞力已難以置信

人類活動排放過量的溫室氣體、全球暖化造成海平面節節上升，這些都將使水患、海嘯的威力加劇。

根據統計，歷史上傷亡人數超過千人的海嘯，於17、18世紀各發生過一次；19世紀3

歷史上傷亡人數超過千人的海嘯	
時間	發生次數
17世紀	1次
18世紀	1次
19世紀	3次
20世紀	4次
21世紀 (至2011年)	2次 ※2004年南亞大海嘯 ※2011年日本311大海嘯
合計	11次

次；20世紀增加到4次；而21世紀至今短短的12年內，就發生了2004年的南亞大海嘯跟2011年的日本311大海嘯，災害間隔的時間越來越短。

此外，世界排名前十大地震，發生於21世紀的就有3次（2004年的印度洋大地震、2010年的智利大地震以及2011年的日本東北大地震）或許有人會反駁：「地震是不可抗力的天災，最後怎能算在人類頭上！」但在不平之時請先記住一點，都市化造成城市人口的密度過高，若地震發生在人口稠密區，那麼死傷人數將大幅拉大。

自然災害竟增加了4.5倍

數十年來，全球自然災害的發生次數增多，頻率也更為密集，導致受災人數與直接的經濟損失都不斷地打破以往紀錄。世界銀行（World Bank）指出，全球大型自然災害發生頻率已由1970年代的年平均78次，增加到2000年至2006年的年平均351次，增加了將近前者的4.5倍；直接的經濟損失也由1970年代的平均120億美元，增加到2000年以來的平均830億美元。

我們以台灣來看，根據內政部消防署的資料顯示，在1996年至2008年間，台灣平均每年發生近8次的大型自然災害，高於過去50年長期趨勢平均值的5.5次，這樣的成長趨勢將嚴重威脅到台灣的永續發展。

告訴你可能發生的毀滅性天災

我們現在即可預測未來可能發生更多且足以威脅人類繁衍的「毀滅性自然災害」，以下都是你非常耳熟能詳的……。

1. 全球暖化導致颱風威力增強

美國麻省理工學院（MIT）著名學者艾曼紐（K. Emanuel）指出過去30年來全球颱風（颶風）的總數量雖沒有明顯增加，但西北太平洋及北大西洋的颱風強度，在過去30年中卻有著明顯增強的趨勢。更驚人的是，這個趨勢恰好跟西北太平洋及北大西洋熱帶海域海平面的平均溫度增加趨勢一致，這明顯表示氣候暖化的確會使風災威力加劇。

2. 洋流異常導致極端氣候出現

除了已經見怪不怪的聖嬰現象，根據聯合國政府氣候變遷問題小組（IPCC）的研究報告指出，在2100年前，墨西哥灣流最高可能減速至50％。如果此事成真，那冬天的氣溫將會平均降到攝氏負20度左右，而且冬天越冷、夏天越熱的極端氣候也會逐漸成為常態。

關鍵數字

50%
2100年前，墨西哥灣流最高可能減速到50%。如果預言成真，那麼冬天氣溫將會平均驟降到-20℃左右，使得冬天越冷、夏天越熱的極端氣候逐漸成為常態。

墨西哥灣流讓北美洲與西歐等原本高緯度冰冷的地區變成溫暖適合居住的地區，比起其相同緯度的地區溫度更顯得溫暖，對北美洲東岸和西歐氣候將會有重大影響。

3. 每5萬年一次的超級火山爆發

根據歷史記載，大約每5萬年左右就會發生一次超級火山爆發，

而火山爆發時流出的岩漿及大量噴發的火山灰與有毒氣體，都足以籠罩整個大地，使其數年不見陽光，且隨之而來的火山冬天（因大量的火山灰遮蔽陽光，使得地面溫度下降）現象將對地球生命造成極大威脅。

舉例來說，著名的「無夏之年」（Year Without a Summer）指的是1816年，因為受1815年印尼坦博拉火山（Mt. Tambora）爆發的影響，使得北半球天氣出現嚴重反常。歐洲、北美洲及亞洲都出現重大災情，夏天出現罕見低溫；歐洲及美洲農業生產受影響尤甚；亞洲氣候亦受影響，中國雲南因此發生大饑荒。

坦博拉火山的爆發是人類歷史上最大規模的火山爆發之一，威力為火山爆發指數VEI-7，所噴出的火山灰總體積多達150立方公里，而且抵達高至44公里的平流層。甚至遠到英國倫敦也可見因火山灰而出現的日落彩霞。

◆註：火山爆發指數從非爆炸性噴發的0級，到最大強度的8級。

歷來火山灰釀災事件	
1991.06.15	菲律賓皮納圖博（Pinatubo）火山爆發，釋放出火山灰及2000萬噸二氧化硫，隔年全球均溫下降0.5℃。
1982.06.24	印尼嘉能根（Galunggung）火山爆發，造成一架行經的英國班機，4具引擎因吸入火山灰停止轉動，飛機從11000公尺高空驟降至3700公尺，所幸機師順利重新啟動引擎，有驚無險。
1883.08.26	印尼克拉卡托（Krakatoa）火山連續噴發兩天，造成當地3萬多人死亡，大量火山灰讓隔年全球均溫下降1.2℃。
1815.4	印尼坦博拉（Tambora）火山爆發，產生的火山灰及二氧化硫，導致隔年全球均溫下降0.7℃，北半球異常寒冷，史稱「無夏之年」。
※資料來源：《蘋果》資料室、維基百科	

4. 能引發強震的極危險斷層

2011年，日本311東北大地震的芮氏規模達9.0，是史上第4大強震。但是讓地質學家更憂心忡忡的斷層還有2個，一個是位於美加交界、太平洋外海的「卡斯卡迪亞斷層」（Cascadia Subduction Zone）以及印度洋上長約3200公里的「爪哇海溝」（Java Trenvh）。兩者都是具有可引發芮氏規模9.0以上強震的極危險斷層。

距離北美西海岸1000多公里的地方，是「卡斯卡迪亞隱沒帶」。這裡的地震斷裂帶有1000公里長，和印度附近的地震帶差不多。研究預測，如果美國西部海底發生類似在印度洋的9級強震，那麼將會造成西岸幾個州的地面持續強烈震動4分鐘，屆時河流可能會逆向倒流，導致內陸地區洪水泛濫，道路、橋梁、隧道可能都受到嚴重破壞。

美國西岸海底超級大地震約每300年至1000年發生1次，由於上次奧瑞岡州（Oregon）海底地震發生在300年前，也就是說美國西岸將再度進入地震週期，隨時有可能發生大規模的地震與海嘯。

而爪哇海溝是東部的緬甸板塊、巽他板塊及西部的印度板塊的接縫處。這3個板塊的變形以及隱沒帶造成了2004年的印度洋大地震，並引發南亞大海嘯。由爪哇海溝發生的一連串地震活動的分析數據可說明了當地可能在近期內（也許在10年內）爆發其它的災難性大地震，為此國際社會決定沿印度洋海岸設立一個海嘯預警系統。

5. 強震引發大海嘯襲來

如2011年日本東北海嘯。當時日本東北地方外海發生規模9.0大型地震，震央位於宮城縣仙台市以東的太平洋海域，震源深度測得數

據為24.4公里，並引發最高40.5公尺的海嘯。

　　此次地震是日本觀測紀錄以來規模最大的地震，引起的海嘯也最為嚴重，加上其引發的火災和核洩漏事故，導致大規模的地方機能癱瘓和經濟活動被迫停止，災情尤以東北地方的岩手縣陸前高田市、宮城縣氣仙沼市、南三陸町和福島縣南相馬市最為嚴重，NHK新聞（日本放送協會，公共媒體）更形容此次災難是東北三縣的「毀滅性打擊」。

　　此次地震引發的海嘯，造成至少15000人死亡、3700人失蹤、輕、重傷者5900人，遭受破壞的房屋98萬棟，為日本二戰後傷亡最慘重的自然災害。除了東北地方受災嚴重，緊鄰的關東地方也傳出災情。由於日本人口最稠密的東京都會區即位於關東南部，導致東京居民的日常生活同樣受到很大的影響。

　　因地震而引發的海嘯襲來，多半比地震本身對人類造成的生命財產損害更為慘烈，其威力絕不容忽視。

6. 擋不住的土壤沙漠化

　　如果少了洋流調節機制，加上持續的降雨短缺，那麼乾旱將會變得更頻繁、更持久、範圍也更擴大。根據各項數據分析與研究，到了2030年，地中海沿岸約會有5億人口將眼睜睜地看著沙漠侵蝕人類的棲息地，到了21世紀末，將會有「比英國國土更大」的土壤沙漠化，對1600萬人口的家園造成衝擊。

　　英國宇宙學家馬丁・里（M. Lee）在其著作《最後的世紀》（Last Century）中也提出十大末日預言，其中的「地震」、「火山爆發」與「溫室效應」三者皆與上述說法不謀而合。

自從中國四川大地震、日本311大地震之後，地質災害學家開始關注全球暖化與火山爆發、地震、山崩之間的關連性，雖然目前沒有直接證據能夠顯示出全球升溫與上述天災有關，但今日的聖嬰現象、沙漠化等災害連連，人類的確無法免責。

因此，為了避免誰都不想見的那一天提早到來，降低溫室氣體的排放，是當前全人類最重要的認知與任務，在下一節我們有更驚人的介紹。

只要海平面上升1公尺，
台灣一成的土地就會淹沒。

1-2/
溫室效應
遠比你想像還殘酷

海平面上升如你所知，將會導致一些島嶼國家與沿海城市淹沒，其中更有國際大城市，如紐約、上海、東京與雪梨。若只看台灣，只要海平面上升1公尺，台灣就會失去11％的土地，屆時台北恐成沼澤，而台南、高雄將淹沒在汪洋之中。

回憶一下溫室效應

　　大氣保溫效應俗稱「溫室效應」（green house effect），也有人稱為「花房效應」。大氣能使太陽短波輻射到達地面，但地表向外釋放的長波熱輻射卻被大氣吸收，造成地表與低層大氣溫度增高。因為作用類似於栽培農作物的溫室效果，便稱為「溫室效應」。

　　讓地球氣溫升高的氣體是「溫室氣體」，像是最多的二氧化碳，約占大氣總容量的0.03％。除了你我熟知的二氧化碳（CO_2），甲烷（CH_4）、氯氟烴（HCFCs）以及水氣等都是溫室氣體的一員。

　　幾十年來，因為地球人口的急劇增加、工業的快速發展、人類與生物呼吸所排放的二氧化碳，加上煤炭、石油、天然氣燃燒所產生的二氧化碳，這些都已遠遠超過以往水準。

　　另一方面，林木的濫墾濫伐，農田改建為都市、工廠，破壞了大

量植被，也明顯減少了二氧化碳經光合作用轉化為有機物的條件。再加上地表上的水域逐漸縮小，降水量銳減，更降低二氧化碳被溶解吸收的機會，導致大氣中的二氧化碳濃度不斷升高，地球平均溫度也不斷上升了。

牽一髮動全球的溫室效應

根據數據，在過去的兩百年中，二氧化碳濃度就增加了25％，使得地球平均氣溫上升了攝氏0.5℃。

0.5℃

關鍵數字

在過去的200年中，二氧化碳濃度就增加了25％，地球平均氣溫上升了0.5℃。

許多專家都擔心，若這樣的情況持續發展，將會導致地表溫度不斷上升，到了2100年，地表平均溫度將會上升攝氏1℃至4℃，氣候和環境也變得更惡劣，容易進入頻繁的熱浪與嚴寒時期。

氣候異常當然更會引發一連串不利於人類生存的效應，看看以下將會發生的後果：

1. 海平面上升1公尺＝出現5600萬的難民

氣溫升高使得極地的冰層融化，導致海平面上升。

1m

關鍵數字

全球海平面的平均高度有可能在本世紀末上升80～150公分。但即使海平面只小幅上升了1公尺，也足以導致5600萬的開發中國家人民淪為難民。

科學家指出，在18、19世紀時，海平面分別只上升了2公分及6公分，但在過去一個世紀之內，卻突然驟升了19公分！推測其中最可能的原因是冰原融化。

海平面上升會導致海嘯或海水入侵，因此沿海海拔5公尺以下的

地區都將受到影響，一部分沿海城市可能被迫遷入內陸，大部分的沿海平原將出現鹽化或沼澤化。海水入侵之後，會造成河水水位提高、泥沙淤積加速、洪水威脅加劇，使得江河下游的環境急速惡化。

更嚴重的問題是，這些地區的人口和糧食產量約占全世界的一半，一旦土壤鹽化、沼澤化了，不適於生產糧食，那麼人類將提前面臨糧食危機。

2. 別忘了冰封數十萬年的史前致命病毒

美國科學家曾發出警告，表示全球氣溫若持續上升，將會導致北極冰層融化，致使被冰封十幾萬年的史前致命病毒重見天日，也就是說，根本不需要等到海平面上升淹沒都市，冰川融化所釋放出的恐怖病毒已先奪去人類性命了。

3. 冰河時代再臨？

全球暖化還可能使冰河期重現。當南極冰帽融化時，會導致大量淡水注入海洋，使海水濃度降低，因此北大西洋往北輸送暖流的「大洋輸送帶」逐漸停止，使暖流不能到達寒冷海域，寒流不能到達溫暖海域。

少了最重要的洋流調節，全球溫度降低，屆時被冰封的北半球，將出現一陣接一陣的暴風雪和龍捲風。最終的危害，恐怕是你我都難以想像的「冰河時代」再次降臨！

4. 歡度耶誕？先想想聖嬰吧

在正常情況下，熱帶太平洋東岸的氣壓場高於西岸，形成東風帶，並帶動一股西行暖流。

在「聖嬰現象」期間，東太平洋氣壓場降低，西太平洋氣壓場卻

增高，使得原本西行洋流反向東流，並逐漸受熱，增溫後聚於東太平洋海域，使得熱帶太平洋表層海水溫度因此東高西低。

而原本在東太平洋因表水離岸牽引而上湧的湧升流被抑制，少了富含養分的湧升流，魚群不再聚集，當地海鳥數量也跟著銳減，磷酸鹽肥料的產量同時降低，嚴重影響了秘魯一帶的漁獲與農業。而因為現象大多出現於聖誕節前後，所以稱為「聖嬰現象」。

聖嬰現象的影響不只是經濟，還包括氣候。因滯留太平洋東岸的熱氣蒸騰上升，對流旺盛，會導致附近地區的降雨增加，豪雨及水災氾濫機會也增加。相對地，西太平洋上空之空氣下沉，就造成該區的地表壓力增高並抑制降雨，因此在印尼、菲律賓、澳洲北部就容易出現乾旱。

升級
未來腦

全球平均溫度上升攝氏1℃會如何？

● 乾旱：如北美洲西南部、地中海地區、南非地區的乾燥地帶降雨量將減少10%。若因乾旱引發森林大火，將更嚴重影響森林覆蓋率，河川流域的水流量也可能減少10%。

● 糧食短缺：美國、非洲、印度的農作物產量將減收15%；穀類產量減少10%。

● 強降雨暴增：氣溫每增加攝氏1℃，空氣中水蒸氣的含量就會增加7%，但加上其它變因，降雨量增加會遠大於7%。以台灣為例，前10%的強降雨會增加140%，而小雨將減少70%。這意味著豪雨將暴增，而颱風帶來的災害更嚴重。像是2009年造成八八水災的莫拉克颱風，即讓南台灣遭受50年來最嚴重的水災。

未來1.0
encounter

節能減碳，說的不如用做的

迄今為止，人類對暖化問題始終無法提出有效的解決對策，但退而求其次，我們應該要先抑制二氧化碳排放量的成長，絕不可聽天由命任其自然發展，就像是現在正看著這一頁的你可以做到的：下一餐就使用環保筷吧。

而對於世界性的減碳工作，例如全面禁止使用氟氯碳化物；減少破壞森林，進行大規模的造林；限制汽機車的氣體排放量，或研發替代能源；鼓勵使用天然瓦斯作為當前的主要能源；鼓勵使用太陽能，減少化石燃料用量；開發清淨能源，如生質燃料、海藻、潮汐、風力等，這都是當前各國政府可以努力的方向，更不用說是需要你我時常放在心裡的世界大事。

暖化問題必定造成世界性災害：如水患、旱災頻仍，極端氣候增

升級
未來腦

歷史上世界各國對「節能減碳」的協議

世界各國曾針對「節能減碳」問題舉行過高峰會，並共同協定、簽署了重要協議，如下兩份：

● 「京都議定書」於1997年立定，目標以1990年溫室氣體之淨排放量為基準，各國依發展程度不同，訂定不同的減碳標準。參與國家有歐盟、美、日、澳洲等39國（爾後，世界強國美國宣布退出）。

● 「哥本哈根協定」，哥本哈根會議於2009年召開，重點為控制氣溫的上升程度、資助開發中國家、訂定減排目標等。參與國有美、歐、俄、中、日等193國。

加，冬天越冷、夏天越熱。

　　若此時此刻還不能積極地控制二氧化碳的排放量，那你我的後代就必須耗費鉅資，再從大氣層中過濾出二氧化碳，屆時，已無人知曉這樣是否還來得及？

　　如果世界各國能積極尋找抑制溫室效應的方法，推動節制砍伐與森林再生計劃，就能達成「2050年讓全生物圈自行吸收大量二氧化碳，並降低約7%溫室效應」的聯合國公訂公認之目標。

地球至今至少遭遇過6次的毀滅性火山爆發，
而距離下一次的到來只是時間問題。

1-3/
電影「2012」
可能真實上演

轟動一時的電影《2012》之中，描繪出的全球毀滅性災難，始於美國懷俄明州黃石國家公園的地熱異常所導致的超大規模地震與火山爆發，進而引發了山崩地裂與震天海嘯，致使人類遭遇無處可逃之末日。姑且不論「2012」世界末日是否可信，科學家們還是發出警告，指出電影中的某些場景在不久的將來可能真實呈現。

火山爆發輪到美國黃石公園？

科學家推測下一個最有可能爆發的超級火山，就是美國的黃石國家公園（Yellowstone National Park）。據知，黃石公園所處的地殼之下，蘊藏著一座沉睡了64萬年的「超級火山」，它約離地面8千公尺深，熔岩區長約5萬公尺，寬約2萬5千公尺，相當於倫敦面積的500倍。

這座火山大約每隔60萬年爆發一次，在過去的210萬年當中，這座火山共爆發過3次，而距離上次爆發已經有64萬年的餘裕。

> **關鍵數字**
>
> ### 64萬年
> 科學家推測，下一次最有可能爆發的超級火山是美國黃石公園地殼下的火山。這座火山約每隔60萬年噴發一次，在過去的210萬年中它共爆發過3次，而距離上次噴發，已有64萬年！

自1923年起，科學家便開始記錄該火山的隆起速度。過去幾年，它以每年7.6公分左右的速度上升，而這樣的速率是史無前例的。美國猶他州大學火山專家史密斯（B. Smith）同樣表示，這種異常狀況十分令人憂慮，因為火山隆起極有可能是地底下7千至1萬公尺處的岩漿庫膨脹所致，顯示該火山目前處於極度活躍狀態。

因難以獲得完整資料，因此直到今天專家仍無法斷言「超級火山」將於未來何時爆發。不過，如果這座超級火山真的爆發，那必定將會是人類的一場毀滅性浩劫。

人類會滅亡在超級火山爆發嗎？

英國科學家曾用電腦進行下列類比模擬演示。表示一旦黃石公園底下的超級火山爆發，那麼3至4天之內大量的火山灰就會抵達歐洲大陸，而美國3/4的國土可能變得「面目全非」。

火山周圍1千公里內90％的人都無法倖免於難，其中大部分的人死因是吸入的火山灰在肺部固化。

此外，飄蕩在天空中的火山灰將使地球的年均溫下降攝氏10℃，北極則會下降攝氏12℃，而且，這樣的寒冷氣候至少會持續6到10年之久。

更可怕的是，至今人類對於超級火山爆發仍無法提出有效對策，這點可以從2010年冰島火山爆發所帶來的全球性影響看出。2010年3至4月，冰島南部的艾雅法拉（Eyjafjallajokull）火山接連兩次噴發，雖然沒有造成人員傷亡，但由於氣流和天候等因素，噴發出來的火山灰在天空中四處飄蕩，致使歐洲地區空中交通癱瘓數日，重創許多相關行業，嚴重影響了歐洲地區經濟和社會生活的正常運作。此

外，大量受污染的氣體和飄散在空中的火山灰，也對人體造成了傷害。

　　地球上的超級火山雖然非常稀少，但確實有過數次的噴發紀錄。上一次超級火山爆發就發生在7萬5千年前印尼的多峇湖（Lake Toba），當時幾乎使得現代人類的祖先全部喪生。

　　根據史料研判，當多峇火山爆發之後，長達好幾年地球都處於一片如月色般的昏暗之中。據推算那場天災，使人類僅存約2千多人，如今地球上的70億人口，都是由這2千多人繁衍而來，

　　而這樣的火山災難在不久的將來也可能再次發生。因此，科學家將超級火山視為「人類所面臨的最大自然災難」。

關鍵數字 8

2000人
7萬5千萬年前印尼多峇湖（Lake Toba）火山爆發，使人類祖先僅存約2千人，據說如今地球上的70億人口都是由這2千人繁衍而來。

每個人都認為，
這些垃圾總是會自己消失的無影無蹤似的。

1-4 /
各國造孽全球擔

人類曾經這樣認為，地球上的空氣跟水是取之不盡用之不竭的，所以總是不客氣地將千萬噸廢氣排放到天空，又將數以億噸計算的垃圾倒進江河湖海等任何你想得到的「人不住」的地方。每個人都想，地球這麼大，丟一點垃圾算什麼？但是，這些垃圾真的算不了什麼嗎？

可用空間沒有你想的那麼大

你知道嗎？地球雖然寬廣（半徑近6千4百公里），但生物最多只能在海拔8千公尺到海底1萬1千公尺的範圍內生存，而且其中95％的生物還是只能生存在中間約3千公尺的範圍之內。

但人類卻長久以來一直無知地肆意汙染這片有限的生存空間。直到現在，世人還來得及醒來。

> **關鍵數字**
>
> **3000m**
> 地球生存空間有限。生物只能在海拔8000公尺到海底11000公尺的範圍內生活，其中95％的生物還只能生存在中間約3000公尺的範圍之內。

各國造孽全球擔

在未來，人類會面臨到的種種威脅之中，如你所想，環境污染必定排在第一位。無論是城市擴張、工業發展、車輛暴增，都會造成大氣、水源、垃圾、土壤污染等環境災害。

由世界各地的環境污染報告看來，人類目前面臨到的環境問題，主要是：全球暖化、南極冰山融化、北極冰帽變薄、珊瑚礁白化、海平面上升；酸雨使森林受到傷害、耕地和草地沙漠化、自然森林不能復原再生；各地的火山爆發、海嘯水患頻繁發生……這些環境問題都造成生態系統和人類社會的各種直接或間接的危害。

但有時，間接的危害甚至比災難本身的直接傷害更大，也更難以解決。例如，溫室效應、酸雨與臭氧層破壞，就是由大氣污染衍生的環境災害，而這種由環境污染衍生的災害是有「潛伏期」的，通常在污染初期不易被察覺，一旦發現時，破壞往往已經相當嚴重。

環境反撲可說是大自然對人類的肆意妄為所敲出的一記悶棍，為了保護生態、維護人類自身和後代子孫的健康，從現在到未來，我們都必須積極地為防治、阻止環境再度被污染而付出才是。

尋找無污染的潔淨能源

美國科學家曾描繪了一個關於未來環境的烏托邦——乾淨安全的核能是地球的主要能源；馬路上鋪設的太陽能面板可儲存太陽能；在乾旱的沙漠，「水凝膠」（Hydrogel）可以讓稀少的雨水凝聚並滋養植物；人類可利用一種特殊細菌分泌的石灰石建造穩固的地下住宅……這就是近年美國《大眾科學》雜誌呈現的未來乾燥地區的環境面貌。

與此同時，我們也需要不斷地朝「潔淨」的方向努力。例如，科學家考慮從海洋中提取核電廠所需要的「鈾」來製造更多無污染的核能；美國工程師卡特海姆（W. van Cotthem）還利用嬰兒尿布的吸水原理，加上水凝膠技術，設法讓乾旱貧瘠的泥土變成蒼翠茂盛的菜

園。水凝膠不僅能吸收水分、圈住水分，還可以使水分向植物根部緩慢滲透，如此源源不絕的水分供應可讓脆弱的沙漠地域重新肥沃。

而為了因應全球暖化，科學家正研議著如何為地球降溫。目前最普遍的例子，是向大氣釋放硫酸鹽（Sulphates）以反射陽光，這方法在歷史上有例可循。1991年，菲律賓皮納圖博（Pinatubo）火山爆發之後，大量含硫的火山灰進入大氣層，使得短短一年內全球氣溫就下降了攝氏0.5℃，可見硫化物確實有助於降低氣溫。

總而言之，為了改善環境污染，科學家無不絞盡腦汁。現在的地球依然脆弱，沒人能斷定幾十年、甚至幾百年後的世界究竟會發生什麼事，也沒人知道這些前端思考又有多少能夠真的實現？但有一點是我們無論如何都無法逃避的……那就是大自然每分每秒都在警醒人類儘早行動，否則最終得走上共赴生死之途。

你知道50年後即將消失的12處美景嗎？

◉南北極：因溫室效應，導致冰帽融化，現存的南北極生物可能會逐一面臨滅絕的危機。

◉義大利威尼斯：長年的水患不斷沖蝕威尼斯的地基，造成地層每年下沉0.5公分，若再不加以搶救，預計威尼斯將會完全被海水淹沒。

◉馬爾地夫：因海平面上升而淹沒。

◉澳洲大堡礁：全球暖化現象，過度開發與嚴重的海洋污染，使得生態環境劇變，大堡礁的珊瑚將逐漸白化而死亡。

◉亞馬遜熱帶雨林：農地的轉用、過度的放牧、柴木的不當砍伐及森林火災等，將使世界上90%的雨林都會消失殆盡。

◎法國拉斯哥洞窟壁畫：黴菌造成壁畫剝落，由於全球暖化以及遊客經常進出，逐漸改變洞窟內的氣候環境，使得苔蘚蔓延，壁畫也逐漸脫落。

◎非洲吉力馬紮羅山：由於全球暖化，冰河與積雪逐漸融化，吉力馬紮羅山將會光禿，匯集融化的雪水所形成的河流將乾涸，動植物也會因此死亡或遷徙他處。

◎埃及盧克索神廟：該地區附近的農民習慣粗放式灌溉，導致尼羅河水的水位不斷上漲，再加上該區接近出海口，導致建築鹽鹼化程度越來越嚴重，幾千年歷史的神廟群正不斷地被侵蝕。

◎瑞士冰河：地球氣溫越來越熱，瑞士冰河開始蒸發，面積也少了15%，境內上百條冰河的外緣開始溶化而崩塌，每年消退3至5公尺，長度越來越短，預料在本世紀可能全部消失。

◎尼泊爾薩加瑪塔國家公園：隨著全球暖化，冰雪融化成冰川湖泊，雪水甚至已經造成了小規模的災害，專家認為將來還可能引發更大的洪災。

◎秘魯馬丘比丘：此地的地質構造不穩定，加上觀光客的人為破壞，遺址面臨地基移動、下陷的危機，隨時都有可能因為一個小地震，導致整座城崩解陷入懸崖。

◎中國敦煌莫高窟：2000年後，莫高窟每年都會湧入超過30萬名觀光客，帶進的熱氣、濕氣、廢氣，加上動手觸摸的舉動，都加快了洞內壁畫剝落的速度。

人類正在經歷一場繼6500萬年前的恐龍消失之後，
最大規模的生物滅絕時期。

1-5／
上帝伸出手，
還有時間搶救物種

科學家表示，地球上生物種族數量的下降速度，幾乎達到過去發生過的5次生物大滅絕的程度。但根據近期刊登在「自然」（Nature）期刊上的最新研究指出，動植物絕種的速度，比原先預想的至少慢了2倍。這是個大好消息，表示我們又多了一些時間可以拯救僅剩的物種。

是天擇？還是人擇？

毫無疑問，導致眾多物種滅絕的罪魁禍首絕對就是你我代表的「人類」。在1萬2千年前，人類進入北美洲，造成75％的大型動物消失，其中包括大型樹懶科動物和一些巨型鳥類。

在200至300年前，人類社會開始工業化，因此對能源需求大增；地球人口不斷增加，人類活動範圍擴大；加上大量砍伐森林，破壞生態平衡，此時已使得地球遍體鱗傷。全世界每年約增加8千萬人口，與此同時，有150萬平方公里的森林消失，也就是說──「人口越多，森

關鍵數字

150萬km²
全世界每年約增加8000萬人口，與此同時，有150萬平方公里的森林消失，也就是說：「人口越多，森林越少」。

未來1.0，
encounter

林越少」。生物棲息地不斷消失、外來物種入侵、氣候變遷、資源過度開採、環境污染、野生動物疾病六大因素，都是人類活動造成地球的傷害，加速了物種的滅絕速度。

最嚴重的是，新物種的演化需要很長的時間與很大的空間，如今地球處在人類管轄之下，自然生態越來越惡劣，生物也失去了自然進化的環境和條件。大量生物在人類造成的第六次物種大滅絕中消失，但卻很難像前五次那樣誕生新的物種。

地球的生態系統遠比我們想像的更脆弱，當它損害到一定程度（或說忍耐到極限時），將致使人類賴以生存的生態體系完全崩潰。

昆蟲也難逃？

人類對環境的破壞至今仍持續，每年消失在電鋸和斧頭之下的森林面積相當於一個法國的國土面積（約54萬平方公里），森林的消失使得動植物遭受滅亡威脅。生態學者預估，若人類不及時剎車，那麼未來20年內將有數百種生物瀕臨絕種，其中人盡皆知的動物，像是老虎、犀牛、紅毛猩猩和揚子鱷（中國特有的鱷魚，一級保護動物）等，都會步入滅絕命運。

除此之外受害最深的還有昆蟲，因為許多昆蟲都依賴特定植物生存，如果這些植物徹底消失，牠們自然也無法繼續繁衍。

很難有人不這麼想：「這麼小的昆蟲消失，對人類真的有差嗎？」但這樣想就太傻太天真了，因為昆蟲物種占了全球物種的50%以上，如果牠們大規模的滅絕，那麼對地球的「生物多樣性」來說將是個噩耗。因地球上的所有生物都是相互依存的，每一種生物都是生態系統中的一個小螺絲釘般的存在，因此一旦生物多樣性削弱之時，

生態系統就會變得脆弱不堪，像推骨牌似地一個個崩壞。

科學家統計，如果沒有人類活動干擾，那麼在過去的2億年，平均每100年只會有90種脊椎動物滅絕、每27年只會有一種高等植物絕種。但由於人為因素，使得鳥類和哺乳類的滅絕速度提高了100至1000倍。極端一點說來，人類已經夠格稱得上是「死神」了。

關鍵數字

100

由於人為干擾，鳥類和哺乳類的滅絕速率提高了100到1000倍的驚人數字。

長久以來都存在著這樣一個大哉問：「如果生物大滅絕真的發生了，地球將會是什麼樣子？」儘管科學家承認他們的預測建立在不確定的資料基礎上，但大部分專家都仍然同意，大滅絕之後，地球必然會成為一個景象淒涼的世界──那是一個大型哺乳動物所剩無幾，而不知名的野草、昆蟲和齧齒動物遍佈全球的世界。在過去的5次大滅絕中，這種景象延續時間最短的一次是20萬年，但最長可達300至900萬年。因此即使人類依然倖存，地球也永遠無法恢復到曾經的輝煌，人類的「永續發展」理所當然被打上一個連神都不知曉的大問號。

你給了什麼？又破壞了什麼？

所幸現代許多人已經意識到生態平衡的重要性，並持續為此做出極大努力。美國科學院院士愛德華‧威爾遜（E. O. Wilson）在他的專著《生命的未來》（The Future of Life）中寫道：「只有把自然經濟作為市場經濟的後備資本儲存，兩者才得以延續」。

的確，生物多樣性是人們賴以生存與發展的基礎，保護這樣的多

樣性是為了你我生存。正如美國自然保護協會（NRDC）的前主席約翰·索希爾（J. C. Sawhill）說：「決定人類未來的關鍵，不只是我們創造了什麼，還在於我們拒絕破壞了什麼。」

當破壞大於創造之時，誰都想像得出後果。

升級
未來腦

當蜜蜂絕種後4年，就是人類的滅絕？

2006年，美國近半數的州分別發生蜜蜂突然成群死亡或失蹤事件，不久該異象更蔓延至歐陸和英國。因此愛因斯坦（A. Einstein）著名的預言「蜜蜂絕種後4年，人類亦將滅絕。」重新引起廣泛討論，造成世人一陣恐慌。

科學家指出，這種「蜂群衰竭失調」現象，可能與手機的普及有關——正常情況下，工蜂採蜜後會返回蜂巢，但因手機發出的輻射干擾，可能影響蜂群飛行路線，使牠們迷失方向。

無論原因為何，蜜蜂的消失將為人類帶來甚大影響。目前全世界80％的開花植物都靠昆蟲授粉，而開花植物中的85％由蜜蜂負責，且果樹的依賴程度甚至高達90％。此外，人類所利用的近1400種作物中，就有1100種需要蜜蜂授粉。也就是一旦缺少蜜蜂授粉，就會有將近4萬種植物因繁殖困難而瀕臨絕種，屆時人類糧食供應也將出現缺口。

雖然，愛因斯坦的預言也許是為了凸顯蜜蜂對人類的重要性，並不會真的發生。但蜜蜂死亡事件，確實警惕了人類必須維持物種多樣性的重要。

當你看著這段文字時，
每1分鐘就有258個嬰兒誕生在地球上。

1-6/
人口爆炸一眨眼

20世紀50年代，許多學者開始意識到人口問題的嚴重性。1956年，美國著名的人口學家赫茨勒（J. O. Hertzler）出版了《世界人口危機》（The Crisis in World Population），這是我們第一次聽到「人口爆炸」這個詞。

你也是70億人口的見證者

2011年10月31日那一天，你在做什麼？

我想多數人都想不起來，也沒什麼特別印象。

但是身為地球人的一員，或許該知道世界人口的第70億人在這天已誕生在聯合國秘書長潘基文形容的所謂「矛盾的世界」上，而這名第70億寶寶若不幸出生在貧窮線之下的家庭，就將會為了生存而面臨一場硬戰。

相關新聞報導聯合國不願慶祝全球人口爆炸進入了最新階段，連秘書長潘基文都不打算抱著新生兒合影。他更表示：「第70億人誕生之日可不是件好玩的事，不論這位70億寶寶誕生於何處，都將是到了一個『充滿矛盾的世界』」。

而潘基文接受《時代》雜誌訪問時說道：「這個世界上食物很多，但卻有著10億人每天晚上餓著肚子睡覺；很多人享受著奢華生活，但也有很多人陷於赤貧。因此，第70億人口誕生的日子，應該被

視為一種『喚起行動的號角』才是」。

由失控的人口爆炸進入危險階段

根據聯合國人口基金會（UNFPA）「2011年全球人口狀況」指出，原先估計全球人口在本世紀結束前會達到100億人，未料現在該數字竟陡升50%。地球上第70億個寶寶於2011年10月31日出生，但是距離第60億個生命誕生卻僅僅只隔了12年。

若依照目前人口成長的速度，到2030年之前人類可能需要第2個地球來滿足人類的胃口和處理垃圾。

也就是說，地球已經進入一個危險新階段，即將被捲入一個由人口爆炸、氣候變化、石油枯竭所造成的危險風暴。

升級
未來腦

70億究竟有多誇張？

- 70億人1天消耗175億公升水量，就相當於7000座奧林匹克標準游泳池。（以每人每天飲水2.5公升計算）
- 70億個礦泉水瓶排在一起，全長可達42萬公里，能夠從地面一直排到月球。
- 70億人每天要呼吸80.6兆公升的空氣，而1公頃的森林僅能供應19個人所需要的氧氣量，70億人則需要3.68億公頃的森林才夠。
- 70億人手牽手的話，將形成700萬公里長的人龍，可繞赤道175圈、地球到月球來回9次。
- 如果沿著地球赤道走70億步，以1步走61公分計的話，可環繞世界至少106次。

資料來源：yahoo綜合外電、國際新聞中心

人口150億＝生態系統崩潰？

100億
2050年，地球上將住著80至120億的人口，但最可能的數字會是──100億！

每1分鐘，地球上就會增加258人；每1天，地球上約會增加37萬2千人──幾乎等於1個中型城市的居民數量。

而聯合國專家預測，如果繼續保持這種成長速度，那麼到2050年時，地球上將住著80至120億的人口，其中最可能的數字會是100億！

美國科普作家阿西摩夫（I. Asimov）曾描寫過世界人口的未來，指出如果地球人口依當時速率每35年翻1倍的話，那麼到了2570年，人口將增加10萬倍；3550年，人類身體的總質量將會等於地球的質量。

當然，你可以放心，上述預估西元3550年的現象永遠不會出現。因為在那一天來臨之前，人類早已開始挨餓，沒有足夠的田地種植全人類所需要的糧食量。地球能容納的人口數量有其上限，一旦超過，生態系統就會崩潰而人口自然消滅，因此大部分科學家的共識是──人口上限值約150億。

無論如何，人口爆炸必定是人類當前的重大課題。為了餵養每年新增加的人口，地球需要生產更多糧食，需要更多學校，需要更多就業機會，更多的住宅、醫院等等……。

美國世界觀察研究所（World Watch Institute）指出，1900年時，世界平均每天只消耗幾千桶石油；但是現在，人類平均1天就要消耗7千2百萬桶石油。而人類還要面對的難題是，地球上97.5%的水是鹹水，而另外2.5%的淡水中，有2/3是冰凍的。

人口不斷成長，因此人類對糧食的需求量也越來越大。早在1978年英國經濟學家馬爾薩斯（T. Malthus）在其著作《人口論》中即斷言：「人口成長以等比級數增加，但所生產的糧食卻是以等差級數增加，因此人口壓力永遠超過地球的供養能力」。

一旦僧多粥少，資源爭奪戰準備開打

人口爆炸，就是戰爭的開始。為了爭奪耕地、乾淨水源、石油、糧食、和其它剩餘不多的自然資源，可能導致頻繁的內戰或國際戰爭。而這種「資源搶奪戰」的結果不用說，必定是落後國家更加貧窮，而強權國家更加富有，如此一來，貧富差距又將大幅拉大，人類面對生存的挑戰將更為嚴峻。

為因應人口爆炸這個棘手問題，世界各國曾多次進行對談與會議，共同研議控制人口成長率的政策，謀求人口與經濟、社會、資源、環境的平衡與永續發展，而這項概念已逐漸成為國際社會的共識。

雖然目前全球人口仍不斷成長，但與之前相比，成長速率已見減緩，例如印度和中國，人口成長率相較於30年前，已有明顯降低，且部分歐洲國家的家庭子女數量也漸漸減少。

聯合國預計，如果採取有效的控制措施，那麼到2050年前後，世界人口的成長速度將比現在慢得多——但可別因此鬆懈！

因為即便如此，到時地球上的人口至少也將達到120億，屆時不論對人類，還是對其他生物來說，人口過剩的地球都不太可能是個舒適的居住地。因此，無論時空拉回現在，還是展望未來，「控制世界人口數」都絕對是需要時時謹慎的棘手課題。

先猜猜2020那一年

　　2020年，距離現在已不到幾年的光陰，在如此短的時間內，世界人口會發生什麼變化？以近期的狀況分析，全球人口至少會再增加18億，而其中的95％會是在開發中國家，但是已經實行人口計畫的中國，總人口數將能控制在15億人之內，因此印度人口將有可能超越中國，成為世界人口最多的國家。

　　與2010年相比，2020年到來時，全球高齡人口將達到10億，而在台灣，年輕人族群將會減少將近100萬人（0至19歲），而老年人將增加100萬人（65歲以上），形成了「正負100萬增減」的現象。因此，台灣老年人將達到總人口的20％，成為「超高齡」社會，對年輕人的負擔將會非常沈重。

　　而備受注意的「新台灣之子」（外籍新娘所生育之子女）的人數也將超過40萬人，除了少子化，新台灣之子的比例攀升也將是教育界不可忽視的現象之一。新台灣之子的家庭社經地位多半較低，學校方面應該付出更多的關心，例如學校可以成立「新台灣之子教育輔導小組」，由校長擔任召集人，凝聚校內教師共識，並邀請相關專業人士參加，共同研擬相關的輔導計劃。在教師方面，除了課堂的關心外，還可以參加研習，以增加相關專業技能。也就是說，各相應機關都應提早設想，以規劃符合實際教育狀況的修正方法才是。

究竟是誰生那麼多？

　　根據聯合國統計，目前全世界人口已破70億人，人口成長率約為1.159%，若以國家為單位，則人口成長率排名前五名依序為：阿拉伯聯合大公國（3.833%）、賴比瑞亞（3.661%）、加薩走廊（3.609%）、烏干達（3.603%）、科威特（3.591%）。而台灣約為0.4%，在200多個國家中大約排名第86，經建會預估：「台灣總人口將於2016年左右轉為負成長」。

　　相信你也覺得奇怪：「既然有的國家人口成長率是零成長、甚至負成長，那為什麼世界人口總數還是越來越多？」這是因為，人口是以指數函數的形式（等比級數）增加，成長率為1%的國家大約需要60年，人口才能倍增；但人口成長率為4%的國家，大約只需18年，人口就能翻倍。

　　而現今高人口成長率的國家遠多於人口負成長的國家，再加上指數型的擴散，導致世界人口仍然呈現成長趨勢。

人類會研發原子彈，
是被「戰神」的咒語所喚醒的。

1-7/
核武戰爭
將提前世界末日

善良的願望並非每次都能得到美好的回報，正如德國詩人海涅（H. Heine）所說的：
「人們種下的是『龍種』，而收穫的往往都是『跳蚤』」。對人類來說，如果核武的遊
戲玩過頭了，那麼最後傷害的，還是同一艘船的地球居民。

我們進入了核武時代

自從有了核武器以來，人類戰爭就進入了一個新的，以核武作為
威脅的時代。核武器是以核反應所釋放出來的巨大能量作為破壞力的
武器，是人類至今所發明的，威力最強大、最有威懾力的武器，能夠
賦予擁核國家強大的戰爭潛力和顯赫的國際地位。

目前世界上有8個公開承認擁有核武器的國家，分別是美國、俄
羅斯、法國、英國、中國、印度、巴基斯坦、北韓，其中，前五個同
時也是聯合國安理會常任理事國，是世界上公認位於國際世界頂端的
大國。

國際原子能機構（IAEA）表示：「有30個國家擁有迅速生產核
武器的能力」，這裡所指的「迅速」是指在3個月內就可以擁有核武
器，這已經接近全世界國家總數的1/6了。而總幹事埃爾·巴拉迪更

同時指出，聯合國每年以1.5億美元用於防止核子武器擴大的開銷費用，根本不能有效阻止現在越來越多的國家想以擁有大規模的殺傷性武器來實現「自衛」的「潮流」，當然，核武器也有可能落入恐怖組織的手中。

啟動曼哈頓計劃

人類會研發原子彈，是被「戰神」的咒語所喚醒的。1939年，德國突襲波蘭，拉開了第二次世界大戰的序幕，與此同時，德國漢堡大學的教授保羅‧海爾代克（P. Harteck）向德國國防部發信，首度提出使用核子理論製造殺傷性武器的提案。

不久之後，愛因斯坦（Albert Einstein）也寫了一封信給美國總統羅斯福（Franklin Delano Roosevelt），建議美國趕在納粹黨之前造出原子彈。他的建議立即獲得美國當局重視（二戰結束前夕，美國真的在日本投擲下兩顆原子彈，使得愛因斯坦對此強烈不滿）。1942年8月，美國政府正式啟動了曼哈頓計劃（Manhattan Project）——也就是核彈研製計劃。

在15萬名工程技術人員的努力之下，歷時3年、耗資25億美元，美國終於在二戰結束前研製出3枚原子彈，分別命名為「瘦子」（Thin Man）、「小男孩」（Little Boy）、「胖子」（Fat Man）。

至此，美國成為世界上第一個擁有核武器的國家，也是迄今唯一在戰爭中使用過核武器的國家（你也會希望這是最後一次）。

試爆

1945年7月16日，美國在新墨西哥州的沙漠中成功試爆了「大男孩」。這枚原子彈的威力超出了科學家、工程師和軍方人士的預測，

使得當時大多數科學家立刻驚覺到這種武器的存在會大大威脅到人類的存亡。

1945年8月，美軍派出兩架B-29戰略轟炸機，分別於日本廣島與長崎投下原子彈，兩次的原爆造成約13萬人直接死亡，將近10萬人受傷，隨後，難以計數的人死於核子塵埃放射所引起的癌症，懷孕的母親也因為放射而出現流產現象，以及部分的初生嬰兒畸形發育。據統計，截止到1999年為止，若計算單死於小男孩原子彈的直接襲擊與核輻射傷害的人數，估計已超過了20萬。目前廣島市依然將相生橋附近地區列為放射污染區。

核武器具有強大的威懾力，因此有條件、有能力的國家都想擁有。而現在的「潮流」是，沒有核武器的國家想擁有核武器，而有了核武器的國家又想利用它遏制與威脅其它沒有核武器的國家，

曼哈頓計畫原子彈			
名稱	資訊		
瘦子 （Thin Man）	鈽彈	5噸	19000噸TNT
小男孩 （Little Boy） 投擲於廣島	鈾彈	5噸	14000噸TNT
胖子 （Fat Man） 投擲於長崎	鈽彈	4.54噸	20000噸TNT

※資料來源：維基百科

◆註：爆炸當量指的是炸藥爆炸造成的威力，相當於多少質量單位的黃色炸藥（TNT）爆炸所造成的相同威力。

以實現國家間的最大利益，因此，世界仍然不斷地在核子競賽的「恐怖平衡」中持續拉距。

世界末日只要1/1000

據統計，目前全世界約有3萬1千多枚核子彈，只要其中的1/1000被人類濫用，就足以導致世界末日提早到來。

因此，1996年的聯合國大會，各國代表便以158票贊成、3票反對的票數，通過了《全面禁止核子試驗條約》。但是，《條約》的通過只能象徵「核子彈試爆」的結束，並不等於所有形式的「核子試驗」就此終結，也就是說，全世界依然籠罩在核戰的陰影之下。

科學家指出，在一次的核交戰中，即便只使用了全面核戰所需的1/1000的核子武器，也足以導致7億噸的二氧化碳排入大氣中，這樣的數據已經高出了美國單年度的排放總和，同時還會產生大量煙塵。

這些煙塵和二氧化碳將使地球面臨到「核冬天」的「暴冷」以及二氧化碳引發的「暴熱」之中。因此，一旦地球爆發了全面性的核戰，人類也將陷入萬劫不復之境。

若在追求發展之際失去控制，
人類就將毀滅在自己打造的怪物手上。

1-8 / 人造黑洞 真能吞噬地球？

英國《衛報》（The Guardian）曾報導人類未來70年內可能發生的10大災難。而其中「黑洞吞噬地球」被列為10大災難之首。該報導指稱，因美國布魯克海文實驗室（BNL）建造了全球最大的粒子加速器，可以製造出類似「黑洞」的高密度物質。而參與實驗的美國布朗大學物理教授宣稱他的團隊已利用粒子加速器，成功地在實驗室製造出一個體積雖小、卻具備許多黑洞特徵的「人造黑洞」。

黑洞吞噬地球的機率有多高？

雖然人造黑洞的誕生讓研究人員精神為之振奮，但部分物理學家對此卻是心存擔憂，他們擔心這樣的高密度物質會不會失控而導致不斷擴大，大到吞噬實驗室、甚至整個地球？

但是，人造黑洞真的難以控制嗎？

這個問題的答案迴異，你可以從專家學者們兩極的看法得知。目前，物理學界普遍認為這件事不可能發生，但也有少數專家表示不排除有這種危險性。但是抱持著肯定論者對於該情況發生的機率也是眾說紛紜，有人推測發生的機率小於1億分之1，也有人主張這種災難發生的機率僅小於1/3000。

製造黑洞的粒子加速器潛在危機

其實，科學家除了擔心人造黑洞會吞噬地球之外，粒子加速器的存在還可能引發其它災難：

1. 核爆炸

在重離子碰撞中可能出現核爆炸，而且核融合過程可能發生連鎖反應，毀掉整個世界。

2. 真空躍遷

現在的宇宙並非一個完全穩定的狀態，而是處於相對平衡的「亞穩態」。部分科學家認為粒子加速器的高密度產物可能打破宇宙穩定度，使宇宙走向一個極度不穩定狀態，若出現「真空躍遷」，那麼宇宙物質將改變原本性質，後果不堪設想。

◆註：躍遷是指電子受到能量激發，而從低能階躍遷至高能階。

3. 奇異物質（Strangelet）出現

根據夸克（Quark）理論，粒子由上夸克和下夸克組成，但還存在一種夸克叫「奇異夸克」（Strange quarks）。當粒子碰撞時，可能出現一種「奇異物質」態，這種態形成後，可能把周圍的物質也變成奇異物質並發生連鎖反應，屆時人類對物質將失去可以掌控的能力。

◆註：「奇異夸克」是由質子和中子中的亞原子粒子「夸克」組成，密度比鉛要高出一兆倍，即使只是如花粉大小的微粒也重數公噸；速度更達每小時一百五十萬公里，用肉眼根本無法看見。

以上三種推論，從現有的科學理論來看皆無法完全排除可能性，

但樂觀的科學家也以其它學說進行反證，證明這些狀況並不會發生。

　　樂觀派學者是這麼主張的：雖然粒子加速器實驗中的確有可能產生瞬間的核融合、人造黑洞、奇異物質態及真空躍遷，但這些情況都發生在極短的瞬間，且很快就回復到正常狀態，所以目前還不能證明它們可能產生連鎖反應，或者影響到周圍的環境與宇宙。

　　其次，目前人類製造的粒子加速器能量並不高，最高能量僅1012電子伏特（也就是1兆電子伏特）；而宇宙中很多射線的能量比人類粒子實驗室的能量大得多，最高甚至可達到1024電子伏特（也就是比粒子加速器所能達到的最高能量還要高1兆倍以上），換句話說，宇宙射線中的粒子能量比人類製造的粒子加速器中的能量高出無數倍！如果加速器能引發災難的話，那麼應該早就發生了！

　　對全人類來說，粒子加速器對我們的警告，恐怕不在於它所造成的災難，而是在於科技潛藏的危險性。

　　它提醒世人——在追求發展與進化之際，更應該關懷人文、道德等各種層面，否則一旦失去控制，人類就將毀滅在自己製造的「怪物」手上！

當地球再也承受不起任何惡意，
太空便是你我救贖之地。

1-9/
天上宮闕
會是什麼模樣？

長久以來，「空中樓閣」都被形容成不切實際的幻想，但現在，人類早已完成了「浮」
在太空中的夢想——太空站（Space Station）。且人類多年來對於「天上宮闕」的冀
望也將在不久的將來成為現實，那就是所謂的「太空城」。

太空城是什麼樣子？

關於太空城的建設，目前科學家已著手規劃各種藍圖。

美國科學家歐尼爾（G. K. O'Neil）在他的《高邊疆：人類的太
空城》（The High Frontier: Human Colonies in Space）一書中，提
出了一個名為「三號島」的太空城，並認為人類未來極有可能在太空
城定居。

在藍圖中，這座未來的「太空城」呈圓筒形，高32公里，直徑
6.4公里，居住面積達1千3百平方公里，可容納1千萬人生活。而在這
個密閉空間裡，所有的環境與生活條件皆比照地球模式。

需自轉產生「地心引力」

太空城也像地球一樣，具有跟地球相同的「地心引力」，但是它

產生重力的方式是「旋轉」。圓筒形的太空城以中軸為旋轉軸，每分鐘自轉一周，使圓筒內壁產生一股離心力，正好與地球表面的重力相等，而圓筒的內壁就是城市的地面。

陽光就靠天窗跟反射鏡

為了使大圓筒內具備充足的陽光，科學家將大圓筒的內壁分成6大區域，分別是3個「人類活動區」和3個「天窗區」，而且人類活動區和天窗區交錯排列，1個活動區與1個天窗區相對。天窗區由巨大的玻璃構成，外面安裝了3塊巨大的平面反射鏡，鏡子由中央電腦控制，按一定的規律轉動，將照射到鏡面上的太陽光以不同角度反射到太空城裡。而反射鏡會隨著圓筒一起旋轉，透過調節鏡子的反射角度與天窗玻璃的色調，太空城的居民不僅能看到蔚藍的天空，還能觀賞日出和日落。

高生活品質的都市規劃

主要的人類活動區將被劃分為行政區、住宅區、文化區和商業區，範圍最大的則是遊覽區。在這裡，無塵土的公路上奔馳著無噪音、不排放廢氣的汽車，讓周遭環境既舒適又乾淨。

在太空城中，建造大型劇場、超市、電影院、音樂廳、醫院、圖書館、體育館和夜店等。在太空城居住，居民可以享受到過去住在地球時所能享受到的一切——除了那些交通擁擠、空氣污染、水源缺乏跟各種暴力事件之外，生活品質完全不打折。

農工生產不用煩惱

目前已開發出不需陽光、改照LED燈的室內栽培技術，所以太

空城的農業當然不用擔心，居民還可以自己栽種稻米或蔬果、飼養牲畜或開設工廠等，廢氣和廢水也將統一回收處理，進行循環利用。

太空城重工業主要有鋼鐵、水泥、玻璃、火箭燃料和各種化工等，原料主要來自月球和一些鄰近小行星，如果將月球和小行星上運來的礦石加以冶煉加工，即可生產鋼材、水泥、火箭燃料和化工產品等；輕工業則有紡織、食品和各種家用電器；高科技產業主要是一些精密儀器、資訊科技產品和通訊設備。

它會是最棒的天文觀測地點

太空城更棒的是，宇宙空間沒有雲霧雨雪，也沒有大氣，所以太陽和星星發出的光線和無線電波不會被吸收和反射，因此是進行天文觀測的最佳研究基地。

蓋太空城的前提——先開發月球

太空城究竟該如何建造呢？科學家透過分析月球岩石的標本，發現月球岩石中含有豐富的鋁、鐵、鈦、矽、氧等元素，因此太空城的建築材料大部分都可以在月球上找到。所以，在建太空城前，應該先開發月球，以月球上的資源作為建材。

未來人類移居另一個行星的三種方法

需具備「續航力」的太空飛行器

移居到很遠、類似地球的星球，此種可能的先決條件必須具備創造擁有「續航力」的太空飛行器的能力，飛行器上需有如地球的完整生態系的循環功能，例如農場，水源等，因人類必須在持續飛行的太空船上繁衍幾十、幾百代，才會到達需要花費幾千年的另一個星球。

利用《星艦迷航記》的「曲速」

利用如星艦迷航記（Star Trek）當中的「曲速」，而什麼是「曲速」？曲速就是指超光速，也就是折疊空間。如蟲洞與時光機的原理皆是先由「空間彎曲」，進而到「時間彎曲」來回到過去或是到達未來。舉一個例子，如一隻螞蟻在二維空間的紙張上，從一端的a點行走到另一端的b點時，需要耗費相當的時間，但是如果我們將紙張對折起來，讓它成為三維空間，那麼a點到b點的距離就能瞬間碰到了，也就是說，我們身處的這個世界是三維空間，但若能發現到四維空間，那麼就能達到更超脫的時空了。

讓儲存人類思維的電腦移民外星球

現代人對死亡的定義是「腦死」，而我們能以「永生」的概念移民太空。將人類的思想知識、思維儲存到電腦裡，使其搭乘「無人」太空船（只有機器人或是電腦），在到達新星球之後，再將人類的大腦思想下載到細建的人類形體上（如機器人或電腦之中），如此，就可在新星球上複製出與地球人一模一樣的「生命體」。

當然，你說這樣究竟還算是個「生命」嗎？如上述，我們必須重新界定所謂的「死亡」與「永生」的定義。如果軀體不在了，但思維仍然存在，那我們仍然可以認定這個人是活著的，只是裝在另一個軀殼之中。因為，維持「機器」的永續，是遠比維持一個「生命」的永續更為容易的。

筆者認為，在這三種方法之中，最有機會實現的便是第三種了，因第一、第二種的方法在實行上多有困難，而在腦袋裡植入晶片來儲存、下載或刪除記憶，在未來卻是有可能達成的。即使暫不考慮移民外太空，第三種想法也為人類的「永生」提供了新思維。

搶奪制空權將取代傳統的軍事較勁，
成為強權國家展現實力的新領域。

1-10/
拿下「高邊疆」
就能稱霸世界

19世紀末，美國軍事理論家馬漢（A. T. Mahan）提出了「制海權」概念——「控制海洋就是控制世界」。到了20世紀，義大利軍事專家杜黑（G. Douhet）又提出了「制空權」概念，認為「掌握制空權就是掌握勝利」，因此世界強權紛紛展開強化戰機、飛彈、航空母艦等軍備競賽。但如今，戰場已經低調地移到了「太空」。

　　隨著航太科技的日新月異，人類走出地球，展開了宇宙探索。既然建造太空城已成為可能，那麼國家領土的邊境也似乎不再侷限於地球表面了，「疆界」一詞的範圍至此包括了地球外的空間。

　　1980年代，美國陸軍中將葛雷漢（D. O. Graham）又提出了「制太空權」的「高邊疆」理論，主張「控制地外空間就可以稱霸世界」。而21世紀的今天，高邊疆理論更延伸到兩個層面，那就是「國防」與「金融」，來看看究竟是怎麼回事吧！

1. 國防高邊疆

　　上面提到的葛雷漢，曾任美國國防部情報局副局長等要職，在美國總統雷根上台後，組織了頂尖的科學家、經濟學家、空間工程師和軍事戰略家等成立了「高邊疆研究小組」，並於1982年發表了研究

報告《高邊疆——新的國家戰略》（High Frontier: A New National Strategic），說明了經濟、政治、軍事、高科技發展及國際局勢等面向，同時預告了太空競賽將取代地面上的軍備競爭，成為強權國家展現實力的新領域。

葛雷漢企圖以「高邊疆戰略」說服美國當局，他說：「美國人傳統上就有開疆闢土的性格，今後更應該致力於開拓地球以外的宇宙空間，將太空作為美國新的戰略疆域和控制範圍。」此後，火箭試射、宇宙探測、發射衛星、太空人培訓等就在美國、中國、俄國及其它強權國家如火如荼地展開了。

2000年，美國空軍發表「航空航太一體化」戰略，宣布成立全方位的航空航太軍隊，將陸、海、空、太空、資訊領域合而為一，使「空軍」不僅能在天空中作戰，還能在太空中作戰。

而美軍將作戰空間拓展到太空的全新思維，不僅影響了美軍建設和作戰理論發展，也衝擊到世界軍事領域，更顯示出現代軍事力量擴展的新趨勢就是「太空軍備競賽」。

2. 金融高邊疆

2010年，巴西財政首長曼特嘉（Guido Mantega）以「國際貨幣戰爭」形容全球貨幣匯率的消長拉鋸後，「貨幣戰爭」一詞頓時聲名大噪。

其實，貨幣戰爭與中國拒絕加速升值人民幣，以及美元貶值、歐元走升都有關係。

2008年爆發的國際金融風暴，讓人們深刻體認到世界金融體系的重要關係，歐美、亞洲國家在經濟上的唇齒相依，迫使世界各國審

慎思考規避外匯存底之風險。因此，隨著進出口貿易的頻繁，世界各國發現「貨幣政策」實為主導經濟的重要關鍵。

長久以來，美元都是國際間公認的強勢貨幣，但近年來由於國際資金從美國轉移至亞洲，以及歐債（所謂的PIGS，歐豬四國）的影響，使得歐元地位似有下降之勢。所以國際間最分秒注目的，就是中國的人民幣走勢了。

當全球陷入經濟衰退陰霾時，中國仍能保有固定比例的經濟成長，不僅如此，中國還擁有全球最雄厚的兩萬億美元外匯存底，的確讓世界感受到一股不容小覷的潛力。

接著在G20會議後（G20為20國集團，是一個國際經濟合作論壇），美國也釋出善意，期望藉由與中國分享全球經濟領導地位的名義，讓中國在全球經濟中承擔更多的責任，而其中唯一的條件，就是人民幣的升值。如此「金融高邊疆」的國際角力，可見一斑。

2010年6月，中國共產黨政府重新實施人民幣浮動匯率，短短幾個月時間，人民幣匯率就從金融海嘯時「定格」的6.82兌換1美元，一路升值到6.58，表現出了升值潛力無窮。

雖然在此之前，貨幣匯率的協商還有很長一段路要走，但可以想見的是，未來人民幣的發展趨勢將會是眾所矚目的焦點，還會成為影響全球金融環境重要的一環。

未來戰爭將不會波及過多的民宅與人命，
這是唯一還可「慶幸」的事。

1-11/
第三次世界大戰是星際大戰？

隨著「太空領土」成為可能，難免有人擔心起科幻電影中的「星際大戰」是否也可能在真實世界上演？這些聽來極不真實的星際大戰的問題，航太權威認為言之尚早，但對於「太空戰爭」的可能性，部分預言家卻是抱持著肯定態度。

拉開「地球—衛星—太空」戰線

　　深諳國際政軍情勢的未來學家喬治·弗列德曼（G. Friedman）在其著作《未來1百年大預測》（The Next 100 Years: A Forecast for the 21st Century）中，即描繪了一個2040年「第三次世界大戰」的場景——盟軍由地球司令部下達飛彈發射指令，位於月球表面的「太空作戰指揮中心」立即發射飛彈及高能光束武器，準確無誤地摧毀目標；「衛星群」成為監控敵軍的最佳武器；極音速無人戰機及無人航空母艦都成為大舉深入敵營的首選。

　　此外，當戰場從地球拉到外太空時，「阻斷敵營的地對空衛星通訊」及專攻情報資訊的「信息戰」將成為21世紀戰爭的首要核心。

太空戰的勝敗關鍵在電力

不僅如此，因為機器人技術的完美配合，未來戰場上將不再有殘暴的「人肉戰術」，取代的是機器人大兵或者披著堅硬外衣的裝甲戰士。

但是正因機器大兵的「糧食」來自於電力，所以電力供應站及發電設備將取代「軍糧」成為太空持久戰的勝敗關鍵。未來，安裝在太空中的超巨大「太空太陽能板」將能接受太陽光，先以微波輻射方式傳回地球，再轉換成電力供機器大兵使用。

雖然戰爭勢必對人民的生命財產造成嚴重損傷，但所幸「機器大軍」由遠端塔台遙控，故第三次世界大戰的死傷人數將大大降低。此外，由於飛彈系統鎖定目標的精確度提升，未來戰爭對於民宅或其它軍事目標以外的建築設施，將不致於有過多波及——也就是說，這是人類在殘酷戰爭之中，唯一還可「慶幸」的事。

有些行業即使在大環境的經濟復甦之後，
它的職缺也只會越來越少。

2-1
你的工作
正在消失ing

《全新工作，全新的你》（New Job, New You.）的作者亞歷山卓・列維特（A. Levit）說：「你不能坐在那裡等著別人告訴你，你的所在行業將會發生什麼變化。對此，你必須要主動。」因為你所從事的產業，也許就在連關係人的你都毫不知情的情況下逐漸沒落。

　　經研究，筆者對未來10年的行業發展進行了預測，同時得到結果，預計某些行業的工作機會將大幅減少，甚至消失。看看哪些工作正在消失的ing。

1. 前景堪憂的百貨公司

　　據統計，2011年全球百貨公司提供了150萬份工作，但預計未來的5至10年內，這種工作機會將會縮減10%。之所以會出現這種情況，就是因為電子商務的竄起，讓越來越多的消費者習慣

或成癮在省時省力的網路購物上，反而不再選擇到百貨公司購物。
　　而根據美國《經濟學人》雜誌的觀察，2011年美國知名精品百

貨如薩克斯第五大道（Saks Fifth Avenue）、布魯明岱爾（Bloomingdale's）等，店內展示櫃上滿滿的名牌商品皆乏人問津，薩克斯公司當年公布年度財報時也顯示出銷售業績衰退了20%以上。2010年時，薩克斯執行長史帝夫表示：「消極市場的不穩定使得薩克斯百貨多加考慮當消費者減少花銷時，需要儲備多少貨品的問題」。

但事實上，並不是美國人不買奢侈品、不買東西了，而是消費者轉向網路購物。經濟不景氣，民眾學會精打細算，同樣的精品，網路商店可得到更多折扣，自然就瓜分了百貨公司市場。

2. 多種危機的唱片行業

唱片行早已被列入岌岌可危的產業了，例如曾經風光一時的淘兒（Tower）唱片行在2006年就戲劇性地收掉了89家分店。導致如此的結果，除了盜版現象、數位影音平台及線上音樂商店崛起之外，在國外非唱片行的沃爾瑪（Wal-Mart）等大型連鎖量販店加入鋪貨也是造成衝擊的主因，且許多量販店的售價通常要比唱片行的價格低很多，因此搶走唱片行的許多生意。在未來，唱片行有可能即將走入歷史了！

3. 每況愈下的相機底片產業

由於數位相機越來越普遍，傳統照相機和膠捲的未來並不是太樂觀。2012年1月19日，柯達（Kodak）及其美國子公司已在紐約提交了破產申請。而根據統計，從2006年到2007年的一年之中，傳統相機和數位相機的銷售就

關鍵數字

50%
從2006年到2007年的一年中，傳統相機和數位相機銷售呈現一消一長的趨勢，前者衰退了50%，而後者卻成長了35%，實是很大的年代變化。

明顯呈現了一消一長的趨勢，前者衰退了50％，而後者卻成長了35％，且使用數位相機的美國人已高達7成。在未來，恐怕只有業餘玩家或藝術工作者才會購買底片使用了（如拍立得或時下流行的LOMO相機）。

4. 不得不轉換型態的報業

在無線電和電視新聞誕生之後，報紙的地位依然屹立不搖，報紙憑藉著其專業形象及副刊資訊等，在夾縫之中生存下來。但這樣的榮景，只會延續至21世紀末。

20世紀90年代，網路出現後，報紙的銷量就開始銳減，傳統報社紛紛轉戰為電子報。因此在未來的5至10年，報紙也許不會完全被淘汰，但紙本的報紙極可能被網路媒體取代，而與報業相關的工作（如派報生）則可能會漸漸消失。

5. 式微的投幣式電玩遊樂場

自從Wii、Xbox 360和網路遊戲越來越普及後，投幣式電玩遊樂場的生存空間便逐年萎縮。據統計，1994年時，美國的電玩遊樂場的年營業額高達23億美元；但到了2006年，卻已降到8億6千萬美元，機台數量更是從全盛期的上萬台跌到剩3千台左右。而目

> 關鍵數字
>
> # 3000台
> 1994年，美國的電玩遊樂場年營業額高達23億美元；但2006年已降至8.6億美元，機台數量更從全盛期的上萬台跌到3000台左右，盛況已不再。

前，電玩遊樂場依然能勉強獲利，多半是因為收費很高。

現在，這種投幣式電玩遊樂場雖然還存在許多地方，但未來的5至10年內，它們很可能就會從市場上黯然退場。

6. 導遊，再見

根據已開發國家觀光產業發展的經驗，當GDP（國內生產總值）達到1千美元之後，「大眾旅遊時代」便會跟著揭開序幕，旅遊市場需求也將轉變。消費者的出遊方式將從目前的「跟團旅遊」逐漸轉向「自行組團」、「自助旅行」。且據資料統計，全球的旅遊電子商務已連續5年以350％以上的速度成長。在歐美等先進國家，旅遊電子商務已成為整個電子商務領域發展最快、最驚人的部分，而旅遊電子商務的流行，也導致傳統旅行社逐漸式微。預計在未來10年，「導遊」一職將可能逐漸沒落。

除了以上幾種行業在未來會逐漸走向滅亡之外，其它在危險邊緣的還包括同性戀酒吧、二手書店、郵政服務及電話推銷等行業。

如果很不幸地，你正是上述產業之一的職員，不必驚慌，先鞏固自我的核心競爭力，再加上培養自我的第二專長，依然可以扭轉自己的未來。

> **關鍵數字**
>
> **350%**
> 全球的旅遊電子商務已經連續5年以350％以上的速度成長。在歐美先進國家，旅遊電子商務已成為整個電子商務領域發展最驚人的部分，不可小覷。

◆註：電子商務（E-Commerce）是指在網際網路（Internet）、企業網路（Intranet）和增值網（VAN，Value Added Network）上以電子交易方式進行交易活動和相關服務活動，是傳統商業活動各環節的電子化、網路化。

即便未來職場全球化，
你也不一定就要出國找工作。

2-2/
全球職場吹龍捲風

全球化趨勢不僅為台灣帶來了技術與國外人才，也為國內人才提供了出走的好機會。不過，職場全球化也不代表著要走出國門才能找到好的工作。隨著未來薪資水準的上漲，本土的跨國大企業也能提供與國外相等或接近國外水準的待遇，加上遠距辦公的潮流，受僱於國外企業的人在家鄉上班也並非難事。

職場要找的是菁英人才

由於供需趨動力的變化，及戰後嬰兒潮出生的人已經紛紛退休，因此預期未來經濟復甦之後，將會出現菁英人才嚴重不足的現象，尤其是高學歷、同時又具備專業技能的人，像是製造、醫療、資訊科技、能源、電力應用等產業，情況將更為嚴重。

當「粥多僧少」時，有利的一方將轉向求職者，使得談判的籌碼提高了，在確定他們願意為誰工作之前，自然有立場與雇主談待遇、雇用方式等條件。

出現各種雇用關係

在未來，我們不再需要每天都集中在同一棟大樓、同一個辦公室內工作，每個人都可以與企業形成各種雇用關係。

目前，美國的自由工作者已經大幅增加，約有3千萬人口。而企業為了降低成本、增加營運彈性，也會將更多的業務委外發包，因此

自由工作者、SOHO族的人數將會持續攀升。

　　未來，企業將不會為某個職務而雇用正職員工，而是以專案或約聘方式委派給自由工作者。此外，因兼職與臨時性工作機會的增加，也鼓勵了更多因家庭、育嬰關係而短暫離開職場的婦女二度就業。

職場老年化

　　目前在多數國家，企業員工的年齡都漸趨老化。勞委會統計，在台灣，2007年的中高齡就業人口為326萬人，比起10年前（1997年）的223萬增加了103萬人，成長率高達46％，且攀升速率有年年激增的趨勢。

關鍵
數字 8

46%
2007年台灣中高齡就業人口為326萬人，較10年前增加了103萬人，成長率高達46％，且攀升速率還有年年激增的趨勢。

　　在大多數已開發國家（美國除外），出生率不斷下降，企業要與年紀較大的雇員訂立契約，就像管理年輕人一樣去管理年長的一代，更多的企業也將制定出有保障的退休計劃，如按月提領一定比例的退休金，或事先結算員工的退休金總額等，這也將是未來企業是否能爭取到優秀人才的關鍵。

徵才計劃大幅提前

　　為儘早發現和培育人才，未來企業將擴大與學校的合作，找到真正適合自己企業屬性的員工。例如，企業可以提供學生暑期實習的機會或獎學金，培訓企業未來所需要的人才。而且，合作對象也不再僅限於大專院校，還會進一步擴展到中小學。

　　像是台灣技職學校行之多年的「建教合作計劃」及2008年教育部推動的「大專畢業生至企業職場實習方案」（22K方案）等，以及

近年越來越頻繁、規模越來越大的「校園就業博覽會」都是此種趨勢的呈現。

中國人才將在世界職場舉足輕重

中國的人才潛力是廣大的，因為優渥的招商條件、廣大的腹地、相對低廉的工資，更重要的是13億人口的巨大市場潛力，將吸引更多跨國企業進駐中國，估計中國的高級人才發展也將因此而加速。中國的崛起，除了經濟、軍事實力之外，勞力市場的「工潮」也該是世界矚目的焦點。

無論何種產業，
未來都必須回歸到「人性」，重視「人心」的感覺。

2-3
你需要知道的
未來職場現象

未來，第一線工作者是否具有傳遞情感的能力，亦為雇主關心的重點。我們說未來的熱門行業就是那些不能被電腦取代、外包的行業，例如，服務人員有沒有好方法使消費者感受到關懷和重視，藉以拉高顧客成為「回頭客」的比例，這就是未來所需要的「高感度人才」，即要滿足消費者心理層面的「精神」需求。

　　筆者認為，未來職場的發展趨勢是，我們所熟悉的職場將會變得更加靈活、自由、更具協調性及更少的封閉性。以下是「早知道比較好」的未來職場現象：

服務業將是當紅炸子雞

　　目前國內服務業占了全國總就業人口的60％左右，過去20年來，國內服務業人口雖然早已超越工業和農業，但距離美國、英國、和日本的7到8成卻仍然有一段距離。

　　此外，服務品質的指標──「知識密集型服務業」的比例仍然低於批發零售業。而要提升服務業的競爭力，就必須從人才培訓與理論研究、實務分析著手，但是目前該領域的發展仍未臻健全。因此，在未來成為服務業的教育訓練人員，或是成立服務業研究機構，將會是

一門好生意。

例如，一盒便當對我們來說可能只是充饑的一餐，然而在日本，一盒便當就是煮入了廚師之「心」的料理，即使食材可能差不了太多，但整份料理的用「心」與服務態度的不同，卻能讓你暖在心裡，這才是真正的「服務」業。

徵求「會說故事」的人才

會說故事，指的就是以打動人心為宗旨，強調「心」之敏銳感受的服務。在未來，「說故事」（tell stories）的市場將急速擴大，各產業將需要聘任專業的媒體公關，替它們打造並傳播品牌故事。而如果要進行這樣的宣傳方式，就需要一個擅長「說故事」、具有「渲染能力」的人，因為未來無論哪一種產業，都必須回歸到「人性」，重視「人」的感覺。

工時彈性，打卡byebye

網路和手機通訊的進化，讓遠距辦公不再遙不可及，而嚴密防堵員工遲到早退的「打卡制」將被歡呼隱退，「朝九晚五」不再是多數人依循的工時規則。近年來「樂活」風潮的生活風格廣受歡迎，人們也開始重視休閒娛樂，平均工作時數縮短屆時將為時勢所趨。

即便是「體制內」的上班時間並未縮短，企業也傾向於延長員工Tea time等休憩時間，如Google行之有年的「20％時間」，即是鼓勵工程師花費20％的工作時間，自行發展與日常工作職務無關的構想（事實也證明，這些時間並未被「浪費」，因為有些「20％時間」的產物後來也成為了Google正式產品，像是Gmail、Google新聞，以及Google的社群網站「Orkut」等）可見，彈性工時不僅能讓員工產生

企業認同，更能樂在工作，而工作效能提高了，企業亦能因此受惠，何樂而不為？

藍領技術工作將捲土重來

普林斯頓大學經濟學家艾倫‧布蘭德（A. Blinder）分析，未來營建、實體工廠，以及耐久性機器（如汽車）的保養維修工作等平均薪資將會上漲。

在知識經濟、文憑主義掛帥的時代，學生多數對於技職教育顯得不屑一顧（這點從台灣五專招生不足而全面改制為「技術學院」現象可得到證明）。但醉心於理論與資訊經濟的結果，是一大批缺乏手作實務的「學者」誕生，使得重視「經驗傳承」的技工、學徒等藍領階級出現嚴重斷層。

其實，這種不平衡現象在當前社會已慢慢浮現——就在你家的馬桶堵塞或是汽車無故熄火，卻找不到一個可信賴的維修人員時，感受特別深刻。根據美國《新聞世界報導》雜誌指出，大學畢業生選擇藍領技術工作，如黑手、消防隊員、保全等，在未來10年將會越來越多，以達到市場平衡。

上班族的創業風

據調查，高達9成的上班族都有自己創業當老闆的意向。之所以如此，主要是為了獲得更高的收入（或是不滿被壓榨、長期爆肝等）。而未來上班族創業的領域，依舊以低門檻的服務業為主，如飲食、住宿、開咖啡店等，此外經營網路商店也將成為未來年輕人創業的主流。

進入全民皆業務時代

從先進的歐美日國家來看，目前企業需求量最大的職缺依舊是業務人員。能夠直接幫助公司創造營收的業務人員，也將成為未來公司的高需求職缺，但這類職員也常是高耗損、高流動率的族群。近年來，多數企業紛紛出現「行銷業務合流」的趨勢，職務內容不再壁壘分明。因此，一人身兼數職——如銀行櫃員鼓勵存戶投資基金、幼教老師負責招生活動等情形，已是職場常態。

兼差是件平常事

目前國內就業人口兼職比例約佔24％，還有48％的上班族表示：「很想兼差，但還沒找到合適工作」。物價攀升、薪資收入缺乏彈性運用可能，是上班族想兼差的主要原因。此外，企業大量的工作外包，更助長了兼職市場的熱烈。

從被動到主動的「派遣」

在未來，各種職場新鮮人對「派遣工作」將會逐漸從被動轉向主動，他們會透過派遣公司安排，大約半年到一年就換一個工作環境。對上個世代來說，派遣或約聘工作代表著「不穩定」，因此多有排斥心態；但對年輕新鮮人來說，變動代表著挑戰與新鮮，認為有助於他們找到真正適合自己的工作。而將派遣期當作試用期來選拔人才，對企業來說也是一種較為保險的方法。

擋不住的職場女性崛起

根據統計，2014年亞洲富裕國家的女性自由消費能力將可達到5千1百億美元，可見女性的經濟獨立程度已獲得大躍進，這與女性在職場中漸受重視有關。

在職場，女性的細心、耐心、善於溝通等特質，都比男性來得更具優勢，因此，在未來更強調「感性」的年代，女性將更加崛起，除了佔有優勢，也更容易在職場上嶄露頭角。

銀髮族退而不休

當我們逐漸邁入高齡化社會，未來銀髮族再次投入職場的機會就相對提升，最著名的例子就是台積電董事長張忠謀於2009年高唱「老驥伏櫪，志在千里」宣布回鍋並兼任執行長一職的消息。

當銀髮族苦無適任接班人，或勞動力供應不足時，他們就可能退而不休，繼續從事另一份新的工作。或者像是中國聯想集團的創始人柳傳志，在完全交棒給楊元慶、郭為後，自己也依然活躍在國內的創投舞臺上，這種退而不休的情況在不久也將成為一種新的趨勢。

大學不知道要唸什麼科系？
參考一下未來可能的熱門產業吧。

2-4/
未來前十大
熱門行業排行榜

在經歷了全球金融風暴及經濟危機之後，世界各國原本的就業形勢也逐漸發生了轉變。
從各國的產業發展來看，除了傳統的財經類別行業之外，某些行業也將在未來成為全球
的熱門行業之一。

　　經研究，筆者預測未來的前十大熱門行業如下：

No1.資訊技術（IT）人才

　　美國勞工部列出了時至今日成長最快的一個職業領域，那就是資訊技術（IT）。目前，全世界每隔幾個月就會有IT相關的嶄新職業誕生，像是軟體技術工程、IT分析、媒體諮詢等，都是熱門且收入頗為豐厚的職業。但在未來，即使全球就業環境變得嚴峻，但是網路工程師、系統集成工程師等依然都是十分走俏的職業。

　　即便是在地廣人稠的中國就業市場，IT專業人士也是企業的「徵才大戶」。雖然傳統的市場已趨向飽和，但新興的IT產業人才仍然有很大缺口，例如行動通訊、網路控制、即時系統、智慧系統、多媒體技術、積體電路等都需要大量的專業人才。

　　2006年，台灣許多學者及科技人才紛紛被重金挖角至對岸，反

未來1.0
encounter

映了中國對IT人才的大量需求。台灣工
研院，是培養高科技人才的搖籃，大陸
試辦地方省市級的工研院，已向台灣的
工研院高級主管招手。目前，3G通信
已正式在中國啟動，預計中國將出現
50萬以上的網路技術人才需求，而網
路工程師的需求量還將隨著中國網路的

普及而繼續增加，估計未來台灣資訊產業領域還會有一波「出走
潮」，對此台灣政府也提出了「特殊領域敘薪無上限」之說來嚴陣以
待。

No2. 環境科學人才

如今，世界各國都將環保作為國家發展的重要部分，並不斷提倡
環境保護、節能減碳、發展綠色經濟等行動，這也就意味著需要大批
的專業人才從事環境科學工作，而主要的範圍涉及了環境管理及保
護、環境顧問、環保機構、推廣環保教育、生態保育及植林工作、燃
油工業、政府部門等，甚至延伸到了家居、電器、汽車、食品等大眾
消費領域。

台灣政府於2009年開始，陸續投入約2千億的綠色經濟預算，將
創造15萬個綠色就業人口，當基礎建設逐漸完備後，企業及政府將會
對上述人才有大量需求。

No 3.生物醫藥人才

全球生物科技正處於高速發展階段，而將生物科技應用到醫療和
製藥領域的步伐也不斷在加快，因此，擁有生物工程、化學工程或生

物製藥等專業背景的人才更備受重視。尤其是既有生物科技基礎、又有醫藥實踐經驗的複合型人才，身價更是不斷看漲。據美國CNN指出，藥劑與生化領域專長的藥品銷售人員將在未來10年內的職缺將高達16萬名，年薪近10萬美元。

No 4.新興材料製造人才

新材料製造業的核心從業人員，主要包括微電子及光電材料、高性能結構材料、奈米技術及材料的研發工程師，以及高分子材料工程師、複合材料工程師等。在歐美地區，尖端科技發展的步伐日益加快，因此更需要大量的新興材料工程師將尖端技術付諸應用。

No 5.護理專業人士

在人口爆炸的時代，醫療護理系統的人才需求量加大，再加上人口老化，醫療照護單位將會釋出大量職缺。目前，護理領域是一個全球人手皆緊缺的職業，就業前景很廣闊，同時也是在國際上地位較高、薪資豐厚的職業之一（但台灣護理制度仍未臻完美，導致護士荒成為一種常年現象）。

美國勞工部的報告列出了目前在美國成長最快的行業類別名單，其中之一就是「保健」，該份報告指出，未來10年內美國國內的各大醫院及護理之

家將會爆發「護士荒」，對於護士的需求人數，將會達到120萬名。

No 6.精算行業

　　精算是屬於一門運用概率學理論和多種金融工具來對經濟活動進行分析預測的學問。而隨著全球保險業、社會福利及諮詢顧問的快速發展，精算師在世界各國也已成為一個誘人的職業。據調查，在美國，一個剛入行的精算師年薪即可達到8萬美元以上。

　　美國在經歷次級房貸風暴之後，企業更加重用銀行貸款、資產管理及投資顧問人才，「風險管理師」因而成為新顯學，人力仲介業者表示，初級風險管理分析師起薪就高達7萬5千美元，而風險管理長年薪資更可望上看1百萬美元。

No 7.統計分析師

　　另一個與數字運算相關的熱門行業，就是「統計分析師」。向來被視為埋首於數字、工作沉悶的統計分析師，如今待遇可能好得嚇人。Google的首席經濟師瓦瑞安（H. Varian）曾表示，未來10年統計分析師將是「最酷也最讓人羨慕」的工作。

　　在資訊爆炸的時代，所有東西都可以量化和分析，因此如何善用「數據」改善未來就成了重要的課題。在這樣的背景下，不管是電子數據充斥的數位資訊業，還是警界、公務部門記錄，甚至是醫療的基因研究，各行各業都離不開統計學。

　　科技界巨擘IBM就是在認知到數據分析的潛力之下，於2009年新設置了統計部門，目前已招聘了2百名擁有數學、統計等相關知識背景的專才，估計未來的統計分析師人數還將增加至4千人。

No 8.飯店管理人才

　　未來，觀光產業將成為繼電信與資訊產業之後的世界第三大經濟命脈，因此，飯店管理方面的人才也會成為未來社會需求較大量的區塊。台灣師範大學「餐旅管理與教育研究所」所長孫瑜華強調，近年中國大陸的觀光市場發展迅速，無論商務客或是觀光客人數都是急劇成長，因此預計2020年，中國會是全球最大的觀光市場。

　　雖然國際觀光飯店集團集中在對岸蓋飯店，但大陸服務觀念的未臻完美，以及教育培育人才速度緩慢，因此多半選擇到台灣挖角飯店管理人。反觀台灣本土，在兩岸三通及開放大陸觀光客來台等政策的刺激下，孫瑜華認為台灣現有飯店數量並不夠容納來台的觀光客及商務人士，因此勢必再興建飯店，因此預期未來飯店管理人才的需求也會大增。

No 9.物流行業

　　隨著經濟全球化與國際貿易的進一步發展，物流與供應鏈管理也逐漸成為現在和未來企業管理中的一個核心環節。

　　目前的物流專業人才亦十分吃緊，許多物流部門的管理人員都沒有經過專業的培訓，加上國外物流企業搶灘本土市場，使得物流人才的需求量急劇擴大。根據104人力銀行針對台灣企業進行「企業年後缺工潮調查」，國內有高達82%的運輸物流業者感受到強大的缺工壓力。

關鍵
數字

82%
根據104人力銀行針對台灣企業進行「2011企業年後缺工潮調查」，國內有高達近82%的運輸物流業者感受到強大的缺工壓力。

未來1.0

encounter

No 10.智慧財產權管理

　　科技整合、資訊數位化的結果，讓消費者嘗到網路資源共享的甜頭，但也因此衍生許多盜版、侵權問題，像是數位音樂、電子書等數位內容產業，都渴求一個更為公平及合法的下載與分享機制。於是因應而生的智慧財產管理與法律諮詢，就成為未來的趨勢產業之一。

　　不僅資訊領域，科技業對智財管理人才也有迫切需求。屏東科技大學科技管理研究所教授林晉寬說，雖然台灣科技產業的研發能力強，但近年來國際對台灣廠商進行侵權訴訟案的例子卻屢見不鮮，不少廠商更因誤觸專利地雷而付出慘痛代價，因此更需要具備智慧財產權、技術移轉、投資評估、科技管理等科技整合的專才。未來智慧財產管理人才將更炙手可熱。

不只未來10年，
現代女性就將撐起職場半邊天。

2-5/
女人，
妳的名字是強者

過去由於女性在歷史進程中被過多地賦予撫養孩子、照顧家庭的責任，使得職場中對女性普遍存在著一種偏見，似乎即使她們再優秀，卻可能無法像男人那樣得到重用，而能夠做到高級管理階層的女性更是屈指可數。但現在，時代真的已經不一樣了。

　　根據多方數據考察，顯示出在一些曾是男人一統天下的職業中，像是醫學、法律、IT技術等領域，如今女性已佔據了這些領域的新進員工或實習生的一半，同時在建築和獸醫等行業任職的女性比例也迅速成長。

　　舉例來說，在過去10年中，女性律師的比例已上升為43％，成長了10％左右。此外，取得從業資格的律師中有60％是女性，而61％的法律實習生也是女性，從中不難看出律師的職業圈越來越趨向女性主導。

女性特有的高EQ＆軟身段

　　為何在未來10年，女性將會成為職場中的主導力量？同時還能逐漸佔據更多高階職位呢？筆者認為主要是：雇主們逐漸意識到，女性職員更適合強調「團隊精神」和「領導能力」的現代職場，特別是

女性擅長溝通和適當的情感表現，一直以來都比男性自信的智慧或體力更來得受到歡迎。而撰寫《亞洲大趨勢》（Megatrends Asia）的趨勢大師約翰·奈思比（J. Naisbitt）也預言了亞洲未來的趨勢之一——就是「男性褪色、女性頭角崢嶸」的特點。可見男女地位的動搖不僅發生在歐美國家，就連性別界線較為嚴謹的東方世界也正在持續發酵。

女性主管掌權的企業報酬率更高？

根據工作場所調查機構對《財富》（FORTUNE）雜誌的500強企業中的353家公司的調查，結果發現，在管理高層中有更多女性掌權的企業，在資產淨值上的報酬率也越高；而出現這種情況的企業，在被調查的數量中甚至超過了1/3。也就是說，女性進入企業管理高層，並且發揮重要作用的現象都並非個別案例。

通常來說，出於性別上的特色，女性主管在為企業做決定時，往往要比男性主管更加謹慎，而且眼光也更為長遠。相較之下，男性往往勇於冒險（特別是有其他男性同事的情況下），但處理問題時可能會欠缺更為周詳的考慮。

感性領導成為主流

筆者認為，女性在職場中日益「走紅」主要有三個原因：一是在中學和大學期間，女孩們的學業成績多半超過男孩；二是在後女性主義（Post-feminist）時代背景成長下的新女性，對事業有著更高的自我期許；三是現代社會的職場特徵多半重視腦力而非體力，因此更適合、甚至更優於女性。

根據華盛頓郵報，在美國取得博士學位的女性人數，於2009年

首度超越男性。而英國特許管理研究所（CMI）在展望2018年的職場時也曾指出——屆時，女性管理高層將逐漸壯大，以她們所具備的更隱性的競爭欲望、更強的溝通能力、更優秀的合作特性，未來的職場也將因此變得更靈活與具有高效能。

　　此外，國內不少以女性領導者作為研究對象的論文當中，都發現女性主管的共通點就是「善於訴諸同理心」、「企業認同」及擁有「發展故事性」、「愛與關懷」等，筆者也預測，未來女性參與職場高層的決策是正在進行的趨勢，因為「感性領導」（Emotional touch）將在未來有一席之地。

女性特有的溫柔、耐心與體貼入微，
使得她們較男性勝任在某些職業上。

2-6/
未來女性的
熱門職業有哪些

都說女人能頂半邊天，更不用說在未來職場上，女性將發揮不可或缺的重要影響。根據
筆者對各行各業的市場需求、行業動態、社會地位、及職業幸福指數等進行總結分析，
在此預測了未來職場女性中最為熱門的幾種職業。

職涯規劃師

所謂的職涯規劃師，就是以職業
人的個體利益出發，結合專業知識和相
關資源，提供職業人有關職業的適應、
發展等的專業諮詢、輔導、判斷、建議
和解決辦法的專業人才。

事實上，幾乎每個人都需要職涯
規劃師的幫助，但相關人才卻非常缺

> **關鍵數字**
>
> **3500名**
> 根據已開發國家每3000名
> 求職者需有1名職業規劃師
> 的比例來算，台灣千萬的就
> 業人口中，大約就需要近
> 3500名的職涯規劃師。

乏。如果我們根據已開發國家的每3千名求職者就需有1名職業規劃師
的比例來看，那麼台灣的千萬就業人口之中，就大概需要近3500名
的職涯規劃師，而台灣是遲至近年才引進全球最大的職涯規劃師認證
系統GCDF，可見這是一塊尚未開墾、潛力無窮的處女地。

職業規劃師更是非常適合女性發展的職業，為了建立與諮詢者之間的互信，需要女性敏銳的觀察力及人際溝通能力。此外，職業挑戰性大，但相對自由，可根據自己的時間安排與諮詢者的面談時間，使女性在家庭與工作間能取得平衡。

心理諮商師

　　工作忙碌、人際關係疏離……現代人承受著來自各方的壓力，憂鬱症、失眠等文明病深深困擾著人們，逐漸使社會大眾越來越重視心理健康問題此一領域。如何讓自己保持健康心態來面對人生的種種問題，現代人大多願意尋求心理諮商師的幫助。

　　而女性特有的細心、溫柔、循循善誘、易使人卸下心防的特質，無疑較男性更為適合這一職業。目前，心理諮商專業人才嚴重緊缺，因而有遠見的女性們不妨考慮加入心理諮詢師的行列。

復健治療師

　　全球的人口老化現象日益嚴重，因此協助復健的專業人才也越來越受到重視。根據內政部統計，目前領有身心障礙手冊的肢障人口約38萬人；而65歲以上老年人口至2011年止，已經大幅成長為近250萬人，占總人口約11%，

關鍵數字

30%
2050年，台灣老年人口比率將成長至30%。這些族群都將成為需要接受復健的潛在人口。

也就是每10個人之中就有一個老人。而估計到了2050年，台灣老年人口將會達到30%，這些族群都將成為需要復健的潛在人口。而女性所具備的關愛、耐心、體貼入微等特質，使得她們可以在這個職業上較男性更為勝任。

理財規劃師

　　理財規劃師的工作，就是為客戶提供全方位的專業理財建議，透過不斷地調整存款、股票、債券、基金、保險、動產、不動產等各種金融產品組成的投資組合，為客戶設計出合理的理財規劃，滿足客戶長期的生活目標和財務目標。對女性來說，其特有的細心、親和力、正直與可信賴的形象，也使其從業可信度更高、更易溝通，而理財規劃師的自由也將會受到諸多職業女性的青睞。

網路編輯

　　網路發展如火如荼，網路媒體也成為補充或替代傳統媒介的第四媒體，因此網路編輯等採編人員也將成為未來發展看好的職位。而網路編輯特別適合女性，因其要求有較好的文字功力、策劃能力及素材整合能力，且長久以來女性具有的語言及文科優勢，及女性特有的安定、耐心等特色都正好符合需求，更能承擔枯燥的網路搜尋任務，也有較強的組織策劃能力及創意發想。

　　其實，不僅網路編輯，就連一向為男性取向的網路遊戲，近來也傳出大量錄用女性人才的消息，而其中所要借重的，就是女性在歷史及文學方面的素養，以豐富遊戲的整體故事性。

漫畫編輯＆美編

　　女性因情感的細膩，對於「美」以及「人性」的捕捉往往更加透徹，多半比起男性更擅長以感性表現藝術，因此十分適合從事動漫製作或者美工設計。以客觀條件來說，女性在職場上的非持久性（如生兒育女、因婚後照顧家庭而中斷），以及勞動承受力不及男性等原因，使得未來市場廣大、社會地位不錯、勞動強度中等的漫畫、雜誌

編輯或美編正好適合女性，成為女性的未來熱門職業。

客服

　　客戶服務之所以將成為女性的熱門職業，是因為客服需要具有親和力、耐心、細心，與聲音甜美、外型俱佳的工作人員，而這些都符合前述的女性特質。

　　從較高層的職位來看，如客服經理，需要有追蹤客戶能力、歸檔整理能力、服務精神和行銷策劃能力，這些同樣適合女性的需求和潛力。而且客服雖是對外工作，但壓力要較業務類的職位小得多，因此女性的發展潛力可見一斑。

　　隨著長久以來性別平等意識的抬頭，「男主外、女主內」的刻板印象已逐漸瓦解，未來職業若能放大女性細心、耐心、善於溝通與訴諸情感的正向特質，那麼女性的崛起便是一種良性的競爭趨勢了。

2015年，
將會有超過40%的企業不再需要打卡上班。

2-7
學蜜蜂
——「蜂群式作業」

筆者預測，從2010年到2020年的10年之間，工作的本質將經歷更大的改變。例如，工作將不再需要按部就班，同時有著高不確定性、高連結性（hyper connectedness）與蜂群式作業（Swarming，一群人就某個任務聚在一起工作，任務完成後便解散）等趨勢。

快速組隊，集體行動

20世紀時，企業的成功就像登山，每向上走一步，離山頂就更近一點。但現在與未來的情況卻是——山在不斷移動，即使這一秒你站在頂峰，但下一分鐘你可能就跌到谷底。所以，未來想在職場上生存，就需要能夠隨時對外界變化作出「反應」，並學會與傑出菁英共同合作以完成工作的組織能力。曾任蘋果電腦設計總監的克萊蒙‧默克（C. Mok）說：「未來10年，人們必須習慣合作、跨界思考與跨界工作」。

蜂群式作業將在未來成為一種普遍的工作方式，其特色就是——由任何人快速組隊，集體行動，每個人都願意並且能夠為「蜂群」這樣的團隊增加價值。在這樣的集體行動中，團隊合作將被更加重視和

肯定，且更頻繁地發生。

「蜂群」中的各成員，可能是一群不受企業直接控制的非正式群體，但此一非正式群體因為共同利益、暫時性或歷史性的事件被召集在一起，共同為完成同一個工作任務而相互合作。

群蜂式作業的優勢

◎強調團體成員的共同利益，互相尊重，能有效地展開合作，不會出現故意唱反調的搗亂分子。

◎對解決問題的各種辦法深入研究，能最大限度、最有效地提高團體選擇出最佳方案的機率。

◎透過坦誠的辯論對團體知識進行激盪，並利用公平公開競爭的力量，將優秀方案和差劣方案加以區分。

◎能將領導人對團體思維的影響力降到最低，如此才能調動團體成員的共有智慧和腦力。

◎團體成員之間相互平衡依賴關係（資訊共用）與獨立性（沒有同僚壓力）。只有創意能被公開分享、獨立評估，團體才能有效探討各種方案，進而做出恰當選擇。

蜂群式作業的工作方式對於企業建立共識、制定優秀決策來說非常有效。有了適當的組織結構，團體就會顯現出1+1>2的驚人效果與智慧，比團體中最聰明的人還要聰明。

沒有固定辦公室，工作即生活

當然，「蜂群」成員的工作場所也將變得虛擬化，他們會以蜂群的形式一起解決問題，雖然仍然有一個他們用來工作的「地方」，但並非是由公司提供的專屬固定辦公室，也沒有辦公桌和辦公設備，舉

未來1.0
encounter

凡速食店、咖啡廳、高爾夫球場，都可以作為討論場所，因為群蜂的特色就是能夠隨時聚集、隨時分散，甚至團隊的聚餐、午茶時間，都可以用來腦力激盪。

　　不過，雖然看似自由隨意，但他們的工作時間卻可能因此增加，甚至貫穿到每週7天，每天24小時。因此若在這種工作模式下，個人、工作、社會和家庭瑣事，還有企業事務間的界線也將會趨於模糊。

泰勒化下的垂直體制組織，
已經無法滿足現代企業追求節省成本的目標。

2-8
打破刻板體制的
「網絡式」組織

過去，大型企業將生產、銷售、研發、物流等各部門集於一身，並以中央集權方式控制體系運作，為了支援各部門，還必須額外僱用會計、人資等人員來維持運作，這不只是耗費龐大成本，更無法凝聚成員的向心力。為了剔除上述陋習，未來新型態的網絡式組織（Network organization）將會成為企業革新的方向。

　　工業革命以來，受到泰勒化的影響，企業組織往往傾向多功能、多部門與垂直整合的科層體制（Bureaucracy）。這樣的規模經濟（Economies of scale）不僅僵化缺乏變通，更容易淪為官僚。部門與部門之間缺乏互動，甚至拖諉塞責。但在未來，企業革新的方向可能如下：

　　◆註：規模經濟（Economies of scale）是指大規模生產導致的經濟效益。指在一定的產量範圍內，隨著產量的增加，平均成本不斷降低的事實。

　　◆註：科層體制也譯為「官僚體制」。其特點在行政機關內容各等級的單位負責人，有固定的職務、劃分的權限、有例行公事的一定程序，有對上對下所負責任的範圍。

鞏固核心，其餘外包

網絡式組織像是一種小型的中心組織，在保留企業的核心專業的前提下，透過「社會網絡」與「契約合作」的方式，將組織不擅長的工作，如製造、配送、行銷廣告等通通委外執行。

「小而美」的結構，造就了許多青年創業的小公司如雨後春筍般不斷萌芽。根據統計，近年來近2/3的工作都是由不到500人的中小企業所創造的，如出身於矽谷的前蘋果CEO賈伯斯（Steve Jobs），就是小公司創業的知名成功例子。

網絡式組織能成功，在於它擁有不同於大企業的優點：

◎專精：將不具自身優勢的部分，經由外包、委外等方式來降低生產成本。使企業專精於本身核心技術，有助於加速技術升級。

◎合作：靠著企業網絡提供前連鎖、後連鎖等支援，企業只需要集中目標在整個生產、行銷過程的一小段，將弱勢部分交給更為專精的合作企業處理，就能創造雙贏。

◎彈性：有別於大企業的階層管理，透過契約與合作對象交流，少了大型企業中央控制體系的羈絆，組織更能靈活運作，也更具變通性，能隨時解體或合體，應變市場需求。

◎降低風險：保留核心領域，並將非核心領域外包，免去大型企業必須承擔整體營運的風險，並節省資金與生產設備的開銷。

在規模經濟不敵小企業的個人化優勢時，在企業體制上就應打破科層體制，改以扁平、有機的組織型態；而在任務分配上改行蜂群式作業，將能使企業在瞬息萬變中的未來更具競爭優勢。

你也羨慕的Google美國總部，
就是一個充滿了零食與玩具的辦公「遊樂場」。

2-9
再會了，
我的辦公桌小隔間

未來，工作內容與形態都勢必發生劇烈變化，更不用說工作場所也將隨之改變。現代辦公室千篇一律的「格子間」不出數年就會消失，取而代之的是更人性化、更放鬆的工作空間，其開放性、隨意性與舒適程度等甚至可以跟咖啡廳相比。

注重員工隱私

美國辦公用品品牌Herman Miller的設計師卡梅隆・坎伯（C. Campbell）認為，在辦公時，雖然群體空間要比個人空間重要，但員工也需要有屬於自己的角落。因此，未來的辦公室設計會加強研究在如何讓員工擁有自己的私人空間。

美國肯特州立大學所研發的電控調光玻璃，就是其中一種能夠保護員工隱私的設備。這種玻璃可以在不透明和透明之間進行快速切換，以控制光線的阻隔或穿透。

例如當關閉電源時，玻璃裡的液晶分子會呈現不規則散布狀態，使光線無法射入；而通電後，裡面的液晶分子呈現整齊排列，光線可以自由穿透，此時電控調光玻璃呈現透明狀態。

但由於製造成本居高不下，目前大多應用於高檔場所或各類隱私

保護領域。而少部份頂級轎車，如Maybach及Lexus則使用調光玻璃做為天窗。當然，它同樣也可以在辦公室內搭配投影機作為投影之用。

談話保密

還有一種可遮罩聲音的新技術也即將推出，當辦公室內的談話內容涉及敏感資訊時，員工就可以利用這項新技術防止機密外洩。

Herman Miller旗下的Sonare Technologies公司還推出了一種名為「Babble」的設備，它可以在傳播聲音之前先對聲音進行分解，然後再將其發送出去。這樣，旁人所聽到的就是一群人的「嗡嗡」聲，但卻聽不清楚他們所說的具體內容。如果員工在講電話時覺得需要保密，就可以按下按鈕以確保隱私或機密不外洩。

更人性化的辦公空間

從上班族的角度上來說，讓辦公場所變得有趣、更人性化也是未來辦公室革新的一個重要方向。全球上班族都嫉妒的──Google美國總部，號稱「全世界最夢幻的上班地點」，就是一個到處充滿著零食、可樂、沙發、玩具的人性化「遊樂場」。

在那裡，員工可自訂作息時間；CEO與職員們倚著撞球檯開會；員工帶著小孩與寵物上班；游泳池、健身房、餐廳、洗衣間與理髮廳……應有盡有（或者說，似乎不應該有的也有）。但究竟為什麼要將辦公環境打造得這麼有吸引力呢？Google創辦人只有一個理由──那就是創造力與想像力決定公司的競爭力，而它們不過源自於「快樂」的大腦。

新科技的辦公室隔間

近年，由德國公司Pronova生產的「Holopro」是國家級實驗室所研發的世界頂級投影顯示系統，也是世界上目前唯一能在白天及複雜光源環境中產生專業高保真影像的投影產品，同時也是為了讓辦公空間更有趣的一種新式辦公室的分隔設備。

這種設備呈現半透明狀，當用雷射照明時，便可將影像折射到觀看者的眼裡；而沒有影像投射時，員工便可看穿螢幕，觀賞窗外景致。這也是目前世界上唯一能在螢幕上投影高寫真影像的專利技術，即便是在強烈的日光照射下，它也能將全彩影像投射在螢幕上，不受外來光線的干擾。

目前，美國建築規劃設計公司RTKL已使用了「Holopro」作為工作室的隔間，其副總裁丹尼斯‧蓋夫尼（D. Gaffney）說：「你可以用它來投射孩子的照片或電腦桌面圖片，又或者不投射任何影像，讓它保持透明。」

有了這麼多貼心的設計，想必日後每天打卡對上班族來說，至少多了一件能賞心悅目的事。我們終於可以減輕一些「Monday Blue」，並在工作之中發掘多一些的樂趣了。

開放的環境可能會妨礙工作，
但卻能增進團體的互動與意見分享。

2-10
既封閉又開放的 未來辦公室

有些富有創新精神的公司已經認知到，資訊技術使員工可以行動辦公，或與遠端同事的跨時區合作。並且無論是在傳統意義上的辦公室還是其它環境之中，都能完成交辦工作。這種未來辦公方式可為公司節約大筆開銷，增強工作靈活性，並讓「辦公室」發揮最大效益。

封閉？開放？任你挑

　　傳統上認為，一個封閉的辦公環境才能讓員工集中精神工作，然而，開放、靈活的辦公環境卻能帶來如創造力、知識交流、團隊精神與互助合作等明顯好處。我們知道，開放的環境可能會妨礙工作；但同時，開放環境也能增進互動、加強意見分享。若要兼顧這兩點，最好的辦法就是將虛擬辦公室與實體辦公室做結合，成為混合式的辦公環境，它既封閉，又開放的特性，可以讓使用者隨需選用。而這種辦公方式也會成為未來辦公室的發展趨勢。

　　在這種空間裡，員工既可以選擇在安靜的空間裡獨自辦公，也可以在開放的、小組討論的空間中進行溝通。混合式的工作空間還能充分利用各種科技，不論是在辦公室內還是相距甚遠的兩地，都能將兩

種選擇做有效的結合。

實現多元辦公情境

現在，位於美國加州米爾皮塔斯（Milpitas）的思科園區（CISCO），就是採用混合式工作空間的格局。在這裡工作的上百名工作者可使用8種不同類型、未指定的工作空間，分別為工作站、臨時工作間、私人工作室、焦點小隔間、開放專案空間、團隊工作室、娛樂室與小隔間。而透過IP技術及視訊會議技術，這些空間都支援多種類型的遠距辦公。

據《紐約時報》報導，英特爾和德勤（Deloitte）等公司也已採用類似方式使辦公空間變得更加活潑。以下情況也不再遙遠：

◉新技術讓員工的合作方式持續改變。

◉催生了虛擬工作的新規範和工作進程。

◉與第三方組織，如與辦公空間供應商合作或規劃共用式辦公場所的機會增加。

◉對城市及政府提出要求，促使創建出能夠支援全新工作方式的環境。

當然，對設計並建造工作場所的各類廠商，如建築師、業主和供應商來說，這些變化也將對其設計與打造辦公室的功力帶來更多挑戰。

如果你認為「虛擬世界的交流」和「遠距辦公室」將會使得辦公人員彼此之間沒有碰面的必要，那就錯了，因為人與人之間面對面溝通的含義更多元，也能實現快速且深刻的互動，更加速企業決策的進程與資訊的流通。因此純粹的虛擬工作環境還難以完全取代面對面的意義。

2-11／
健康環保綠色辦公
正是時尚

曾經，A4紙滿天飛舞，到了今天，文件變成網路傳輸；昔日會議上成疊發放的L夾與公文，現在被人手一台的筆電取代；再如「零秒預熱」的列印技術可能省電，還大大提高了列印速度……這些都表示——低調的「綠色辦公」風潮正在襲捲職場。

從「軟體」上減少資源浪費

過去意義上的綠色辦公，是指在工作中節約使用資源，減少污染物的產生與排放，以及回收循環可再利用的產品。例如，使用雙面列印的印表機，不僅能節省50％的紙張成本，還能有更大的環保效應。我們來算算一台商用雙面印表機，1年竟可節省1噸左右的辦公用紙，而生產這些紙張需要6棵成材的樹木，還會產生10噸左右的水資源耗費和污水排放。以此類推，若是1百萬台雙面印表機，1年就可省下1百萬噸的紙，保護了6百萬棵的樹和節省1千萬噸的水資源，積少成多的力量是不是非常強大呢？

> **關鍵數字**
>
> **100萬**
> 100萬台雙面印表機一年就可省下100萬噸紙、保護600萬棵樹和避免1000萬噸的水資源浪費。

從「硬體」上節能減碳

事實上，上述例子只是綠色辦公概念的一小部分，而整體的綠色辦公環境的構建已顯示出越來越重要的地位。因為我們每天有1/3以上的時間都在辦公室度過（當然更多人不止）。而空氣污染、細菌病毒肆虐、辦公大樓症候群（Sick Building Syndrome, SBS）流行，這些都困擾著工作時的辦公室族群。如果將來綠色辦公環境的構建能蔚然成風，那麼對這些每天生活在辦公室的上班族來說，無疑是個好消息。

未來，理想的綠色辦公將會邁向以下兩種方向發展：

◆綠色能源＆可再生材料

雖然辦公環境的能源耗費較為嚴重，但已有一些企業開始引領綠色辦公的時尚潮流了，其中微軟就做得非常徹底。

像是微軟在加州山景城（Mountain View）總部大樓的樓頂就安裝了2千多片的太陽能電池板，總面積超過3萬平方公尺。在用電高峰時段，它可以產生480千瓦的電力，這些電量足夠提供給5百戶家庭用電。而目前，微軟總部15％的電力都由這套太陽能發電系統供給。

此外，微軟公司使用的紙張當中，至少就包含了1/3的再生紙。因此，雷蒙德園區總部（Redmond）每月就能回收129噸的可再生物質。

◆公園般的辦公環境

Google的辦公環境被全球上班族讚譽不絕。在Google的工作園區，說起來更像大學的林蔭大道，看不見擁擠不堪的灰色叢林。在這裡，員工可以騎自行車或溜著電動滑板車穿行於青翠的草坪與綠徑之

間。

　而公司內部，綠色的人造皮革沙發是由再生材質製成；地毯是可回收再利用的；樓梯是由仿原木材料製成；牆壁粉刷採用的是低揮發性的有機油漆；部分辦公室裝有藍色的再生隔音建材，且大部分的房間都有綠色植物；辦公椅使用的則是92%的可循環利用材料。

　不僅如此，Google的空調系統使用90％的室外空氣，這些空氣要通過大樓外的化學篩檢程序之後才能進入公司。如果過濾系統無法阻止病菌進入，公司的醫生、按摩師、營養師、瑜伽教練及排球室等人員與設施，也能讓員工儘量不生病。除此之外，用水系統更採用了逆滲透篩檢裝置，這種過濾後的水質甚至比運動飲料還純淨。

　當然，基於多種原因，大部分公司短時間內還無法提供如大企業微軟、Google那般理想的綠色工作環境，但目前很多企業已在改善辦公環境方面做出努力，例如室內空氣太差時，會使用負離子活氧機、空氣清淨機或空氣加濕器等。也許這些措施會帶來一定的財政支出，但卻可以有效改善員工的健康與情緒，讓員工感受到舒適的歸屬感，也就能夠更有效地發揮專業與執行力了。

你有辦公大樓症候群症狀嗎？

　　頭痛、喉嚨痛、咳嗽、打噴嚏、眼睛乾癢、皮膚紅腫搔癢、嗜睡、注意力不集中、胸悶⋯⋯如果你有以下症狀，特別是一進辦公室就發作，那麼，你也許得了「辦公大樓症候群」。

　　因為循環空調全日運作，使得細菌病毒散布在整棟大樓（或整層樓）；密閉空間使二氧化碳濃度過高，甚至微生物過量；電腦主機、影印機嗡嗡作響，我們的辦公大樓因此「生病了」。

　　像這樣病態的工作環境，不僅傷害辦公室員工的身體健康，連帶地心理也會受到影響，進而降低工作效率。

　　專家建議，要治療生病的辦公室，必須保持空氣流通，妥善處理食物及垃圾，一旦發現漏水或積水情況要立即處理以免黴菌蚊蟲孳生。此外，減少不必要的裝潢與使用有環保標章的「綠建材」，才是治本之道。

在未來辦公室，
你再也看不到那些「剪不斷、理還亂」的電線了。

2-12
你也會想試試的
辦公設備

辦公室中，紙、筆、文件夾、電腦、傳真機等各種辦公用品理所當然地占據了我們的辦公室。但在未來，這些東西將逐漸淡出我們的視線，因為，這些辦公設備都將更科技化，你的辦公環境也將變得更舒適。

試試這款超酷的透明螢幕

幾年前，辦公室的電腦螢幕還都是些笨重的大塊頭，但現在，薄型的液晶螢幕已經輕盈地站上了我們的辦公桌。在不久後的將來，液晶螢幕又將會被更先進的透明螢幕所取代。

2010年，韓國三星公司便研發出了一款電腦透明螢幕，其透明度達到40％，連手伸到後面都能看見。相信不久後的將來，這類螢幕也會在我們的辦公桌上出現。透過透明螢幕，我們可以看到螢幕後的高樓大廈和青翠綠樹，讓久盯螢幕而發澀發酸的眼睛得以充分放鬆。

隔空充電？電線電池byebye

電話線、桌上型電腦、掃描器、印表機，這些辦公設備讓上班族的辦公桌下佈滿了纏繞如麻、看了就厭煩的電線。不過不久之後，這

種困擾就能完全消失。

美國麻州理工學院（MIT）研發出的無線電力（Wi Tricity）傳輸技術，可以隔空替電腦或手機充電，「Witricity」指的是「Wireless Electricity」無線電力，目前已經可以在2公尺外成功供應一個60瓦燈泡所需的電力。MIT物理教授表示，這已經足夠供應一台筆記型電腦所需的電力。他還透露，實驗已經到了可以實際應用的地步，可說是一個重大的里程碑。

其實無線電力技術的原理相當簡單，主要是基於物體的「共振現象」，通常一個物體傳導某種特定頻率能量到另一物體，就會引發後者出現震動，而如果共振的兩個物體共享相同的振動頻率，就可以互相交換能量。

而MIT團隊也正在研究，如何再加強無線電力的使用效率，目前傳導範圍仍無法超過一間房間或一層樓層的距離，但對於一般電子儀器的使用已經是綽綽有餘。當有了無線電力，一般筆電、或手機的充電插座就差不多可以宣告作古了。未來，辦公室一族的桌下可望能變得更清爽，再也看不到那些讓人心煩的電線了。

魔法報紙

以柔韌性見長的電子紙，可在離線狀態下將人們需要的資訊顯示出來，就像看普通的新聞報紙一樣。

Polymer Vision是一家荷蘭公司，過去隸屬於荷商飛利浦（Philips）旗下，主要研發及生產可彎曲、可轉動的可撓式電子紙，曾推出一款5吋螢幕大小的智慧型手持裝置Readius，其螢幕可提供如紙張一般的閱讀效果，同時還可以用來打電話、收發E-mail等，特別

的是螢幕捲起來後可以完全收放，絲毫不佔空間。

　　但令人期待的Readius還沒來得及進入量產銷售，公司便因財務問題而面臨經營困難，而台灣大廠緯創近年積極多元化布局，看中了Polymer Vision可撓式電子紙專利，決定出資1200萬歐元（約1617萬美元）收購，計劃將這樣的技術應用在各種手持裝置當中。

　　未來可望陸續看到使用Polymer Vision電子紙的新成品。等到推出市場後，你我便可人手一卷《哈利波特》裡的魔法報紙，如此科幻的場景已經離我們的生活越來越近了。

愛寫哪就寫哪的萬能書寫筆

　　如果有一支可在任何介質上書寫的萬能筆，辦公起來也會更加方便吧！德國著名的製筆公司施德樓（Staedtler）已發明出一種可在任何介面上書寫的萬能筆。當然，它還需要一種可與任何介質發生化學反應的墨水。

　　新的墨水能最大限度地優化其分子與介質的結合，墨汁即使落在非常容易化墨的紙張上也不會一塌糊塗，而且寫在白板上的墨跡還能快乾又好擦拭。如果能在辦公中使用這種筆，就能避免誤用奇異筆寫在白板上，之後必須到處找酒精的窘境了。

　　新科技和新辦公材料讓職場的工作方式與員工的受雇模式產生巨大變革，要在這波未來浪潮之中站穩腳步，就必須不斷update自我的技能，才能免於跟不上時代的淘汰命運。

什麼是透明顯示器？

「透明顯示器」是指本身具有一定程度透光性的螢幕，因為視覺能夠穿透，所以可以清楚看見面板後方的景象。

與傳統LCD螢幕不同的是，透明顯示器因有機自體發光層是透明的，所以透光性佳，更重要的，是它「非背光」的特性，使得長久注視眼睛也不易疲勞。

除了做為電腦螢幕外，未來透明顯示器將被運用在汽車玻璃、商店櫥窗、廣告看板及建築物上。根據韓國市調機構報告，透明顯示器市場在2012年首次推出後可望急速成長，並且在2025年會有高達872億美元的產值。

不僅如此，美國杜克大學的研究人員更進一步擴充透明顯示器的效能，他們利用銅奈米線（Nanowire）技術製造出透明的「可摺疊式」軟性顯示器、太陽能光電板以及電路板。

我們可以預見，未來顯示器的型態將更出乎意料，還能更輕巧！

3-1/
告訴我
未來最賺錢的行業

筆者預測，在未來的經濟發展過程中，許多行業都將會成為狠撈一筆的行業之一，例如運輸業、旅遊業、金融服務業、汽車產業等，都有可能成為繼「科技新貴」之後的某某新貴。如果我們能搶先瞭解與培養未來可能風行的行業資訊，就能提早為自己或企業的發展做定位。

汽車售後服務

我們說汽車的「售後服務」市場，是有蠻大發展潛力的行業。汽車的售後服務市場是指，消費者從購車之日開始，到若干年後報廢之日的期間，在該車上的所有維修、保養等花費所產生的商機。

筆者認為，未來的行業將分為「個人服務」與「非個人服務」，前者必須跟顧客面對面接觸，或是交易場所需要固定在特定地點，像是汽車維修或中醫針灸等工作，因為這類型的行業無法由電腦的「遠距服務」來取代，因此形成了「不可替代性」，競爭力較強。

網路遊戲＆動畫製作的宅商機

如今網路的普遍使用，給網路遊戲和動畫製作帶來了相當大的發

展空間，雖然許多行業因受通膨影響而遭到衝擊，但是遊戲動漫產業這一塊領域卻是不降反漲，使得不少從事傳統行業的企業也開始投資遊戲。

你知道什麼是御宅族（OTAKU）？在日語中，簡單來說 OTAKU 是指對某樣事物或領域特別狂熱，卻對其他事物漠不關心，甚至到封閉自己的人群。例如鐵路宅（「鉄道御宅」，喜好蒐集電車模型、照片，對各地鐵路如數家珍等）、軍事宅（「軍事御宅」，喜歡收集槍械或軍事用品者）。但一般來說，還是以動畫、漫畫、遊戲的狂熱愛好者為主要的稱呼對象。

在台灣，因誤解其字面意思為中文的「宅」，而以「居住處」的意思解釋。認為「宅」是具備：經常足不出戶、流連網路、穿著不修邊幅、不擅言詞、缺乏對異性的魅力等形象，只要符合上述特徵，便會被社會大眾套上「宅男宅女」加以形容。但事實上，這些定義卻是比較符合隱蔽青年。

同時，台灣的宅消費已經從「規模小、優先度低」，快速轉變為「影響力大，扮演領導市場」的角色。只要能在不需露出真面目只需代號的網路世界裡，看出「阿宅」們千奇百怪的需求，然後找到滿足這些需求的方法，提供服務，就能拿下這波「宅經濟」的大餅。

而在全球上網密度最高的台灣，數位匯流加上宅商機，也創造出許多工作機會。

據統計，目前全球動漫產值超過2千億美元，若加上周邊商品，產值更高達3千億美元。在文創產業和數位內容

關鍵數字

10萬
台灣的「宅」市場前景看好，推測10年內將可創造出10萬個工作機會。

開發的雙重趨勢下，台灣的「御宅族」市場前景可期，推估10年內將可創造出10萬個工作機會。

3G＆3C產品的商機

3G業務對用戶來說，意味有著速度更快、應用更多元、內容更豐富的特點，因此對於有志在無線網路應用領域裡有所作為的人來說，3G時代的到來將會是絕佳的創業契機。

筆者預測，到了2016年時，將會有近10億的消費終端產品能夠行動上網，而3G手機用戶的上網需求將會超過無線網路市場的整體成長速度。不僅如此，在全球最重要的行動通訊產業的年度行動通訊世界大會（MWC）上，會透過邀請各國手機廠商、電信業者、軟體商和專家學者等，藉由展示新產品、服務和討論行動產業趨勢和技術，讓全球一窺科技發展趨勢。

而一向被視為是行動通訊產業風向球的MWC，在近年主要透露出了三項新科技——分別是Android 3.0平板電腦、雙核心手機與3D手機。此外還有兩大潮流，那就是中國風與韓流。

此外，我們可以看到一個明顯趨勢，那就是Android陣營日益茁壯，將直接挑戰蘋果的市場不敗地位。雙核心手機部分，雙核心儼然已成為智慧手機的標準配備。主打雙核心手機多一顆處理器，可更提升手機運算速度的高速作業能力，讓上網速度更快，還能做到多工作業、讓繪圖品質大幅提升等，打造出如電腦般的作業環境。

這些話題持續發燒的新行動通訊技術產品，必將成為繼3G之後的行動寬頻發展趨勢。

近年MWC三大新趨勢	
新趨勢	影　響
雙核心手機	瀏覽與運算速度快，耗電量減少
3D手機	可呈現3D影音，擴大多媒體效能
Android 3.0 平板電腦	力抗蘋果iPad與微軟作業系統
※資料來源：經濟日報	

　　◆註：3G一般指第三代的行動通訊技術，也就是IMT-2000，3G服務能夠同時傳送聲音（通話）及數據資訊（電子郵件、即時通訊等）。而3G的代表特徵是提供高速數據業務，速率一般在幾百kbps以上。

電子商務領域

　　網路擁有大量傳輸、即時與不受空間限制的特色，改變了企業間（Business to Business，B2B）的商業往來模式。近年來，電子商務的發展速度越來越快，第三方支付平台也逐漸成為發展最為快速的網際網路應用領域。在電子商務領域，以中國為例，中國電子商務規模目前已名列全球第2，並展開爆炸式的增長。到了2015年，中國網路消費者的數量將激增到3.3億人，占城市人口的44％，將會成為世界最大的電子商務市場。

　　而中國最大的電子商務公司「阿里巴巴」集團也曾來台招商，表達希望台灣廠商進軍大陸市場的熱誠。該集團副總裁金建杭認為，台灣商品具有獨特、創新和優良品質的特點，且許多大陸觀光客到台灣旅遊時都會指名購買「MIT」（Made In Taiwan）商品，但這並無法滿足大陸13億人的廣大市場。

未來1.0

encounter

若台灣廠商能將中國大陸買家有濃厚興趣的產品，例如文創商品、化妝品、包裝食品、或台灣糕點等進軍網路商城，那麼將能創造消費者與業者雙贏的局面。

物流行業

電子商務、網路購物及宅經濟的快速崛起，也註定了前述的熱門行業物流的巨大發展。至今，物流業已成為一種支柱型產業（Pillar industries），涉及了運輸、配送、倉儲、包裝、流通加工、物流資訊、物流設備製造、物流設施建設、物流管理等多種產業。在未來，物流行業會在電子商務發展的帶動之下，發揮更大的發展潛力。

綠色飲食商機

我們都感受得到，21世紀的飲食風潮就是綠色有機的健康飲食生活。隨著生活水準的提高，社會對於食物的需求也已經從早期的「吃好、吃粗飽型」轉向「吃對、吃營養型」。

時下對於養生、預防保健、或是身心靈的保養等觀念，隨著電視雜誌媒體名人的提倡而越發受到注意，因此綠色有機食品正好迎合了市場發展與消費者的消費需求，使得市場佔有率也將越來越高。

寵物市場新商機

近十年，全球各地的寵物飼養數持續成長，帶動了寵物產業的熱潮。據國際研究機構Euromonitor的調查，美國仍然是規模最大的市場，寵物食品及用品市場的規模達到260億美元；其次為西歐各國；亞洲則以日本為較大的寵物市場，規模超過50億美元，但近幾年來其寵物食品及用品市場的成長趨緩，但在其他的寵物服務方面則有較大

幅度成長。

中國大陸、印度、泰國、越南等其他亞洲國家，都屬於新興的寵物市場，近年來在寵物食品及用品的年成長率都超過10%，其中中國大陸的寵物相關產業的年均成長率更高達了15%。

寵物產業一個月的消費金額			
美國	50美元	瑞典	67美元
英國	90美元	日本	87美元

※資料來源：《美國寵物用品生產商協會》、《Euromonitor》

由以上調查數據發現，寵物飼主越來越捨得花錢疼愛自己的寵物，這使得近年來與寵物相關的消費支出逐年攀升。

探討這一波寵物經濟及寵物消費行為崛起的原因，就在於人們對寵物的情感已經更為轉變。隨著生活型態及家庭人口結構的改變，現代人在經濟所得富足的情況下，已不需要養寵物來狩獵、看家，甚至藉由養名貴寵物來表示自己的身分地位。換言之，寵物已經不再是飼主的經濟地位的象徵，而是像家人、朋友那般的重要伴侶。在人際關係疏離、工作壓力沈重的現代社會，寵物能夠陪伴飼主排解寂寞、舒緩身心壓力，並能藉此得到情感慰藉。

隨著寵物躍升為家庭一份子，近幾年，自然而然，我們對待寵物的方式也已經不可同日而語。除了更加注意寵物的飲食、健康及舒適性之外，也願意讓寵物共享與人類相同的體驗，因此，與寵物相關的服務範疇，除了包含寵物的生老病死各個生命階段之外，也將發展到寵物的食衣住行育樂等各個生活層面，由此衍生而出的新服務，都將引爆寵物商機市場。

租借行業

　　生活中，除房子的價值較有可能持續上漲之外，其它的東西通常會因通膨而不斷貶值。或許你就有認識這種對物品一向喜新厭舊的人，像是喜歡不斷地換車、換手機、換電腦、換名牌包；或者是有急需用上、卻不願或不能購買昂貴東西的人。這些需求，讓腦筋動得快的商人開始了「租借」行業，也興起了一種新風潮──「買不如租」。

　　當然，從汽車、筆記型電腦、家電、手機，到名牌包、盆栽、書畫、傢俱、健身器材，可租借的物品五花八門、或許你想得到的都有。這對消費者來說，租借這項服務已經不只是為自己節省了荷包，還能滿足租借者的嘗鮮心理、與應付急需的時刻，還能減少資源的無謂浪費，正可謂一舉四得。因此，未來租借行業也將更有發展前景。

　　當然，將未來作為長期來看，能夠賺錢的行業當然一定不止上述所說的，還有很多有潛力的行業等著看到先機的人搶先「下手」，例如保健食品、保健器材、化妝保養品、手機通訊、電腦軟體、醫療藥品、老人看護等多種行業，都還有相當大的發展空間。

　　具體來說，如果你正煩惱著未來該選擇哪種行業投入才好，當然還是必須先根據自己的實際情況來調整行動才是。

未來的人才要像七巧板一樣，
身上的技能可以隨時拆解、隨時變形，再迅速就位。

3-2/
你應該為了
你的工作學會……

我們說，一個人能夠學成什麼技能，取決他的興趣、能力、聰明程度等因素，但也同時取決於他所能支配的資源還有制定的目標。正因為未來經濟發展的變動性較大，因此擁有多元技能的人才能在未來抓住更多機會。筆者推測，未來具備下述職業技能的人，將能讓自己在職場生涯中走得更遠、更順利。

「基本」的專業技能與認證

幾乎人類活動的所有領域都需要技術，像是工程、通訊、汽車、交通、航空航太、醫藥衛生等，都需要大量有能力對電力、電子或機械設備等進行安裝或維修的專業人員等。因此，具備專業技能及相關的認證執照都是未來職場對人才的「基本」專業要求。

任何工作都需要的「溝通力」

所有的企業，都不可避免地會面臨到內部職員的相處問題。一家企業的發展成功與否，多數時候都取決在全體員工是否能上下一條心、一致向外，或是部門之間是否能夠團結合作、不搞敵對遊戲。

因此，溝通能力就是你我在職涯中必備的技能之一，一旦缺乏，

小則招致誤會，大則頻繁轉職，實質是沒有任何好處。

「解決問題」的能力

在職場中，經常會出現不少的突發難題，如果你能夠及時發現、並迅速做出能解決問題的有效決斷，那麼不用說你將在職場更如魚得水。特別是在商業經營、諮詢顧問、公共管理、科技、醫藥和工程等領域，就更需要有能解決問題的人才了。

讓企業謀利的「企業管理」能力

在全球經濟快速發展的今天，企業管理人員掌握成功經營一個企業的方法與能力是至關重要的。而企管中最核心的能力，不外乎是具備人力管理、系統管理、資源管理和融資的能力；另一方面則是擁有能瞭解客戶需求，並能迅速將這些需求轉為商機的能力。企業管理的前提是——「先協助客戶獲得成功」，企業自然就能謀利。

資訊時代特別吃香的「資訊管理」能力

資訊是這個資訊爆炸的時代，經濟系統的基礎，因此不論是現在還是未來，掌握資訊管理的能力在絕大多數的行業來說都是必須的。例如系統分析師、資訊技術人員、資料庫管理員、電腦網路管理師及通訊工程師等在企業、工業中從事開發、應用技術與資訊設備管理的人才，未來將會非常吃香。

不用說一定紅的「電腦程式設計」技能

如果能夠利用設計電腦程式的方式來量身打造、滿足某個公司的特定需求，那麼你獲得工作的機會將會大幅提升。因此，想成為這種

火紅人才的你，務必需要掌握的是如Linux、C++、Java、HTML、Visual Basic、Unix和SQL Server等多種撰寫程式的電腦語言技能。

因應老年化的「投資理財規劃」技能

隨著醫療進步，人類平均壽命的增長，每個人都需要開始思考自己未來的理財規劃，以維持舒適的生活品質及確保退休後的經濟來源無虞。基於這種市場的崛起與需求增加，未來如投資經紀人、證券交易員、退休規劃、會計等職業的需求人數也將持續增加。

因應人才養成的「教育培訓」技能

現代資訊流通快速，一天所能產生的與所能搜集到的資料等於古代社會的5千年！也因為新技術、新觀念甚至新興產業的日新月異，使得企業對於員工的在職訓練次數必須增加，轉換思維的腳步也必須加快。因此，能夠培訓並管理各種產業進行人才教育訓練的培訓師，在未來的需求也會逐年增加。

地球村村民都該投資的「外語能力」

全球化來臨，無論是國外客戶或是跨國部門，企業接觸外語人士的機會已經大大提高，語言能力理所當然地就成為企業徵才的重點考量之一。根據調查，在亞洲的大城市裡，就有高達60％的上班族表示願意花錢投資自己，而其中首選的進修課程就是「外語」。

掌握一種或幾種外語，將有助於得到更多的工作機會，還能延伸工作的發展性。目前台灣熱門的外語有英語、日語、韓語和法語，但是除此之外，還有另一種外語是你現在可以注意到的，那就是「西班牙語」。

隨著拉丁美洲移民不斷湧入美國，目前每3個美國人之中，就有1位能說流利的西班牙語，為此Yahoo的美國入口網站還增加了西班牙語的服務平台，甚至未來西班牙語還可能成為美國的官方語言之一。

未來學家喬治・弗列德曼（George Friedman）也曾在其著作中預測，在2080年時，美國與墨西哥將互爭世界核心地位，故現在開始學西班牙文，也許是明智之舉。

具備雙核心專長的「π型人才」

在社會多元發展之下，未來職場的卓越人才將不再只是單一專業、單向思考的，而是具備「雙領域」能力的多才。如前述的智慧財產管理人員，不僅需有法律背景，對科技產業也需要有一定程度的瞭解；又如退休理財規劃，除了掌握財經趨勢之外，於社會福利制度也要有所涉獵。

總而言之，即便是今天安穩的工作，在明天也可能出現變數，因此，我們需要抱持著「從不要停止學習」的心態，柔軟地接受各種應接不暇的新資訊、新知識、新情勢，才能隨時應變，轉化為自己的能量。因為未來並不像學校考試一樣，每個問題都必定有著標準答案。

放眼21世紀，「T型」人才已經像是在走鋼索，漸漸不足以應付企業的各種新需求，而取而代之的「π型」人才則條條通羅馬。π型人才具備的「博學、雜學」特質，還有加分的「雙核心專長」，就像

是看起來兩腳站得穩固的「π型」符號，不但受社會經濟變遷的衝擊力大幅減弱，還能靈活運用雙專長進行跨界整合。

更重要的是，「π型」人才可以左腳踩穩專長、右腳跨足興趣，他們不只專注在事業上，更能不忘生活的本質。一旦專業能融入興趣，職業成為志業時，「π型」人才就能以自信而平衡的姿態，在時代的激流之中站穩腳跟。

隨時變形「七巧板」

未來企業徵才的重點，除了專業技能之外，多半還會看求職者對「生活」的態度、「創意」的思考，以及能和不同專長的人「合作」的群體性。

就像商業雜誌《30雜誌》中也提到過的：「未來人才要像七巧板一樣，專業巧到可以隨時拆解、隨時變形，再迅速就位。」不僅如此，為了能儘快達到顧客的要求，傳統職務上的分割及部門分工也將趨於水平。也因此，你必須像電影《變形金剛》一樣，能夠隨時合體，跟著職場舞台的變化展現出十八般武藝。

陸客、團購、到府服務，
這些都是創業的關鍵字。

3-3

抓對重點，
你也可以創業吸金

近年由於電子商務崛起及網路拍賣的流行，使得網路商店和個人工作室大行其道。其實，在個人意識抬頭的現代，一般上班族的創業門檻已經大幅降低，而創業制勝的關鍵除了「賣什麼？」，「怎麼賣？」、「賣給誰？」也是創業不可忽略的重點之一。

　　台灣文化多元開放，資訊流通快速，一般民眾對於新興流行事物的接受度很高，再加上融資便利與創意人才濟濟，因此有越來越多的上班族表示受夠了頤指氣使的公司，準備開始「自己當老闆」，這些使得台灣近年來逐漸有了「創業王國」的美名。

　　台北世貿展覽館舉辦的國際連鎖加盟大展，近幾年的參展人數已直逼年度三大展覽之一的電腦展，可見台灣民眾對於「創業」的興趣已經越來越濃厚。

　　像是每天使用卻平凡無奇的鑰匙圈，卻有人能鎖定客層、提供客製化改裝服務，這樣的鑰匙圈就能成為民眾送禮的選擇；在店服務的指甲彩繪，卻有人突發奇想將廂型車改裝為「行動美甲車」，提供「隨Call隨到」的服務，就能成為忙碌又愛美的OL最愛。

　　在現代，只要有特色、猜對消費者的心思，就難保不會有出奇制

勝的結果！

　　未來如果想創業，可以從下述四個方向著手，最容易「吸金」：

大陸觀光客商機

　　據統計，台灣開放兩岸三通之後，光以最初的每天3千人計算的話，1年就能為台灣創造出2千億元的商機。

關鍵數字8

2000億

台灣開放兩岸三通之後，光以最初的每日3000人計算，1年就能為台灣創造出2000億元的商機。

　　而隨著打破團進團出限制的「陸客自由行」開放之後，大陸觀光客遊台灣將從走馬看花逐漸轉變為深度探訪，如此則預計將會帶動起更多商務、住宿及採購等觀光相關的收入。

　　因此，有意創業的上班族若能從特色紀念品、民宿、當地風味餐等方向切入，將有機會搶下大陸觀光客的這塊大餅。

客製化＆個性化商品

　　除了外籍旅客，台灣本土的年輕族群也是一個不容忽視的高消費力客群。台灣年輕人對於時尚有著普遍的流行標準，如購買衣服、鞋子、包包等服裝飾品的首要考量就是「差異」，而非「價位」。

　　因為在求新求變的消費心理之下，只要能引起注目、只要成為第一個擁有的人、只要不跟人撞衣撞鞋撞包，就能說服他們掏錢買下。

　　因此，那些量身打造、手工訂製的個性化商品成為年輕人的「吸睛」利器，只要能抓住其「新品」、「好玩」、「獨一無二」的訴求，就能成為年輕族群愛不釋手的特色商品。

上班族的團購市場

隨著網拍的發展成熟，網路購物的品質與便利性也逐漸受到民眾信賴，因此「團購」漸漸成為上班族閒來無事的最愛活動之一。

從最早的午餐便當、下午茶的外送飲料，到現在的網路熱門食物（如乾麵、奶凍捲、雞爪等），或是團購國外商品（如託在國外友人代買某牌服飾），團購活動已然從食衣住行育樂之中大舉攻掠了上班族的心。

因為忙碌、因為方便、更因為「省運費」、「從眾心理（大家都說好）」的誘因，使得團購市場的商機十分驚人，像是公司行號的一筆團購訂單，往往可以抵過一個實體小吃攤一整天的營業額。

只要創業者能留心宣傳DM的製作、網路媒體的傳播行銷力，加上試用或試吃品的贈送，抓住消費者的「嘗鮮」心理，那麼你的商品就能夠被納入上班族的「揪團」熱門商品之一。

到府服務＆行動服務

近年來，「宅經濟」背後隱藏的巨大商機逐漸被挖掘出來，行動服務也成為「不出門消費者」的消費主流。所謂的「行動服務」其實就是「到府服務」的另一種變形。

創業者看準了民眾的怕麻煩與沒時間，因此主動將發財車或廂型車改裝，於是你會聽到除了「行動咖啡車」、「行動麵包車」之外，還有像「行動理髮廳」、「行動美甲沙龍」、或是「行動洗狗車」等有特色的行動行業也如雨後春筍般地紛紛出現。

由於行動改裝車不需要支付店面租金，設備跟裝潢等本金也可降低，因此特別適合資金有限的個人創業者，而節省下來的開銷正好可

以反映在商品價格上，於是，相對低廉的價格正好成為精打細算的消費者的最愛。

　　台灣的消費者本位主義日漸高漲，在未來，誰能夠以「特別」、「方便」打動消費者，誰就能夠在新一波的經濟時代裡引領風騷，從小眾市場竄起、一躍成為大眾主流！

無論是殘障人士、帶小孩的家長、還是塞車的上班族，
遠距辦公都能解決上班的種種不便。

3-4/
不是誰都可以的
「遠距辦公」

隨著網路的超速發展，遠距辦公這名詞也越來越真實。在美國企業中，遠距辦公已經成為發展最快的工作模式選項。2011年，美國運通公司（American Express）舉行的董事會議中，其中參與的13名董事，就有10個人是透過跟真人差不多大小的螢幕，以虛擬方式出席會議的——也就是說，親自出席者竟然只有3位。

你視訊了嗎？

　　根據Office Team所做的一項「未來辦公室」的研究指出，到了2015年，將會有超過1億的美國人實現遠距辦公。屆時，不論你是身處美國、日本還是中國，都能同時進行會議。這種方

關鍵數字

1億
2015年，將會有超過1億的美國人實現遠距辦公。

式不僅更環保、更省時，而且成本也更低廉，因為可以省下非常多的出差旅費，這也是視訊會議越來越受到歡迎的原因之一。

　　領導力顧問公司史賓沙（Spencer Stuart）更指出，在2010年美國大企業間的董事成員裡，有9％為非美國人，這樣的比例比2005年時的6％要高，原因分析就在於視訊會議的興起突破了地域的限制，

有助於企業走向國際化，尋找多元人才。

遠距辦公的好處

　　遠距辦公之所以能日趨普及，主要在於選擇這種工作型態的員工數量不斷增加，因為這樣的模式同時可以擺脫通勤壓力和交通工具花費的資金與時間。並且，技術的發展也使得這種工作類型更加可行，如寬頻和WiFi的遠端存取、視訊手機、視訊會議等，當然還有網路的助益——這些都能通稱為「虛擬辦公室」。

　　而遠距辦公的好處在未來也會逐漸明顯，人們不必再擔心自己上班時塞車在路上動彈不得，帶孩子的家長或是行動不便的殘障人士，也可以在這種辦公方式下輕鬆工作。

　　嚴格來說，遠距辦公是指「定期在自己的家中或其它地點辦公」，時間可能是一整週或一週的某些固定時間，因為這種獨特的組織安排，使得遠距辦公的人員也成為一個特殊群體，有別於那些平常將工作帶回家做的員工。

　　遠距辦公的模式也各有不同，有些是員工只有在特殊活動時才進辦公室，而更普遍的方式是，遠距辦公者一週在家工作幾天，剩下的時間再到辦公室報到。

適合遠距辦公的條件

　　當然，並非每個人、每種職業都適合遠距辦公，想成為自由的遠距工作者，至少需要具備以下幾點條件：

　　◎工作職責不需要與其他同事經常聯絡，或者必須使用辦公場所所提供的辦公設備。

　　◎個性與專業適合單獨工作。

◉盡責、自動自發，自我督促能力強。

◉在不給公司其他同事帶來不便的情況下可以缺席。

毋庸置疑，遠距辦公為我們提供了更多機會，對於某些特定員工來說，遠距辦公會是一種更高效率的工作方式。因為一些有才能、高績效的員工，可能因為出差而經常不能照正常時間上下班，但透過遠距辦公就可以解決這個問題。因此，遠距辦公所具備的種種優勢，也成為未來徵才活動裡極為吸引人的條件。

遠距辦公非人人皆可

不過，遠距辦公的拓展範圍也有限，因為有部分工作就永遠無法在家中獨立完成，像是消防隊員、工廠的操作技師、司機等就無法成為這樣的SOHO族（Small Office Home Office，小型家庭辦公室）。

因此，在選擇可遠距辦公的相關工作時，上述工作只是一部分的可刪減類向，除去這些工作類型的考量，還需要思考一連串的法律與營運上的問題，以及考慮到遠距辦公中潛藏的與外界缺少交流的問題，這些都需要遠距辦公者事先預估的。

在公司外的員工不必再找網路線和插座，
直接用手機或筆電連上無線網路來完成任務吧！

3-5
地點、時間靈活的
「行動辦公室」

「行動辦公」也可稱為「3A辦公」，指辦公人員可以在任何時間（Anytime）、任何地點（Anywhere）處理與業務相關的任何事情（Anything）。這種全新的辦公模式，能夠讓職員擺脫時間與空間的限制，更能隨時隨地且隨心所欲地進行工作管理與溝通、提高工作效率，讓工作運作更加協調。

　　未來的行動工作者，不再需要在定點的辦公場所工作。這樣一來，不僅工作地點可彈性靈活，並且工作速度加快、管理成本降低、交通時間也能大大縮短，能大幅增加企業的效率與競爭力。

行動辦公室的各種應用

　　行動辦公室，不僅可以讓企業員工隨時隨地上班而已，也可以隨時隨地服務顧客、解決顧客的問題。此外，行動辦公室也應朝向隨時隨地與合作夥伴或經銷商、供應商交換資訊、查詢商品、查詢庫存、採購交易等傳統需要面對面才能進行的活動上。

　　現代的普遍科技化，已能讓許多在公司外的員工不必再找網路線和插座，而是直接利用智慧型手機、PDA或筆電等透過無線網路來完成工作任務。例如業務行銷人員可以「公司業務自動化」、客服人

未來1.0
encounter

員可以「顧客服務行動化」、知識相關工作者可以進行「行動資料庫擷取與應用」，或是當發生突發狀況時可以尋求建議等，這些都能夠讓企業避免浪費溝通時間與人力成本。

而行動辦公室更該積極建立可以和企業外部專家學者或顧問團隊交流的管道，以建立協同解決問題的機制。

實際運用的BP＆IBM

你知道嗎？在1995年，英國石油公司（BP）就已經嘗試了以行動辦公的方式來處理業務。當時，BP公司的鑽井船出現了故障。以往要解決這種問題，都需要技術專家乘坐直升機飛到現場直接進行障礙排除，而費用平均每天約15萬美元。

在有了衛星網路通訊設備與虛擬工作小組計畫實施之後，鑽井船的工程師在一台小型攝影機前檢修故障的設備，而這台攝影機藉由衛星通訊系統與BP虛擬工作小組的基地相連。他們與千里之外的專家順利而迅速地取得聯繫之後，透過即時的視訊，這些專家與船上的工程師共同診斷故障的設備，在短時間內便將問題解決了。

而IBM自從導入Lotus Sametime網路會議（e-Meeting）後，平均每個月省下4百萬美元的出差旅費，每月舉行4千次以上的網路會議，而全球近30萬名的員工，有60%的同仁透過Sametime進行即時傳訊，甚至可透過Sametime查詢所有的員工資訊。網路會議、線上學習、即時傳訊、員工目錄查詢、知識與專業經驗管理及量身訂做的入口網站等，每年節省

關鍵數字

35%
在美國的51家重量級企業裡，有35%曾以網路會議方式開企業董事會。

的企業支出更高達4億美元。

其實不只IBM，零售業巨擘沃爾瑪、ATM製造商Diebold和百事集團等龍頭企業都已引進視訊會議。此外，據美國的公司秘書與管理專家協會（SCSGP）近年的調查中，顯示出美國的51家重量級企業裡，就有35％曾以網路會議方式召開企業董事會。

對員工來說，行動辦公的模式也使工作變得更有彈性，自主性更廣。且行動辦公不會影響與客戶或供應商之間的交流，銷售部門的員工還可以透過PDA現場下單。如此一來，工作效率提高許多，交流方式也變得更加簡單、舒暢。

行動辦公室發展的挑戰

一個企業完成行動辦公室的資訊系統建置之後，企業文化、員工對時間的自我管理、以目標為導向的工作方式、主管對知識工作者的信任與遠端協同管理方式，都將隨著行動辦公的新文化、新價值觀而必須調整與改變。

在此也提醒所有正準備或已實施行動辦公室的企業，管理者應留意相關配套的組織重組與企業規範，並與行動辦公室的資訊系統配合實施，否則將重蹈電子商務（E-commerce）、數位學習（E-learning）及知識管理（Knowledge management）覆轍，也就是只注意了科技層面，卻忽略了文化、流程與管理，這也就是在一般企業裡無法順利推行的原因。

另外，企業的E化程度強弱、內部管理系統、知識庫的豐富性與開放程度，也會影響到行動辦公室的實行效益。如果企業員工從企業外連線到公司的內部資料庫時，資訊不正確、不完整或者是分享權限

不足時，在外的員工如何能找到適當的方法解決呢？如果企業沒有建立完整的專家名單，當行動工作者連線回到公司求助時，他又應該找誰來協助解決問題呢？如果企業沒有建立完整的經驗社群、專家社群，行動工作者又將去何處尋找有經驗的團隊來支援公司遇到的緊急狀況呢？

　　因此，尚未E化的企業，來到知識經濟時代，知識管理與E化應該整合並儘速地規劃與導入；若企業已經E化，卻未進行知識管理，行動辦公室與知識管理也應整合規劃，以避免上述情形發生，造成繼知識逆差（Knowledge deficit）後的行動逆差（Mobile deficit），也就是投入行動辦公室的資訊科技成本，無法發揮預期的效益，造成公司投資的赤字。

什麼是「綠領」?
它是一種「為環境就業」,也是一種「生活情趣」。

3-6 /
保護地球的「綠領」 成為新寵兒

新的全球環境公約「哥本哈根協定」目標在2020年前減碳25%至40%,在如此的配額壓力之下,節能減碳將成為各國政府的首要目標,無論是綠建築、綠手機、綠電腦等所有想得到的東西,都將與「綠」扯上關係。而隨著這波即將湧現的綠色經濟大潮,一個全新的職業分類──「綠領」正在悄悄興起。

究竟什麼是「綠領」?

「綠領」一詞,最早由1976年,美國的佛蒙特法學院教授派翠克・赫弗南(P. Heffernan)提出。他向美國國會提交了一份研究報告,並且呼籲國人應該「為環境就業」,提倡發展綠能經濟。

根據聯合國的定義,「綠領」階級指的是從事農業、製造業、研發、管理和服務活動的勞動者,他們的工作對「維護和恢復環境品質」有重要作用,例如有助於保護生態系統和生物多樣性、有助於透過提高工作效率來減少能源耗費、以及減少廢棄物和污染物的排放等。

而美國《韋氏大詞典》更在2009年時收錄了「綠領」一詞,將其定義為「從事環境衛生、環境保護、農業科研、護林綠化等行業,

未來1.0
encounter

以及那些喜歡將戶外、山野作為夢想的人。」可見，「綠領」在此已超越了單純的就業範圍，甚至代表著一種生活情趣。

雖然綠色經濟的蓬勃發展有利於就業率的成長，但同時也會引發勞動力市場的結構性調整，使得勞動力在不同行業與地區之間進行重新分配，也許一批更加「綠色」的工作職位即將誕生。

綠色經濟創造就業機會

2010年時，再生能源市場在營收、出貨方面都創下歷史新高，全球的綠能市場規模達到2850億美元，相較於2009年成長了42％。

而歐盟在籌畫未來10年的經濟發展戰略時，就已預計綠色經濟將成為發展目標之一。

據統計，早在2000年，歐盟的生態產業直接就業人數就達到了240萬，而與環境相關產業的就業人數則有2090萬，約占歐盟就業總人口的1/10。而英國在未來20年內，將有超過1百萬人服務於綠色產業。

目前美國的綠色產業為社會提供了850萬個工作機會；到了2030年，將會達到4千萬個，也就是說，到了2030年，美國每4名員工之中就會有1名從事綠色產業。

任何階層的人才都必須意識到未來必將進入「綠領時代」，綠領不單單只是那些專門從事與維護環保工作有關的人們，還將會是匯聚最多族群的綠色階層。

並且隨著綠色經濟的持續發展，

關鍵數字

1/4

到2030年，綠色產業將提供4千萬個工作機會，也就是說，在美國，約每4名員工之中就會有1名從事綠色產業。

許多新興的綠色工作也將不斷出現。

　　當然，當勞動力市場的結構性調整之時，對就業者的技能也會提出不同於以往的要求。在「環保材料」、「碳足跡測定」以及「環境影響評估」等綠色技術領域之中，擁有一技之長的綠領人才勢必會成為未來勞動力市場上的新寵兒，而緊跟著世界風潮的台灣當然也將不例外。

趕緊看看什麼是「新五領」，
那就是酷紫族、新藍領、新粉領、新綠領與新銀領。

3-7
擋不了的
「新五領」新商機

受到社會資訊流通快速與全球浪潮的影響，未來職場的工作階級將發生結構性的改變。
加上綠領，未來10年會出現「新五領」，不僅職業分工更細，服務內容也更五花八門，
一起來看看究竟是哪些工作吧。

掌控數位化商機的自由跳蚤「酷紫領」

在2002年，英國管理學大師查爾斯・韓第（C. Handy）在其著作《大象與跳蚤》（The Elephant and the Flea）之中，就看準了「跳蚤」在日後經濟的影響力。

大師口中的「跳蚤」，就是有別於大企業（大象）的自由工作者，也就是我們所說的「紫領」。

商業週刊也指出，紫領階級的特徵包括3P（Practical，動手操作）、（Progressive，積極創新）及（Personal Brand，個人品牌），因為擁有整合能力，所以在各領域將會「紅得發紫」。

關鍵數字

30萬
被政府視為重點發展「軟實力」的數位內容產業，年產值已超過6千億元，並且創造了至少30萬個「紫色」工作機會。

紫領階級就是搭乘數位化便車，發揮自己的創意及熱情，為數位內容服務的自由工作者。舉凡數位音樂、網路遊戲、關鍵字搜尋廣告、交友網站的架設，甚至是YouTube上廣為流傳的自製影片等，都是紫領階級的「淘金地」。

這些大舉「個人主義」旗幟的紫領新鮮人，並不像上一輩的人一樣，認為進入一間大公司，就是抱了鐵飯碗，可以保障一生吃穿無虞。在經濟不景氣的現代，多數中的他們思考起工作的本質意義，重新重視生活品質，並勇於發揮創意、從事小成本的創業，舉例來說，目前全世界都火紅的社群網站Facebook的創辦人馬克‧祖克柏（M. Zuckerberg）就是七年級的紫領代表。

在國內，被政府視為重點發展「軟實力」的數位內容產業，年產值也已超過6千億元，並且創造了至少30萬個「紫色」工作機會。

目標宅經濟的「新藍領」

網路的無遠弗屆、無所不包及無所不在，讓許多人不出門也能安穩生活無虞。以往的「御宅族」只用來形容沉迷於動漫世界的消費者，但這種「足不出戶」的生活型態在近年來拜網路便利之賜更加擴大，也許你我在不知不覺當中，也是「阿宅」的一員，拉高了不少「宅經濟」。

據估計，近年台灣的網路購物市場規模已達2546億元，成長率高達24％。上班族沒空逛街，於是熱衷於團購、網拍，造就了網拍商家與傳統商店上網賣的新行銷模式。

關鍵數字

24%
據估計，近年台灣網路購物市場規模已達2546億元，成長率達到24%。

此外，租屋、求職、算命、交友、相親、唱KTV等全都可以在家上網預約完成，這樣的小規模經濟已經成為主導市場的重要方向。

放眼台灣，在文創和數位內容產業的推波助瀾之下，估計10年內將可創造10萬個工作機會。只要你能掌握「宅男宅女」追求「方便」、「快速」以及「迴避人際互動」的心理，就能游向競爭者都還沒注意到的「藍海」，相信你就能成為在宅經濟中創造出新價值的「新藍領」。

◆註：藍海（Blue Ocean）是指尚未開發的市場空間和新需求。

抓住草食男商機的「新粉領」

繼御宅族之後，日本近年出現了新的族群──「草食男」。不同於以往男性印象的陽剛、不修邊幅，「草食男」的特徵在於「強調男女平等」、「注重外表」、「對追求女孩沒有興趣」、「內心纖細柔弱」、「在職場不強出頭」、「沒有雄心壯志，但求得過且過」等個性特質。

不僅如此，草食男還擁有諸多女性特質，如依賴、愛美、整潔、喜歡烹飪，購物喜歡貨比三家等。因為對未來或者異性缺乏熱情，就像對外界漠不關心、自顧自地低頭吃草的溫順草食性動物，因此日本人封給了他們「草食男」的稱號。

如同御宅族，草食男的消費模式也隱藏了可觀的商機。例如，草食男不再以「車」強調男人的社會地位，但他們通常與家人的關係密切，因此家庭式休旅車能符合他們的胃口；又如，草食男對於保養、護膚與減肥自有一套心得，因此以往針對女性設計的醫藥美容市場，勢必調整行銷方針，開始搶攻草食男商機；最後，草食男外型較為柔

和，對於粉紅色、心型等較女性化的商品並不排斥，因此情侶間共用日用品的情形反而常見，故開發男女可共用的商品，也是吸引草食男消費的妙招。

在台灣，男性保養意識已經抬頭，以花美男、時尚潮男、都市雅痞男作為訴求對象的新興消費品，也呈現大幅成長，因此藥妝店陸續在全台各門市設置男性專區，將男性保養、沐浴用品、男性髮類、維他命保健食品等品項集中陳列，許多男性的複合式護膚中心也紛紛進駐百貨，可看出新粉領已準備搶攻男性藥妝消費市場。

而根據男性雜誌《GQ》調查，台灣有91%的男性消費者表示，他們注重臉部保養，想要提升自信心、異性緣與多彰顯男人味，但卻有近60%的人不想讓人發現這個秘密。可見男性保養話題，還是需要正面的鼓勵與肯定。

而開架通路占了男性購買保養品的主要銷售通路，也是因為男性求快速，與羞於跟專櫃小姐打交道的現象所致。所以未來誰能先掌握草食男的「粉紅心理」，讓男性主動詢問、主動購買，誰就能主導這波男性的新消費浪潮。

創造再生能源奇蹟的「新綠領」

美國前總統柯林頓（Bill Clinton）曾說：「承諾一個乾淨能源的未來，我們可以創造許許多多的新工作。」他的說法沒有錯，因為根據聯合國的《綠色工作》（Green Job）報告推估，綠色革命將在全球創造數千萬個工作機會，而其中，就有2千萬個是再生能源相關工作。

但除了綠色能源之外，「全民環保」的提倡者，法學博士范・瓊

斯（Van Jones）在其著作中也提醒我們——所謂的綠色工作，並不僅止於生態學家、環境評估科學家或是太陽能產業工程師等知識密集的高階工作，也不是更多的「再生能源新貴」取代「電子新貴」。反而是那些努力讓社會各階層共享綠色經濟效益的族群，像是種植有機作物的農民、自行車裝配工人、建築物隔熱設備裝修工人、資源回收車工作人員，甚至是清潔隊，都可以算是新綠領階級的一員。

范·瓊斯認為，光是建築物的窗不密、門不合或隔熱不佳，就會多燒掉30％的能源，這也就意味著多了30％的二氧化碳排放量。

而真正的綠色革命，應該就從這些「填補隙縫」的工作開始著手。未來的綠色革命，是食衣住行育樂全方位的革新，哪怕只是「隨手關燈」這樣簡單的「綠」念頭，也都是綠活的表現。

從銀髮族之心出發的「新銀領」

人口老化，是全球先進國家不得不面對的經濟壓力與社會問題。高齡化社會與老年就業人口，意味著老年醫療照護及完善社會福利制度的迫切需求。這也就是為什麼行政院的六大新興產業計劃，會將醫療照護產業列為重點發展的原因。

> **關鍵數字**
> **31萬**
> 未來政府將投入約9百億元的預算，輔導醫療照護產業開業，估計此將創造近3500億元的產值，並會增加31萬個就業機會。

在未來，政府將投入9百億元的預算，輔導醫療照護產業開業，估計此將會創造近3500億元的產值，並增加31萬個就業機會。

在日本這個人口老化最嚴重的國家，已經出現了專為長者設計的

便利商店。舉凡你看得到的矮貨架、可以讓輪椅通行的寬敞走道、或特別放大的商品價格標籤等，都深得銀髮族歡心。

　　而護士、看護、老年育樂中心、養老院、復健師、醫療器材、奈米醫療科技等，都是與銀髮族商機息息相關的領域。

　　筆者認為：「老年人的問題，往往有時不是疾病，而是出自於內心的老化。」因此想從銀髮族商機中奪得優勢，就必須從「心」出發。理解、諒解老年人的健康需要與心理需求，真誠地付出愛心與關懷，以同理心的角度規劃開發，這就是賦予「新銀領」的「心」意義。

Wang's Golden
Rules :Future3.0
The future that the world
has never said

 近如咫尺，你我該注目的醫療趨勢

 凌駕造物主，未來人類醫學超突破

 再會石油，新型能源比較好

 備受矚目，後賈伯斯時代的未來科技

breakthrough
未來2.0

Future 3.0

FUTURE 2.0
搶先得知時代的善變，
你才能因應萬變

「未來」是一連串的蝴蝶效應，只有未覺者才認為事不關己。

手術後找不到疤痕？
這就是未來外科技術的進步。

4-1
傷口小的微創手術
正是潮流

現代人對醫學普遍瞭解，加上對自己身體的保護意識，因此在治療時，已經逐漸注意到「創傷小」與「高療效」的醫療方式。如果能吃藥好的，就不打針；如果能打針、吊點滴的，就不動手術；如果動手術能開小口的，就不開大口──這就是以最小的創傷來獲得最大療效的「微創手術」。

微創手術好在哪裡？

「微創手術」顧名思義就是「微小創傷的手術」，多半指利用腹腔鏡、胸腔鏡等現代醫療器材及相關設備進行的手術，具有「傷口小」、「疼痛少」、「恢復快」等特色。

> **關鍵數字**
>
> **96%**
> 在德國，有96%的普通外科疾病會首選微創手術來治療。同時，微創外科手術還能縮短病患的住院時間，為病患節省不少醫療開支。

但事實上，腔鏡外科的發展由來已久。早在1963年，德國製造了氣腹機、冷光源及許多的腹腔鏡器材之後，各國醫療界就開始實行多數的婦科腹腔鏡手術。目前，微創手術已經普及到一般外科、胸腔外科、骨科、泌尿外科、神經外科等領域，而微創外科能治療的疾病也已涉

及到全身各個器官與組織的病變，幾乎所有能採用開放手術治療的疾病，都已具備相應的微創技術來取代。

在德國，有96％的普通外科疾病會首選微創手術來進行治療，而且，微創外科手術還能縮短病患的住院時間，為病患節省開支。

消失的疤痕

醫學專家指出，在不久的將來，微創技術在外科領域上必將更穩坐龍頭，並且更難在病患身上找到超過8公分的手術疤痕了。

舉例來說，女性朋友都很愛美，假設某一天突然得了「急性闌尾炎」需

> **關鍵數字**
>
> **8cm**
>
> 微創技術在外科領域必將獨占龍頭地位，未來很難在病患身上找到超過8㎝的手術疤痕。

要開刀，就會擔心手術後會留下疤痕。但是如果醫生採用的是微創手術，就可以透過病患的肚臍切口，利用腹腔鏡對闌尾進行切除，且手術中病患基本上不會出血，而且手術的切口也很小，位置相對隱蔽，再加上肚臍本身就具有一定的紋路與層次，因此術後多半也看不出傷口。

再舉一個例子，「甲狀腺切除術」。甲狀腺的傳統手術是在頸部切一個10多公分長的弧形切口，而腹腔鏡甲狀腺手術則是透過雙側乳暈及乳溝間穿刺一個0.5至1公分的小開口來進行手術，術後頸部不會有手術疤痕。

也因此不久的將來，當病患在接受類似手術時，再也不用擔心會在身上留下一條難看的蟲蟲疤痕了。

主要藉助人體自然通道

除了傷口可以很小，醫生還可以藉由口腔、陰道等人體自然通道，對病患進行腹腔鏡的微創手術。

像是需要「膽囊切除」的病患，就可以透過口腔將胃鏡送到胃部，並在胃底下打一個小孔，然後就透過這個小孔將手術器械送入體內，來進行膽囊切除；而已經結婚生子的女性，則可以透過陰道入口的方式將器械送入體內以切除膽囊。無論是肝囊腫的手術開窗引流，或是腸胃相關手術，都可以完全實現無傷口、無疤痕的手術操作。

我們說20世紀為21世紀留下了四大臨床醫學成果。一是「微創外科」，二是「器官移植」，三是「介入療法」，四是「基因診斷與治療」。

在這四大醫學成就之中，有一半就歸類在微創醫學，可見微創醫學在21世紀的重要性。如今，微創外科的理念也日漸被多數病患認可，相信微創技術會有更驚人的發展前景，也必然會成為未來常見的手術模式。

人類醫生很容易忘了機率較小的2%疾病的可能性，
但華森醫療機器人不會。

4-2
我的家庭醫生
是機器人

我們去大醫院看病時，如果沒有預約的話通常要現場排隊掛號，但是在見到醫生之前的例行檢查，像是抽血和測量血壓等，這些多半都會耗掉許多時間。但是這些困擾，如果我們擁有「私人醫生」的話，那情況可就完全不一樣了。

超級電腦「華森」可望進化為醫療機器人

　　2011年，IBM超級電腦「華森」（Watson）參加美國益智問答節目「Jeopardy！」時，與兩名人類敵手大戰三回。每當問題一出，它就能在3秒內翻閱超過2億頁的資料，最終果然靠著強大的資料庫與火速的搜尋瀏覽能力，一舉戰勝人腦，贏得獎金100萬美元（約台幣2900萬元）。最後，IBM決定將獎金捐作慈善，更計畫將華森的分析技術應用在醫療診斷等領域。

　　之後，IBM宣布正在為其研發4年的超級電腦「華森」更新、補充大量醫學知識，其中包括正規的醫學教科書、期刊、用藥守則，甚至是醫療部落格的文章。預計近年之內，就能推出醫療版的「超級華森」，替醫生們快速解答各種疑難雜症。

　　IBM發言人表示，「華森」不僅上知天文下知地理，還能解讀

人類口語。未來，醫生只要透過手持裝置將病患的病狀說給華森聽，它就能結合病患的電子病歷，按機率高低排列，找出可能的病名與治療途徑，以供醫生參考。

其中參與研發的美國哥倫比亞大學醫學院教授驕傲地說：「人類醫生很容易忘了那機率較小的2%疾病的可能性，但華森不會。」

隨著機器人技術的日漸進化，未來這種作法同樣可在「機器人醫生」上如法炮製。一旦我們身體出現異狀，機器人就可充當「家庭醫生」，提醒主人及時用藥或就醫。雖然台灣目前尚未出現此類醫療機器人，但科技的進步將使此一夢想不再遙不可及。

若能實現，那麼一些不需要進行手術的小病痛，我們也能在「家庭醫生」的指導下自行醫治。

全年無休的家庭醫生

根據筆者預測，到了2100年，我們只需要幾年去一次醫院會診即可，而在這幾年之間的各項例行檢查，都可以讓我們的家庭醫生包辦。例如檢查時，家庭醫生會先進行簡單的問診，像是睡眠是否安穩？最近胃口如何等，當掌握了初步的狀況之後，接著量血壓、血液檢查，或是進行全身的掃描檢查，然後判斷出是否有需要去醫院做進一步診斷的必要。

當然，如果身體只有一些小病痛，家庭醫生也會告訴你不必去醫院，只需要適當地調整飲食或者多休息即可。相反地，如果發現家裡的人必須到醫院做更詳細的檢查時，家庭醫生就會立即配合家人的工作時間連線預約門診。也就是說，在未來照顧我們身體的工作，可能只需要家庭醫生與醫院的人類醫生配合就足夠了。

各司其職的專屬醫生

　　未來，每個人身上的各個部位都可以「安裝」一名「專屬醫生」，像是戴在手腕上的手錶，就有足夠空間可以容納一支行動電話和一個專屬醫生。手錶中的專屬醫生可以時時刻刻監測我們的脈搏與血壓，如果偵測到人體狀況不太對勁，就會立刻告知本人；如果本人狀況已嚴重到無法自行聯絡醫院，手錶就會透過行動電話聯絡最近的醫院，將我們的具體方位傳送給院方，以便派救護車前來。

　　如果你我能擁有這樣一位私人家庭醫生，將會節省大量在醫院排隊看病的時間，很多疾病也能在早期就被發現，進行先行治療或預防，死亡率也將大幅下降。

避免到醫院二度感染

　　對病患來說，讓醫生上門來看病，比自己去醫院掛號更好，因為在家裡，各種有害的細菌和病毒數量遠遠少於任何一家醫院。但是現在，病患如果感到不適，就必須要先到醫院診斷病情，做各項檢查，診斷之後再拿藥或者住院治療。如果該醫院剛好沒有能治療某種疾病的醫生，或者在該院治療無效，那麼病患還必須轉院。

　　如此既浪費時間，又可能延誤病患的病情。在不久的將來，這些現象將隨著「私人醫生」的出現而逐漸消失，或者被更有效的流程所取代。

預計到了2020年，
全球將有70%的疾病都是由「久坐」與「缺乏運動」導致的。

4-3/
Stand up！久坐導致未來七成疾病

很多人都羨慕「白領階級」，似乎只要每天坐在辦公室裡，盯著電腦跟打打電話，發發傳真，上班開車，下班吃飯，生活看來很愜意。不過，這些看似不需大量勞力的背後卻引發了許多身體問題，像是腰痠背痛、性慾低下、生育力降低、體弱多病等職業病。

　　一個忙碌的白領上班族，一天的24小時通常是這樣度過的──8到10個小時坐在電腦前，2個小時坐在沙發上看電視吃東西，1個小時坐在車裡開車，3個小時坐在各種交際場合觥籌交錯……於是一天下來，大部分的時間都是坐著，可以活動身體的機會很少、甚至沒有。

　　為此醫學專家指稱，在未來，近七成的疾病都可能與久坐不運動有關。

因運動量減少而發胖

　　隨著網路普及率越來越高，大多數白領的工作都只需要坐在電腦前就能完成了，這意味著在每天的工作之中，我們的活動量越來越少，因此也越容易發胖起來。

　　如你所知，肥胖會帶來很多疾病，也是導致多種慢性病發生的危

險因素。例如醫學界所說的「死亡五重奏」——高血脂、高血糖、高血壓、冠心病、中風，這些都跟肥胖問題直接相關。

你三高了嗎？

「三高」，就是「高血脂」、「高血壓」與「高血糖」，是導致心腦血管疾病的罪魁禍首。像是高血脂會導致血管栓塞，高血壓會導致腦溢血和腦血管破裂，而高血糖導致糖尿病。世界衛生組織（WHO）曾明確指出，防止心腦血管疾病發生的第一道防線就是「減少」三高和「控制」三高。

常常久坐不動，就容易導致脂肪含量超標，引起高血脂，或因脂質代謝混亂而引發高血壓等。而且，久坐導致的肥胖也是代謝綜合症中的一種，容易引發糖尿病，造成多種器官功能的損傷，如血管、腎臟、心臟等，牽連許多，不可不慎。

久坐容易罹患心血管疾病

研究報告指出，長期坐在電腦或電視前面，不僅影響身材，還會增加罹患心血管疾病的風險。坐在椅子上看電視、上網、玩電玩的時間越長，收縮壓就越可能升高。

> **關鍵數字**
>
> **5hr**
>
> 一天中若久坐5個小時不動，收縮壓上升的機率就會提高17％，即使用其它時間運動也無濟於事。

一天之中若久坐了5個小時不動，收縮壓上升的機率就會提高17％，即使用其它時間來運動彌補也無濟於事。

久坐導致男性攝護腺炎

久坐會影響前列腺的循環，若長期腺細管堵塞就會導致前列腺

炎。前列腺又名攝護腺，位在膀胱的出口處，因此只要前列腺一發炎造成阻塞，就會出現排尿疼痛與頻尿的症狀。而常窩在椅子上的男性，長時間久坐是發生前列腺炎的高危險群之一。

當男性幾乎每天坐超過5個小時不動，就會壓迫前列腺神經導致循環變慢，使得經過前列腺腺管排到後尿道的前列腺液，無法順利排出體外，久而久之便造成前列腺慢性充血，引起前列腺炎導致排尿問題。

有醫師更強調，現在的年輕人經常久坐，加上生活作息不正常與喝酒不良習慣，更大大增加了前列腺發炎的風險，尤其20歲以上的年輕人需要特別注意。因此男性平時需要多走動、不熬夜、少喝酒、少吃刺激性食物，就能有效預防前列腺炎。

久坐導致女性子宮頸炎

整天坐在電腦前的上班族，特別是從早到晚都不動如山的女性，特別容易出現陰道炎或子宮頸炎等問題。根據醫院的調查顯示，比起家庭主婦，OL得到子宮內膜異位症的比率要高出了21%。這樣的結果多半是因為7成以上的OL每天要在辦公室坐超過8小時，一整天久坐加上缺乏運動，導致氣血循環障礙，引起子宮內膜組織增生，就形成了子宮內膜異位症。專家建議，OL每坐著工作2小時，就可以站起來走動10分鐘，改善因久坐導致的體內循環不暢。

而女性私密處的健康也需要靠日常生活習慣來照顧，經常起來走動，少穿太緊身的褲子，若是無法經常運動的話也可以隨時提醒自己喝水、上洗手間，可以增加走動的頻率，同時改善憋尿的壞習慣。

腰椎骨質增生症年輕化

「腰椎骨質增生」雖然多半是中老年人的常見病症，但是近年來年輕病患的比例卻逐漸增加，一些從事必須久站、久坐，長時間維持同一個姿勢的工作族群更容易出現這種症狀，例如 IT 行業、上班族、老師、會計、司機、打字員、手工藝品製作者等都容易出現這種症狀。

因為長時間久坐，會讓全身的重量都壓在脊椎骨底端，再加上肩部和頸部長時間無法舒展，也容易引起頸椎僵硬，嚴重者甚至會出現脊椎變形而誘發駝背或骨質增生骨刺。你經常覺得腰酸背痛嗎？現在就起來走走吧。

腸蠕動減弱引發大腸癌

衛生署最新統計顯示，國人大腸癌死亡率已超越肝癌及肺癌，成為第2名，而大腸癌的發生率更躍升為所有癌症的第1名，平均每2小時就有1人死於大腸癌。

大腸癌是結腸癌和直腸癌的總稱，是指大腸黏膜上皮在多種致癌因素下發生的惡性病變，早期不易發現，因此死亡率較高。過去大腸癌病患大多數為中老年人，但近年來有逐漸年輕化的趨勢，且發現時，大多已經是中晚期了。

關鍵數字

200萬
WHO報告統計，每年約有200多萬人因長時間久坐不動而衍生出的相關疾病死亡。

久坐會使得腸蠕動減弱，影響腸功能的消化與吸收，導致代謝物（糞便）在腸內長時間的滯留，如果這些排不出的糞便積存在體內，

每天大腸會再把糞便的水分吸收回人體，慢慢就變成堅硬的糞石，長年頑固的附著在佈滿黏垢的腸壁上，就形成人體的毒素來源，進而誘發直腸癌。

而肥胖也是引發直腸癌的危險因子，曾有研究對美國洛杉磯地區約3萬名的男性癌症病患進行調查，結果發現，從事勞力活動越多的人，大腸癌的發生率越低；而從事低度勞動的人的大腸癌發生率是從事高度勞動者的1.6倍。

在現代，飲食西化精緻、大魚大肉不忌口、蔬果吃得少還有運動量不足都導致腸道蠕動減弱，是大腸癌病患人數逐年攀升的主因。所以，為了自己的健康，多吃青菜蔬果，多做運動還是大有必要的。

未來20年，癌症將不再是致命的疾病，
而是成為像糖尿病一樣可以控制的慢性病。

4-4

都市化與不良習慣
造成罹癌病患增加

隨著社會壓力普遍變大，加上不良的飲食與生活習慣，使得未來的癌症病患可能劇增。
相對來說，一些經濟較為落後的亞洲國家的癌症病患，將更難得到像已開發國家那樣的
良好醫療照護，因此情況可能變得更糟。在2020年之前，亞洲地區的癌症發病率將可能
增加到60%。

不良飲食與生活習慣導致癌症劇增

2010年，美國經診斷確認的癌症
病患增加了60萬人，而其中1/3的病患
是末期，已經無法進行治療。相信你也
知道，飲食、吸煙、環境因素及不良的

關鍵數字

60%
2020年，亞洲地區癌症的
發病率可能增加至60%。

生活方式等，都是導致癌症多發的主要原因，其影響力甚至大過家族
遺傳基因許多。

雖然在過去幾年，誘發癌症的一些惡性因素降了幾個百分點，但
是皮膚癌、白血病、胰臟癌和腎癌等癌症發病率卻呈現上升趨勢；同
時，對癌症所採取的化學療法、放射性療法與其它治療方法等，至今
仍然沒有突破性的治癒進展。

不可忽視的病毒感染

研究人員表示，目前誘發癌症的主要元兇是病毒感染。現在，科學家已掌握到「肝炎病毒」與肝癌有密切關係，而「人類乳頭多瘤空泡病毒」（Papovaviruses，是一種DNA病毒，包括人類乳突病毒HPV等）可導致子宮頸癌、直腸癌、睪丸癌、腦癌和頸椎癌等；而感染「幽門螺旋桿菌」則可導致胃癌。

醫學專家甚至預測，到了2050年，人類95%的癌症都是因為感染導致的，且在未來的25年至50年內，癌症仍然是人類健康的最大威脅。

但筆者認為，在未來20年內，癌症對人類來說將不再是一種致命疾病，它將會像現在的糖尿病一樣，成為可以控制的慢性病。只是，一般家庭可能仍然無法負擔起維持生命所需要的昂貴醫療費用。因此，從醫學角度上來看，即便癌症不再能宣判病患的死刑，但還是會有不少病患因為支付不起醫藥費而面臨死亡威脅。

都市化所帶來的罹癌危機

目前全球醫藥專家主要還是關注在抗癌藥物的研發，希望將來能透過藥物治癒癌症，但至今收效甚微。為此專家們指出，攻克癌細胞的主要方向應該是如何診斷出早期癌症，因此特別重視血樣檢測。

隨著醫療技術的進步，醫生也將透過這種方法對人類的基因構成進行檢驗分析，從而判斷出其未來是否會面臨到罹癌風險。

世界衛生組織（WHO）表示，在全球範圍內有40％的癌症病例都可以透過運動、健康飲食和戒煙來預防。但隨著亞洲國家、尤其是落後國家的都市化，使得都市人口越來越多，而與社會變遷息息相關的，就是人們生活習慣與飲食習慣的極大改變。

　　如你所知，在運動方面的時間少了，體重超重的人口卻逐漸增加；在飲食方面，人們蔬果吃得少，而油多、肉多、鹽多的食物卻吃得太多。這些變化，都可能導致癌症，特別是胃癌和大腸癌發病率的直線增加，不可不慎。

若男性避孕藥真能普及，
你認為哪一方會願意主動承擔責任？

4-5
體貼女性，男性
避孕藥即將問世？

說起男性的避孕方式，不外乎結紮、保險套及不安全的體外排精。一直以來，避孕這件事大多由女性承擔，而人們也多半認為男性不願意承擔避孕的責任。但隨著避孕方式的多樣化，越來越多的男性也願意分擔自己能盡的責任，希望主宰自己精子的命運，還能不影響性快感與生育能力。

　　目前，相關領域已經研究出了一些可以達到有效避孕的「男性避孕藥」，我們知道，女性的避孕藥是透過抑制女性的卵巢排卵來達到避孕效果；而男性避孕藥也是一樣的原理，就是透過抑制睪丸產生精子，來達到避孕的效果。

效果好，但副作用強的男性避孕針

　　男性避孕藥可以分為三類，其中，單獨使用睪固酮是目前最常用的一種，它的代表藥物是「庚酸睪酮」（Testosterone Enanthate）。

　　為驗證庚酸睪酮的作用，WHO曾進行了一個大規模的實驗，由9個國家的15個研究中心聯合進行。實驗內容是，每週給一名男性注射200毫克的庚酸睪酮，結果顯示，庚酸睪酮可使70％至80％的受試者達到無精子狀態。而根據研究者每年的觀察發現，在300位受試者

中，僅有4次伴侶懷孕，避孕效果甚至好過保險套，且停藥後受試者的生育能力可以完全恢復。

不過，這種避孕藥的缺點就是需要透過肌肉注射，會引起憂鬱、情緒化、體重增加與減少高密度膽固醇（好的膽固醇），同時還可能引起血管硬化等副作用。目前，科學家主要研究在降低失敗率與減少副作用，及減少注射次數上。

好的男性避孕藥應該符合四個基本條件：

◉藥效快、效果好，無精子或嚴重少精子的狀態要持久。

◉停藥後能完全恢復生育能力，對後代的健康不會產生任何不良影響。

◉副作用小，不影響性功能。

◉經濟方便，易為配偶雙方所接受。

◆註：高密度膽固醇俗稱好的膽固醇，許多人對膽固醇有不好的印象，認為膽固醇一定都對身體有害，但其實，膽固醇是人體維持細胞完整的重要物質，也是組成細胞膜的主要成分。

膽固醇也有好壞之分，一般來說，會進入血管形成斑塊的都是低密度膽固醇（俗稱壞的膽固醇），而高密度膽固醇卻有將血脂帶出血管的能力。因此，檢測血脂時不能只注意總膽固醇，必須同時監測高密度膽固醇和低密度膽固醇的比率。

有機會上市的男性口服避孕藥

相較之下，「口服避孕藥」對男性來說，會是一個較為方便的避孕方式，同時更符合上述的理想條件。

2010年，以色列研究人員宣布研發出男性專用的口服避孕藥丸，能讓精子在抵達子宮前失效。但與男性避孕針不同的是，這種口

服藥丸並不是抑制睪丸產生精子，而是移除精子中會讓女性受孕的一種重要蛋白質，因此即使精子可以抵達子宮，也無法讓卵子受精。研發者還表示，這種新藥的藥效長達3個月，並且不會產生如女性避孕藥或男性避孕針的副作用，預計2015年即可上市。

　　相信在不久的將來，男性避孕藥也將變得像現在的女性避孕藥一樣普及，且人類的避孕方式也將更體貼女性，更加地人性化與多樣化。

在未來的10到20年內，
複製人體器官將逐漸成為一個「產業」。

4-6/
移植器官不用等
——自體複製

據悉，在美國每年可用於心臟移植手術的心臟只有2千多個，而需要動手術的病患卻有5萬多人。這意味著，每年有近4萬8千人因為沒有可供移植的心臟而過世。面對如此煎熬等待換心的長長隊伍，美國政府不得不成立了一個專門委員會來決定誰該先換心臟，誰後換心臟。

　　面對這種棘手情況，科學家們設想到，如果用人類自己的細胞來複製各種器官，就能滿足器官移植的需要了。特別是這種複製器官是由人體的自體細胞所複製出來的，因此並不會在人體內產生排斥作用，使得器官來源的頭痛問題也得以解決。

全球首次的複製胸骨成功移植

　　1998年，全球第一個複製胸骨移植到人體的實驗成功。接受此次手術的是美國的一位16歲少年，他天生就沒有左胸骨，在他12歲時，醫生從他身上取下一塊軟骨，在體外利用複製技術進行培養。幾週之後，複製胸骨培養成功，醫生將這副複製胸骨移植到這位少年身上。一年之後，這名少年的胸部已與正常人一模一樣，並且，複製胸骨也很協調地隨著他的身體成長而生長。

多種器官的自體細胞複製

用人類的自體細胞培育備用器官是一項難度很高的技術，科學家為此也研發出了多種技術。一種是直接取出病患自身的身體細胞，利用複製技術在實驗室裡用培養皿培養，這種方法培養出來的器官就稱為「試管器官」。

而另一種比較成功的技術是器官的「支架培育」。生物工程師首先做出培育某種器官的設計圖，接著根據設計圖用多孔高分子聚合物搭建起三維立體器官的「支架」，再將人體細胞種在「支架」上，讓這些細胞在一定條件下繁殖成健全器官的肌肉組織，再配以血液循環系統。而聚合物「支架」在生長過程中會逐漸溶解，於是，一個完全與病患遺傳特性一致的人體器官就培育出來了。

美國卡羅萊納（Carolina）醫學中心的生物工程師還培育了人體乳房組織，希望可以取代現有的人工乳房移植術。首先從病患乳房上取出脂肪細胞，並將細胞種在由海綿狀的藻酸鈉構建成的「支架」上，經過一段時日，便長成了具有彈性觸感的人造乳房。這樣的研究成果，對因乳癌而不得不切除乳房的女性來說，無疑是個福音。

隨後，美國、瑞士等國相繼攻克了複製皮膚的難關，也在臨床上獲得成功，同時也避免了移植手術中的免疫排異反應。此外，正在實驗室中研究的複製人體器官，還有心臟、肝臟、胰腺、膀胱、角膜等等。也就是說，在未來的10年到20年內，複製人體器官將逐漸成為一個產業。到時候，將會有更多的病患可以接受器官移植的治療，這也將在人類的醫學史上寫下歷史性的一頁。

器官移植當然沒問題，
未來或許你還可以選擇換動物的還是機械的。

4-7／
動物？還是機械？
掀起器官移植革命

1954年12月23日，美國醫生約瑟夫‧默里（J. Murray）為一對攣生兄弟進行了腎臟移植手術，寫下了人類首次器官移植成功的歷史性一頁。近60年以來，從腎臟、肝臟到心臟移植，醫學界在器官移植的領域不斷有重大突破，迄今已挽救了數百萬人的生命。使得器官移植手術已從過去備受質疑的神話，成為今日尋常可見的事實。

器官移植的限制

　　儘管器官移植已有多次成功經驗，卻依然伴隨著諸多問題。大多數的器官移植來源，都來自於在意外事故中喪失生命的人體，但由於每年適合移植的器官太少，因此多數病患就在排隊等器官的漫長歲月中過世了。

　　此外，器官移植後的病患也因狀況需要終身服用藥物，以達到抗排斥反應的效果。也就是說移植成功，並不代表著一勞永逸，且更嚴厲地，一些腎臟或骨髓移植者還需要經過血型配對，這也代表著配置資源的適用範圍更縮小了。

充當人體配件的動物跨種移植

　　因人類器官需花費長久時間等待，因此科學家也試圖尋找新的

「人體配件」，像是從動物身上擷取相應的器官。例如豬的內臟與人的內臟很相近，大小相同，功能相似，但是，人類免疫系統會快速識別出非人類的器官，因此目前還沒有任何可以讓人體將「豬心」完全當做「人心」的「詐騙」方法。

不過，科學家透過研究，現在已能改變豬的幾種遺傳物質，讓牠們的心臟與人類心臟更加接近。科學家希望，未來可以在豬身上培育出與人類相似的器官，使其專門用於器官移植。

但也有讓人擔心的地方，這種動物器官移植會給人類帶來新的疾病，例如讓豬生病的致病體可能會隨著移植的器官進入人體，導致人生病。因為許多人類的疾病，如感冒等都是源自於家禽家畜。

而最重要的一點，就在於像「複製技術」一樣，這種「跨種移植」也會引起嚴重的道德爭議，動物保護團體即擔心，將來人類會飼養專門提供器官移植的動物，這也會衝擊至今「生命平等」的人類道德觀。加上，人體和動物的器官「共存」，也會讓不少人感到十分不舒服。

自產自用的幹細胞複製

如前面所提，如果將來可以從自體複製出所需要的各種器官，我們就再也不用為這些問題頭痛了。藉由複製技術，可以複製出健康的器官，例如，可以用心臟病病患的幹細胞，複製出一個新的心臟，然後移植到病患體內。這樣，病患就不需要再透過藥物來避免排斥作用了，因為複製出的心臟所使用的「原料」就來自於他本人。

方便但難度更大的人工機械器官

現在已經有很多機械輔助工具可以代替已經失去功效的人體器

未來1.0
encounter

官，例如「機械心臟」在被植入人體之後，能長時間代替人的心臟工作。而且，這種心臟是小型的血液泵，可以減輕心臟病病患的負擔，甚至代替患病的心臟。但其實製造人工器官比複製生物器官的難度更高，因為人工器官的功能和作用方式都更複雜。

假設未來真的能夠進行機械器官的移植，那麼人類便可以隨意地更換自己的身體部位了。等到那一天到來，人類也就成為了能進行自我調節的人機系統，也就是「生化人」（人與機器人的混合體；或指非自然產生，用生物化學技術創造出來的人造人類），也可以說是個「有生命」的「機器」了，不知道你的想法又會是如何？

醫學將成為一種魔法，
人類也將一步步地成為真正的「Superman」。

5-1
未來醫學首突破的前十名

醫學相關科學家指稱，在未來的10到20年之內，我們將能發揮人體各器官的潛在能力，使人類一步步地成為真正的「Superman」。也就是說，醫學已經不僅僅只是「治療」，而是成為了一種「魔法」，能更進一步地如人類所願注入新能力，看看有哪些可能吧。

No.1 用人腦操作電腦電器？

電影《鋼鐵擂台》（Real Steel）背景為2020年的未來世界。內容描述在未來世界裡，肉搏拳擊已經無法滿足人類的視覺慾望，因此人類創造出更刺激真實的機器人拳擊賽。而這些機器人多半由人類聲控，或是透過高科技的面板搖控器操控，有的機器人更具備人類動作模擬的技術，透過這樣技術的結合，就能讓機器人在擂台上互相較勁。

在未來的10年到15年之內，人類真可以透過在大腦內植入一枚感應晶片來直接操作電腦（或許就是機器人）了，不用再像現在用滑鼠、鍵盤輸入指令。在晶片接收了大腦神經的指令信號之後，還可以透過無線傳遞，將這些資訊傳送到電視、音響、或電動輪椅等電器設

備上直接搖控，讓人類生活更便利自如。

No.2 不會忘記吃藥的自動藥泵

我們在生病吃藥的時候，都要遵循藥劑師或藥品的說明書來服用藥物。但在未來10年，人們對於用藥時間或是劑量，已經可以不用再多操一個心了。因為植入了人體（胸部）的「藥泵」之後，身體可以自動感應到人體溫度或新陳代謝等變化。也就是說，當體內狀況需要藥物時，它就能自動將泵內的藥物注射到體內，對於難以餵食藥物的孩童及容易忘記吃藥的老年人來說，更是一大福音。

No.3 戴隱形眼鏡監控血糖

醫學專家宣告，在未來的5年內，一種能偵測人體血液糖分濃度的隱形眼鏡便能問世。這種產品可以感應到淚液中的葡萄糖濃度，一旦糖分過高，隱形眼鏡就會彎曲或自行改變屈光度（屈光度是將視力矯正到正常所需的鏡片折射能力），這時糖尿病病患就能感受到這種視力變化，並有警覺地盡速就醫或想辦法調控血液裡的糖分，以避免休克或其它意外發生。

No.4 刺激聽障者聽見聲音

科學家表示，在未來的8到10年內，聽障者就可以透過在內耳植入含有化學物質和小電極的啟動器來刺激受損的聽覺神經細胞，使其恢復聽力。而曾經的那些「無聲的世界」就彷彿是一場夢。

No.5 心肌梗塞專用OK繃

2011年，在電影《海角七號》（Cape No. 7）中演出郵差茂伯一角而暴紅的月琴國寶林宗仁，疑似因心肌梗塞而昏倒在家中，緊急送

醫後，到院前已過世。心肌梗塞是一種急性的、嚴重的心臟狀態，其癥狀是不同程度的胸痛、暈眩、嘔吐、心跳不穩定，有時喪失知覺。成因是部分心肌的血液循環突然全部中斷而導致該部位的心肌損傷。

心肌梗塞是有生命危險的緊急狀態，發生時需要立刻採取急救措施。但在15年後，一種用心臟細胞製成的膠布即將問世。到時候，只要將它貼在心臟的損傷部位，就可以縫合心臟上的裂口，並與其它部位一起跳動。如此，便可減少心肌梗塞病患的突發死亡危機。

No.6 行動自如的人工膝關節

未來，已截肢的身障者也可以跟正常人一樣走路、爬山或是上下樓梯了。因為到那時候，進化版的人工膝關節將出現，它跟人體的真正關節不會有任何區別，身障者只要裝上它與義肢就能行動自如。

No.7 生物電池刺激萎縮肌肉

美國南加州大學的研究人員表示，他們正在研製一種只有16公釐的生物電池，並預計在未來植入人體試驗。作用是只要一啟動電池，就能刺激患有肌肉萎縮症的病人肌肉，使原本軟弱無力的肢體變得強勁有力。這項新技術預計在10年內普及，使癱瘓多年的身障人士也能夠重新走路。

No.8 有效控制老年癡呆

「如果明天連妳我都忘記了，也請妳緊握我的手，陪我繼續走下去……」這是電影《明日的記憶》（Memories of Tomorrow）飾演早發性阿茲海默症病患的渡邊謙（Ken Watanabe）的台詞之一。

2011年，美國及愛爾蘭藥廠宣布成功研製出新疫苗，經臨床實

驗證明能有效減少大約25%的腦部有毒蛋白沈積塊，能夠治療阿茲海默症（Alzheimer's disease）及其它失智症，被認為是數年來相關研究的最大突破。

不僅如此，科學家也試圖利用從嬰兒幹細胞中培養出的神經細胞來治療癡呆病患腦部損傷的神經，如果實驗成功，那麼在未來10年內，老年癡呆症將能得到有效控制，為苦於此症的病患奪回過去寶貴的記憶。

No.9 小麥色皮膚藥丸

許多追求時尚健康的西方男女，常會穿著清涼地到海灘上接受艷陽的洗禮，或是以人工方式擦大量的助曬油、鑽進日曬機來讓自己的皮膚烤得油亮黝黑。但在未來，再也不用這麼麻煩了！所有白皙人朝思暮想的健康性感小麥色，只要交給一顆「小藥丸」就夠了。

科學家解釋，如果想讓自己的皮膚變成耀眼的古銅色，在不久的將來，只需要在皮膚下植入一個小藥囊，等其中的藥物被釋放出來後，皮膚就會自然變得黝黑，且不會有任何罹患皮膚癌的危險（因無日曬），就能達到真正名符其實的「健康膚色」了。

No.10 會呼吸的人工纖維肺

在未來，真正的人工纖維肺就能移植人體。它以透氣的人造纖維製成，靠安裝在人體「臀部」的肺泵吸入氧氣，並透過纖維管道輸送血液。纖維在吸收人體產生的二氧化碳之後，會再將二氧化碳等廢物

送到肺泵排出。

　　不只是人工纖維肺，前面曾敘述過的「人工腎臟」在未來也有機會實際運用。它的原理是將人工腎臟安裝在血管當中，當血液流過人工腎臟時，細胞組織就會吸收血液中的營養物質，過濾出廢棄物質。這種人工腎臟比現在的換腎或洗腎（血液透析）效能要好得多，且不會讓病患產生任何痛苦。

　　未來醫學不斷進步，不僅讓過往被視為「不治之症」的疾病透出了一絲根治的曙光，且病患接受治療的過程也不再只是一場無止盡的痛苦折磨。

　　雖然我們目前仍不能斷定醫學的進步是否真為一種十全十美的趨勢，但至少，對於久病纏身的病患、飽受煎熬的家屬，以及束手無策的醫師來說，這都將是一大福音。

5-2
未來手術房，
消失的醫生和護士

到了2020年，如果你不幸地需要進行一次外科手術的話，你會發現，等被送到了寬敞明亮的手術室時，在場的人只有你自己（如果你還醒著的話）。但也不盡然，因為還會有一個看起來稍微像「人」的——一個面無表情，移動輕盈，正閃著金屬光芒的機器人正陪伴在你左右。

　　這個「它」一面透過攝影鏡頭對你進行檢查，一面伸出那看來充滿高科技智慧的機械手臂，做出各種細膩的指令動作。手術後你躺在手術檯上麻醉未退，別擔心，有個智慧型擔架會利用傳送帶輕柔地托起你，然後向預定的位置運送……。

　　雖然此一場景的時間被定位在2020年前後，但其實有些環節已經在現代醫院部分實現了，且每年都持續邁向新的一步。我們說，在未來的手術房裡，主要是「科技」來主導手術，例如利用影像學、類比模擬技術或是機器人的一雙靈活巧手等，並且新一代的「手術房」也將以全新面貌展現在世人面前。

機器人執刀的遠距手術

　　當機器人在為病患動手術時，如果遇到棘手的問題，機器人會透

過系統連線到人類的主治醫師。此時,即使主治醫師人在外地也沒關係,因為他可以透過遙測技術(指不經接觸而取得物體、地區或現象之資訊的技術)來操縱機器人的手臂進行處理。

例如在德國柏林的一家醫院裡,只要主治醫師戴上虛擬手套,虛擬手套可令機器人模仿主治醫師的所有手部動作,如果人類醫師伸出手,那麼機器人也會伸出手;人類醫師還會戴上虛擬眼鏡,鏡片內連接兩個電腦螢幕,以投射出機器人的視野。如此一來,當主治醫師進行頭部運動時,機器人身上所攜帶的攝影鏡頭就會隨之改變方向。

搭配上虛擬手套與虛擬眼鏡之後,實際上就相當於主治醫師時時刻刻都待在病患的身邊。在進行手術時,也不必擔心機器人的動作不夠準確俐落,因為它所配置的攝影機遠比人類肉眼所看到的清晰多了。

防止烏龍手術事件發生的助手

除了能擔任「主刀醫師」,機器人也很適合擔任手術助手。紐約哥倫比亞大學長老會醫院就設計出了一名叫做Penelope的聲控機器人。當它聽到語音指令之後,就會立即拿起被指定的器械交給醫生,等到醫生用完後它再回收。而且,Penelope還會貼心地檢查每項工具,從手術用器械到病人體內的紗布等都處理完畢才會善罷甘休。這不僅大大提升了手術品質及精準度,還能防止紗布等物品被遺留在病患體內的烏龍事再度發生。

外科醫師必須一起進化

由於目前的機器人設備還相當昂貴,但是跟其它的科技產品一樣,未來它的價格也會因為普及而逐漸下降,並會減少人事醫療成

未來1.0
encounter

本。

　　但是利用機器人進行的手術，多半是採用新型的微創技術，開口更小、侵入更少。也因為如此，要讓外科醫師一下子就接受機器人手術並不是一件容易的事，因為他們同樣也需要學習新科技的運用，例如要會看、會用多種3D立體數位影像，這與肉眼直視及傳統用腹腔鏡看到的情況完全不同。

　　其次，這種手術方式需要術前的周密計劃，目前在常規的手術中還不需要到如此高的要求；此外，各種醫療分析軟體也將在手術過程中發揮重要作用，因此學習操作醫療用軟體，也是未來醫師必須學習、適應的課題之一。

　　未來機器人在手術中的地位必定越來越重要，因為醫療用機器人能突破人類的失誤及感官的侷限，還具有能接近特定人體組織、遠距離（遠端手術）、靈活（機械手指動作的精細超越人類）、速度快的優勢。但是，這樣的醫療理想需具備提升機器人智慧與外科醫生的技術水準，才能真正發揮醫療機器人的實際效用。

體積過大？
新型的「微型機器人」正好沒你想的這個問題。

5-3/
醫療用
奈米機器人誕生

顧名思義，「微型」機器人就是體積小巧的機器人，有些工作因機器人的體積過大而無法勝任，但新型的「微型機器人」卻能深入人類無法輕易觸及的場所，像是狹長的管道或機器的裂縫之中，甚至還能利用它們進行各種較為困難的醫療處理。

　　以色列科學家發明的醫療機器人——「潛水艇」，它的直徑僅0.1公分，可以注射到病患的血管當中，甚至能逆著血流方向在人體靜脈或動脈中穿行，科學家相信未來甚至可以利用它來殺死癌細胞。

電影成真？奈米機器人已能入眼球

　　微型機器人已經夠小，且擁有許多優點，但人類仍然需要更小的機器人，也就是說，是小到連肉眼都看不見、腦海很難想像的那種機器。像是0.1公釐、0.01公釐、0.001公釐、0.1微米，甚至小到1奈米的「奈米」機器人。

　　1966年有一部科幻片《聯合縮小軍》（Fantastic Voyage），它開啟了「人類體內旅行」的先端奇想，電影中描述一名蘇聯科學家帶著無數的秘密逃到美國，但他的腦血管卻遭間諜破壞，讓他變成了植物人。而5名醫師為了拯救蘇聯科學家的性命，竟將身體縮小，並搭

載極小飛船進入科學家的體內，為他進行了一場血管手術。

其實，這種「縮小的人與飛船」，就是我們現在所說的「奈米機器」。長久以來，科學家都希望研發出在奈米尺寸範圍內的超微型機器，以便深入人類無法觸及的地方。

沒想到，就在事隔40多年後的2011年，科學家就將這個夢想實現了。瑞士科學家已經發明超微小的「奈米機器人」（nanorobots），它可「游」進人類眼球中的血管，為病人上藥治療。

蘇黎士理工學院的機器人研究所研發出nanorobots，這些機器人能藉由針頭注射，直接進入人體的血管中，還能透過電磁鐵操控，在人體內「漫遊」。此研究主持人尼爾森博士（Dr. Brad Nelson）表示：「機器人可以選擇在特定區域釋放藥物，以治療視力衰退、視網膜血管阻塞等病變。」

但目前這項技術僅在死豬的眼球上進行實驗，尼爾森並表示，若機器人能夠小到放入針頭，那麼就有可能在不需要麻醉的情況下注射到眼球之中。而未來的奈米機器人除了可將藥物帶入眼球，或許還能進行部分的非侵入性手術，以治療視網膜剝離等疾病。

醫療用奈米蜘蛛將可量產

2010年，美國哥倫比亞大學科學家成功研發出一種由DNA分子構成的「奈米蜘蛛」微型機器人。它們能跟隨DNA的運行軌跡行走、移動、轉向或停止，並有機會能用在醫療事業上，幫助人們治療癌症、完成外科手術等。

而英國《每日郵報》指出，「奈米蜘蛛」的大小為4奈米，比人類頭髮直徑的10萬分之1還小。這種奈米機器可用於醫療領域，幫助

人類識別並殺死癌細胞以治療癌症，還可幫助人類完成外科手術、清理動脈血管垃圾、以及組成電腦新硬體。

這種奈米機器不僅能夠自由地在二維物體的表面行走，還能夠吞食麵包碎屑。雖然以前研發過的DNA分子機器人也具有行走功能，但不會超過3步，而新種的奈米機器卻能行走100奈米的距離，相當於行走50步。

目前，科學家已研發出這種機器的生產線，未來可望進行量產。

奈米科技可製造人類任何想要的東西

「奈米機器」屬於原子世界，它相當於一個分子的大小（分子是物質組成的一種基本單位名稱，由原子組成），因此可一個個地移動原子。也正因如此，它們顯得非常重要，因為一旦能夠控制原子，就能控制所有物質，無論是氣態、液態還是固態物質，都擁有控制它們的能力。

我們說物質中最常見的原子有氫、氧、氮、碳、硫等，它們以不同的方式組合在一起，合成不同的物質，而奈米機器能夠「透過移動原子來改變分子結構」。因此只要存在著相應的原子，奈米機器就能製造出「任意分子」。

也就是說，「奈米機器」將成為對未來社會最有貢獻的發明之一，它不僅能製造人類所需的食物，還能製造服裝、汽車、房子等與我們息息相關的生活必需品。換句話說，奈米機器幾乎可以製造「任何人類想要的東西」，因此人類未來將面臨到的諸多困難，例如人口爆炸所導致的物資匱乏或飢荒等，都可望可以得到解決。

奈米可載舟，亦可覆舟

奈米機器帶來許多好處，但它能解構分子的特性，也使它們成為具威脅性的物質。我們說只要一枚裝滿奈米機器的火箭，便足以分解一座城市的居民，因此奈米機器一旦被濫用，所產生的危害將會比細菌或毒氣更加嚴重。

也因如此，部分科學家也為奈米機器的出現而擔憂，人類該如何抵禦這些無孔不入的機器？又該如何避免奈米武器倒戈，轉而攻擊製造它們的人類？人類目前可預想到的最慘烈狀況，恐怕就是地球被少量的奈米機器分解而毀滅了！

這不是廣告，
但是臍帶血或許真能救人一命。

5-4
全人類的救世主
——萬能細胞

醫學上的幹細胞，是指一群在胚胎發育早期未分化的細胞，理論上具有無限分裂的能力，除了可以自我複製之外，還可分化為特定的組織。幹細胞的重要性就像建築的鋼筋水泥，且幹細胞是人類的原始細胞，能發育成任何類型的人體組織與器官，可塑性很強，也因此被稱為「萬能細胞」，這也是為何臍帶血銀行大力宣揚保存臍帶血的目的。

奇蹟的器官重生

我們都知道壁虎的尾巴被嚇斷了還有「再生」能力，那麼，人類能不能也讓某些器官「再生」呢？簡單來說，幹細胞就有可能實現「再生」的願望。

幹細胞可以分化成不同種類的體細胞，這意味著一個幹細胞可以讓人體受損的組織重新修復、再生，甚至可以培育出心臟、腎臟、肝臟等人體器官。當然，透過幹細胞分化出器官並非一朝一夕的魔法，它仍然需要一段時間培養。

現代藥物醫治不了的疾病，未來利用幹細胞技術就可能達到更有效的治療。像是老年癡呆症末期，此時病患腦裡的大部分神經細胞都已經損傷，單靠藥物不可能再讓其重新恢復活力。但是如果讓幹細胞

透過重新分化來形成新的腦神經細胞卻是可能的。理論上來說，幹細胞技術能治療各種疾病，因此在未來也必然會引發一場醫界革命。

2010年，日本京都府立醫科大學就成功地利用自體心臟幹細胞讓一名病患的心臟功能恢復了正常。

病患是一名60歲的男性，2010年2月，他因急性心肌梗塞入院。4月，醫生從病患的大腿根部血管向心臟伸入了一根極細的管子，採集到約15毫克的組織細胞，然後對其中的幹細胞進行了1個多月的培養。

2個月之後，醫生再對病患的心臟動脈進行了分流手術，並對因血流不足而逐漸壞死的左心室注射了新培養出來的幹細胞。隨後，幹細胞便順利發育成為心肌和血管，生成了新的心臟組織，此名男性病患也重新獲得了新生。

你該懂一點的幹細胞技術優點

目前的幹細胞技術主要應用在血液類疾病、神經系統損傷、肝硬化、糖尿病、心臟病等疾病治療。而相對於此類疾病的傳統治療方式，幹細胞技術具有無可比擬的優點，概述如下：

◉使用安全、低毒性or無毒性。

◉在沒有完全清楚病患發病的確切原因之前，也可以放心採用。

◉治療材料來源穩定，且來自於病患本身。

◉治療範圍廣泛，各類疾病都可採用。

◉是最好的免疫治療法與基因治療載體。

◉幹細胞移植治療沒有副作用。

隨著醫學不斷進化，未來，我們可以利用自身或他人的幹細胞，

或者是幹細胞衍生出的組織、器官等，來替代病變或衰老的組織器官，並廣泛地運用在傳統醫學難以醫治的多種病症上。如白血病、帕金森氏症、糖尿病、肝硬化、中風或者阿茲海默症、脊柱損傷等在目前尚不能完全治癒的疾病。此項技術若能持續的順利研發，那麼將會是最造福世人的技術發展之一。

5-5
延長壽命
與數位醫療趨勢

人類累積的知識約每8到9年就增加1倍，因此2010到2050年之間可望成長45倍，而其中最大的驅策力，就來自於「電腦網路」與「基因技術」。事實上，近幾年的重大醫學技術不斷突破，尤其是在「基因工程」和「幹細胞研究」的領域，無論是靠電腦的後天運算，或者是基因工程的先天改造，人類都確實越來越聰明。

近幾年，器官移植、癌症基因掃描、個性化人類基因圖譜等新聞，已經讓我們清楚地看到了醫學技術、生物技術、奈米科技、材料科技與資訊科技等相互融合且不斷發揮綜效的趨勢。

◆註：綜效（Synergy）簡單來說就是「1+1＞2」的效果，即整體價值會大於個體價值的總和。

加速智慧醫療的電子化病歷

根據行政院衛生署調查，台灣約有5成的醫院病歷資料已全面電腦化，另有3成的醫院病歷電子化已經完成院內整合階段，並逐漸邁向院際之分享與交換應用。

衛生署更透過「加速辦理智慧醫療照護」計劃，期許全國醫療院所能在5年內全面完成「病歷電子化」及「醫療影像交換及判讀中心

建置」。等到相關建設完備，那麼估計在2015年起，民眾只要透過健保IC卡及醫師之醫事憑證IC卡，就可以在任何一家醫院取得個人過去的完整病史資料，得到「無縫隙」的醫療照護品質。

帶著走的個人生理特徵檔案

除了就醫病歷的電子化之外，隨著診斷技術的進步與基因技術的不斷完善，到了2020年，利用生物奈米科技進行的生理特徵鑑定也將成為事實。到時候，醫療人員根本不需要像現在這樣一項一項地為病患進行身體檢查，而是先為每位病患進行全方位的「基因檢測」和「生物學特徵掃描」，就能騰出一套每個人獨一無二的個人生理特徵檔案。

到時候，在一些先進國家，我們現在普遍使用的病歷表和健保卡等可能會完全消失，病患只需要攜帶一張小小的USB記憶卡，甚至直接將一枚生物晶片植入體內，就能夠將自己所有的病史與生理特徵等檔案儲存在其中，隨身攜帶。

透過網路的遠距看診

不僅如此，現在到醫院看醫生時必須要進行的掛號和問診流程也將得到簡化，再也不需要浪費過多的時間與人力了，因為先進的遠端自動檢測系統將能讓大多數的診療過程透過網路實現，病患甚至能利用方便的家用監控設備，直接與醫院的負責醫師進行連接，並透過自己的生理資訊檔案來完成大部分的身體常規檢測，不需要再親自跑到醫院做各項檢查了。

在先進的檢驗設備之下，多數的致病細菌或病毒也能在極短的時間內被篩檢出來，且在擁有數位資料庫診斷系統的幫助下，醫師也能

在第一時間為病人做出正確的診斷，並根據病患的個人生理特徵檔案進行治療。

可判斷好壞細胞的「智慧藥物」問世

未來，藥物的研發與使用方式也將出現明顯的不同。科學家預估，到了2020年前後，大部分的藥物研發和試驗可能都已能透過「電腦仿真」或者是直接在「晶片」中進行，並且「智慧藥物」可能已問世。

「智慧藥物」這類藥品可根據病患體內的環境來判斷哪些是癌變細胞、病原體，哪些又是正常健康的細胞，因此能將服用藥物的副作用降至最低，最後甚至完全消除藥物的副作用。

長命百歲非夢事

科學技術的發展，已經成功地延長了人類的平均壽命。現代人類的壽命大約每10年就增加了2.5歲，因此100年後，人類平均將可活到150歲，甚至更久。

> **關鍵數字**
>
> **2.5歲**
> 現代人類的壽命約每10年就增加2.5歲，因此100年後人類平均將可活到150歲，甚至更久！

目前，世界上最長壽的國家是日本，日本女性的平均壽命已經達到了86歲。而筆者預測，到了2020年，人類的平均壽命超過100歲的國家即將出現！因為到那時候，許多困擾人類已久的疾病已經有相當大的可能找到真正解決的途徑，即使像愛滋病這樣無法治癒的絕症也是。

也就是說，當年秦始皇夢寐以求的「長生不老」，在這個時代已經逐漸化為現實，不再只是純粹的「夢想」。

如果人造肉像豬肉那樣平價量產，
又有多少人敢試試呢？

5-6 /
人造肉量產，
滋味如何？

根據聯合國糧食及農業組織（FAO）的一份報告指出，跟運輸業相比，畜牧業產出的溫室氣體更多，約占了全球人為排放二氧化碳的18％，不僅如此，畜牧業更被認為是土壤退化和水資源污染的兇手之一。沒想到吃肉的成本這麼大。

保護地球，不一定要吃素？

現代多數的環保人士、宗教團體都提倡「素食運動」，認為只要少吃肉，就能降低對畜牧業的需求量，一旦減少牲畜數量，就能有效降低溫室氣體中的甲烷與牲畜的排泄物。

但是，這個理所當然的因果關係，生物學家可能要重新詮釋了。因為科學家指出，想要降低對畜牧業的需求量，不一定得力行素食主義，因為，我們已經可以在實驗室中培養出「人造肉」。

科學家們首先抽取出動物身上的「肌肉母細胞」（myoblast），然後放在培養液中讓「牠」生長，接著倒入支架，放進不斷旋轉的生物反應器中以刺激細胞長出動物肌肉纖維，就能成功製造出「人造肉」。

乾淨健康卻昂貴的人造肉

雖然目前技術培養出來的人造肉僅人類指甲大小，但科學家指出，人造肉的優點在於可以保證絕對乾淨無污染，不但完全避免了狂牛症或口蹄疫等病毒感染，還能添加有益人體健康的成份，成為「健康食品」。除此之外，更可以避免殺生及畜牧業對環境的不良影響。

關鍵數字

32萬

生產1公斤的人造肉，成本約為32萬台幣，約是市價的1000倍以上。

但是，人造肉畢竟是高科技產物，因此造價昂貴，目前生產1公斤的肉，成本約為32萬台幣，約為市價的1千倍以上。

此外，雖然科學家表示人造肉的口感與味道都和真實的肉類「相去不遠」，但恐怕還是無法解除社會大眾的「心理障礙」。

而全球第一個實驗室培育的「人造漢堡」預定2012年10月問世，據說外觀、觸感都像漢堡，吃起來像不像就因人而異了……。

究竟未來，「人造肉」的市場接受度如何，我們只能等到「牠」能真正平價量產的那一天才能見分曉了。

如果可以用皮膚製造出精子和卵子……
那最大的問題會在哪裡？

5-7
一片皮膚養出孩子

如今，人工授精和試管嬰兒已經不是新鮮事了，這些技術為無數的不孕夫妻帶來了「新生」。然而在未來，不孕的患者將有更多選擇。美國科學家已透過胚胎的幹細胞，成功培育出能夠受精的人造精子和卵子，5年後這種技術將更趨於成熟。

　　醫學上，生殖細胞「太少」或是「品質不佳」都是導致人類不孕的主要原因。因此多年來，科學家一直在探究人類的生殖細胞是如何產生，以及需要哪些基因等等。但是，人類的生殖週期並不能在動物身上進行實驗，因為人類生殖所需要的基因只有人類自身才具備。

　　幸好，科學家現在已經瞭解了各種基因的作用，這樣就能透過開發基因的療法，幫助不孕人士製造出精子或卵子，讓他們也能自然懷孕生育。

用皮膚培育出人工精卵

　　現在，科學家利用「胚胎幹細胞」來培育精子和卵子；未來，他們希望更進一步利用成人的「皮膚細胞」來培育出精子和卵子。美國史丹佛大學已經找到混合化學物質與維他命的正確方法，讓幹細胞可以變成精子與卵子。以這種方式生成的精子，具有頭部和短短的尾巴，但據信已經可以讓卵子受孕。

　　這支科學團隊目前是使用胚胎幹細胞進行實驗，但未來希望能夠

未來1.0
encounter

從皮膚細胞入手。首先必須將皮膚幹細胞暴露於化合物當中，讓它的生物時鐘回轉到幹細胞的狀態，然後再將它轉變成精子或卵子。

初步的「女性精子」可能在2年內成真。但是要製造出具有生殖能力的成熟卵子或許需要5年。至於「女性精子」則因為缺少Y染色體，只能生女孩。

也就是說，到時候男性可以用自己的皮膚細胞培養出卵子，而女性可以用自己的皮膚細胞培養出精子。利用人體自身的皮膚細胞來製造精子和卵子，這意味著實驗室培育的精子或卵子不會與人體產生排斥作用，同時也意味著，同性戀伴侶也將能夠「生育」擁有自己基因的後代了。

上述的技術發展固然是對「有意為人父母者」的一大福音，但免不了隨之而來的道德爭論，像這樣「純人工」的生殖方式，已經讓人類在生兒育女的事裡，完全置身事外。

人工孩子引發的安全倫理爭議

人造精卵的產生，會大大改變人類的生育方式，同時也會引發強烈的道德倫理爭論。利用一塊皮膚就能製造出精子和卵子，最終生育孩子，讓這項技術就像一把雙刃劍。

一方面，它為不孕症的男性女性帶來了生育希望；另一方面，如果此技術得以普及，那麼可能就會改變傳統的男女繁衍後代的生育方式。人類可能會完全透過「純人工」來「製造」孩子，如此，也將破壞傳統的家庭成員關係。

同時學者警告，在人造精子或卵子的過程當中若出現任何缺陷，都將影響到下一代，所以絲毫不能掉以輕心。為此，英國已透過專門

法律禁止使用人造精子和卵子。

　　由此可見，儘管此一技術在不久的將來就可能實現，但出於安全與倫理的考量，人造精卵離真正投入臨床使用的那一天依然很遙遠。即便未來真的有使用人造精卵的機會，也必須嚴格規範出因應的相關對策。

未來你可以選擇孩子長什麼樣子，
就跟組裝一台電腦一樣容易。

5-8
你想訂做
一個Baby嗎？

2009年，美國生育研究所的科學家宣佈，他們將推出一項令人匪夷所思的「訂製嬰兒」業務。父母親可以「訂做」一個自己心目中的「Perfect Baby」，能隨你喜好挑選寶寶是男是女、頭髮、眼睛或皮膚的顏色等，就像是組裝一台桌上型電腦一樣簡單。

訂製嬰兒的選擇性

所謂的訂製嬰兒，就是透過「植入前的基因診斷」，用人工授精的方式形成胚胎，然後再檢驗胚胎的基因，選擇出不具有特定基因（如癌症）的胚胎植入母體，最後發育成嬰兒。

這項技術的優點在於，它能預先確定孩子未來的外貌，還能消除父母攜帶的所有致病基因。未來，假設父母想要的是一個高大修長、具有褐色頭髮和藍色眼睛的兒子，科學家也能辦到；如果父母希望孩子未來擁有某些才華，那麼也能採用別人代表智力、藝術或者體育天賦的基因。如此一來，寶寶的天賦、外型甚至性格特徵，都將在出生前被「選定」。

第一個半訂製寶寶已誕生

2009年1月，英國首例經遺傳篩選而「不帶有乳腺癌基因」的嬰兒在倫敦降生，因此媒體將她冠之「訂製嬰兒」的稱號。但從嚴格意義上來說，由於她的父母並不曾選擇她的頭髮顏色或其他能力，因此還不能稱之為「完全意義」上的訂製嬰兒。

但她的降生確實開創了新的醫學技術領域，這是人類第一次在基因工程的尖端技術中獲得成功，讓人類消滅遺傳性疾病的這件事成為可能。

此後不久，美國生育研究所就發佈了一個讓世人震驚的消息——他們成立了第一家提供給育齡夫婦訂製嬰兒服務的公司，服務內容包括篩選胚胎的「性別」和「疾病」，以及「眼睛」、「頭髮」和「皮膚」的顏色等良性特徵。

是生兒育女還是shopping？

當「訂製嬰兒」公司曝光之後，立刻引起了全球一陣譁然。多數專家和社會人士認為此類業務會引發多種道德問題，等於將孩子變成了「可從貨架上選購的商品」一樣，並會帶動起這股不良風氣，導致診所培育出更多的受精卵，以便能從中選擇，但是那些「不夠漂亮」、「不夠完美」的「商品」總會被捨棄。

衛道人士則認為，訂製嬰兒的一生可能都會籠罩在「自己的出生不過是為了滿足別人的利益」的陰影之中。孩子跟你我都一樣，都是獨立有尊嚴的個體，不應該成為被挑選的對象，而父母也沒有資格成為訂製者。

孩子的獨特性是不可侵犯的，而這種獨特性就是表現在他出生時

未來1.0
encounter

的偶然與不確定性，這樣的「偶然」就是這個即將誕生的個體不可剝奪的權利，是他最基本的人身自由。如果一切都在預料之中、一切都是已被決定的，那麼這孩子此後的人生還有什麼「他自己」的意義？

　　儘管這項技術目前還存在很多爭論，但也許未來世人能夠逐漸接納，就像1978年試管嬰兒剛出現時，多數人也抱持著反對意見，他們認為「讓卵細胞在實驗室裡受精」這件事簡直就是無稽之談，人類不該、也沒有權利干涉自然的規律。

　　但到了現代，全世界都在使用這項技術，也讓多數人認為試管嬰兒的利大於弊。因此，現在探討「訂製嬰兒」這項技術是否真的可普遍，筆者認為這個問題我們還是暫且放下，交給未來決定吧。

女性接受子宮移植是福音，
而男性接受子宮移植會是……？

5-9 /
男性也可以懷孕？

有聽過「男人假分娩綜合症」嗎？這種症狀通常發生在年輕男性身上，當他們的妻子懷孕時，他們也會出現類似的害喜現象，如腰酸背痛、體重增加等，甚至會像孕婦一樣孕吐，這就是一種心理失調現象。即「準爸爸們」看到懷孕的太太正在經歷害喜的痛苦時，他們也會產生焦慮情緒，於是不由自主地跟著開始「懷孕」的痛苦。

「試管嬰兒」還可以用在男性上？

以現代「試管嬰兒」技術的發達，不禁有人會想：「那如果透過『胚胎植入腹腔』的手術，男人是否也能懷孕生子了？」不過，「男人懷孕」可絕對不是你我想像得那麼簡單，因為「男人」懷孕必定會導致更大的人身危險。

我們說男人懷孕的最大困難點，就在於受精卵沒有一個良好的著床與生長環境，因為受精卵必須著床在有內膜的環境當中，但男人的腹腔卻缺少這種類似子宮內膜的組織（他不是女性，當然缺少），因此就算受精卵能夠勉強著床，也會像女性子宮外孕的情況破裂出血，危及生命。就算胎兒真的勉強成長了，但是畸形的機率也相當高。

更何況，自然規律講究的是陰陽平衡，女人懷孕是一種自然上的分工，如果男人懷孕就打破了自然規則。如果男人真的能懷孕，還必須長年服用雌激素（約10年到20年），如此將會導致嚴重的內分泌

失調。

全球首例的子宮移植手術已成功

就在2011年10月，土耳其已經完成了全球第一個移植死者子宮到婦女體內的成功案例。一名女性在8月接受了移植子宮的手術，且手術完成迄今並沒有出現任何排斥反應。這是全世界第一個將屍體子宮移植到活人的成功案例，也讓全球超過百萬的不孕症婦女，重新燃起「做人」的希望。

這名接受手術的女性賽特（Derya Sert），她出生之後被檢查出沒有子宮，無法生育。而全世界和她一樣天生就沒有子宮的女性，平均每5000人當中就有1位。

醫生表示，賽特接受手術至少6個月之後，才會開始著手人工受孕。醫療團隊同時建議她，到時候生產後必須移除子宮，以避免產生排斥風險。

賽特這個案例，是全球第三起，卻是首例成功案例。1931年首位接受移植的丹麥女性，在接受移植3個月後因為產生排斥反應而死亡；2000年第2位接受子宮移植的沙烏地阿拉伯女性，則是在移植之後99天因血塊凝結而移植失敗，醫師只好再將移植的子宮拿出來。

在子宮移植手術中，醫師會將捐贈子宮上的血管與不孕女性體內的血管連接起來，使得捐贈子宮獲得足夠的血液供應。而捐贈子宮會在不孕女性體內待上足夠久的時間，直到該女性成功懷上身孕。而生產之後，若受贈者無意再懷孕，則醫生會再度將子宮拿掉，以避免長期服用抗排斥藥物而傷害身體。

男性也可能接受子宮移植？

　　因此，一些大膽的醫學專家指出，可以進行子宮移植的手術不光是女性，當然也可以延伸到男性身上。從技術上來說，將子宮植入到男性體內是完全可能的，當子宮被順利移植到男性體內之後，再透過外科手術將胚胎植入，就可讓男人懷孕生子。如果再輔以一定的荷爾蒙治療，「男媽媽」成功受孕的機會也將能大大增加。當然，懷孕的男性必須透過剖腹產來生下胎兒。

　　姑且不論子宮移植到男性體內的技術性困難與生理傷害，「男性懷孕」這件事必然會引發倫理道德方面的強烈爭議。技術上來說，男性當然可以接受子宮移植，但從醫學上來說，這件事確實違背了自然法則。

　　筆者認為，任何與生命科學相關的新技術、新發明，都應該事先考慮到人類物種的優化與倫理問題，不能氾濫使用或隨意改變，更不應該主動去破壞自然法則。

　　當然，讓男人懷孕目前還只是一個大膽、誇張的設想，至於未來是否能夠真的實現，也許要等到突破種種的道德觀與醫學技術時才能有所結論了。

沒有任何原因讓我們不能複製人，
但是，大家都覺得這樣對人類是一種侮辱。

5-10
道德煎熬——
複製人悄然誕生

複製（clone），就是指「無性生殖」，也就是不透過精卵結合的方式繁殖出新個體。
其方法是將卵子的細胞核取出，再注入欲複製原型的細胞核，經過電擊，等待胚胎融合
發育成功之後，再將其植入人體或人造子宮中孕育。因為並沒有經過遺傳基因的重組，
所以之後產生的複製體外表及遺傳基因將與原型（提供細胞核者）完全相同。

桃莉羊延伸的複製人可能

1997年，英國科學家伊恩‧魏爾米特（I. Wilmut）博士首次成
功複製出了綿羊桃莉（Dolly）。隨後，科學家又成功地複製出了牛
與其他動物，不論是綿羊、牛，還是人類，都屬於哺乳動物，都是以
相同的方式繁衍，因此有人猜測，21世紀也將真實出現複製人。

迄今為止，除了信奉UFO的雷爾教派（International Raelian
Religion）支援的一家公司號稱已實現了複製人之外，目前還沒有任
何得到社會認可的人類複製記錄。儘管其它哺乳動物的複製研究已成
功多例，但事實證明，複製技術若應用於人類，會存在著更多爭議與
困難。

雷爾教派曾宣稱他們已成功製成世界上第一位複製人。不過，他

們的聲明得不到獨立人士的證實，所以是否成功，世人仍然存疑。為了不影響孩子的正常生活，所謂複製人的代孕母親也不願意公開複製嬰兒的訊息。

◆註：雷爾教派是由雷爾於西元1973年所創立的一個宗教組織，雷爾宣稱他見過造物者耶洛因——也就是創造地球人的外星科學家。造物者要求雷爾將「訊息」傳播給全世界，以及建造耶洛因大使館，屆時耶洛因將傳授領先人類2萬5千年的文明。前提是人類能克制濫用暴力與武器，否則人類因自我毀滅而引發核戰的日子會先來臨。

複製人失之毫釐的風險

科學家利用體細胞的細胞核取代卵子中的細胞核，就能複製出一個細胞，且目前已能夠複製出人類的胚胎，但這些胚胎最多只能發育成所謂的「桑葚胚」（morula），也就是由細胞組成的分裂初期的實心球。

美國麻塞諸塞州（Massachusetts）的先進細胞科技公司（Advanced Cell Technology）研究人員表示：「無論何時，想複製一個新物種，總要經歷一個學習過程。而對於複製人類來說，能夠得到足夠多的高品質卵子來用於試驗才真正是個大難題。」

產生複製人的某些程序非常棘手，需要反覆嘗試。且複製出的動物仍然會有大約25%存在著明顯的生理缺陷，如早夭、未老先衰等。因此，細胞培養與胚胎處理的過程中若有一點「失之毫釐」，都將導致發育結果「差之千里」，因此，複製人類的風險當然也就更高了。

複製人的倫理道德爭議

即便技術上能夠成功，但是複製人背後所引發的、更大的倫理問

題卻是無法迴避。千百年來，人類一直遵循著有性繁殖，但複製人卻是實驗室中誕生的無性產物，是人為操縱出來的生命。且複製人與被複製人之間的關係也悖於傳統由血緣確定親緣的倫理依循。

此外，複製人會降低人類基因的多樣性，將不利於全人類的生存繁衍。種種疑慮，都使得複製人無法在人類的傳統道德倫理之中找到安身之地。

因此，複製人對大多數人來說，甚至是無法接受。一般大眾多半希望與自己的伴侶生兒育女，希望孩子能繼承、擁有雙方的特徵，而不僅僅只是父母的複製品。

且每個孩子都是獨一無二，擁有新的、未知的能力與特徵，但複製出來的孩子，則完全與「父親」或者「母親」相同，如外表、器官結構方面的差別都微乎其微。

禁？不禁？是兩難

但是，對於一些沒有伴侶的男性、女性、不孕夫妻，以及同性戀伴侶來說，如果真的希望擁有自己的孩子，未來也許就會考慮利用複製的方式，因為複製人的確有其醫學上的貢獻。所以在美國，並非所有的州都禁止人類無性生殖，聯合國也曾對此頒佈了一項「不具法律約束性」的禁令。

生物倫理學的創始人之一，社會倫理與生命科學協會的主席卡萊漢（Daniel Callahan）回憶說，有些科學家告訴他：「科學家們根本不想去研究複製，因為沒有實質上的好處。但倫理學家討論這種令人害怕的事情，卻會真正的傷害科學。」

但是當桃莉出生之後，情況改變了。複製羊桃莉之父艾恩‧魏爾

邁（Ian Wilmut）說：「原理上，沒有任何原因使我們不能複製人，但是，我們大家都覺得這樣對人類是一種侮辱。」

如果在未來，複製人真的誕生了，筆者認為這個他或她將出現在「世界上管制措施較薄弱的地區」，還有可能是由某個「富有且古怪」的人完成的。一旦複製人真的成為現實，那麼究竟世人會在恐懼中畏首畏尾，還是會像對待體外受精那樣地逐漸接受呢？

唯一可以肯定的是，人類對於創造生命的新方式的開發，將促使人類本身更深入地思考：「究竟掌握了如此可怕的科學力量之後，隨之而來的責任會是什麼」？

我們必須了解地球、太空與大腦，
我們必須了解人之所以為人的原因。

5-11／
打造電腦人身
的科學怪人

過去，電腦工程師與科學家往往喜歡透過圍棋、電腦遊戲來讓電腦跟人腦一較高下，不過在未來，這項競賽將失去意義。因為不久後的將來，電腦有可能直接安裝在人體的腦袋中成為「人腦」，以代替因疾病或意外而產生功能障礙或是腦死的大腦。

展開「科學怪人」研究計劃

　　2011年5月，歐洲科學家宣佈將開始進行一項需耗時10年的重大醫學研究，那就是「人腦計劃」（Human Brain Project）。這個由9名歐洲精英科學家組成的團隊宣稱，未來若機器人腦研究成功，將有助於治療帕金森氏症（Parkinson's Disease），並且對於研發智慧型機器人及超級電腦有所幫助。

　　雖然英國《每日郵報》調侃他們：「無可避免地，這個研究團隊將被冠上『科學怪人小組』」（Team Frankenstein）的稱號。」因為在小說《科學怪人》（Frankenstein）之中描述了，瘋狂博士從墳場挖出精挑細選的屍塊，博士以專業知識判斷還能使用的部分，將之拼成人型，並賦予他生命。不久，瘋狂博士便發現這是個嚴重的錯誤——他製造出了一個怪物。於是，他開始追殺這個怪物，怪物也本能

的逃亡，雙方發生了許多激戰。

即便如此，這個「機器人腦」小組依舊興致勃勃，他們正積極向歐盟申請10億英鎊的研究補助，並表示只要有資金，那麼在未來製造出人工大腦並非不可能。

機器人腦的未來貢獻

「機器人腦」如果成功，那麼不僅全球20億的大腦受損病患能受惠，對醫藥測試也將會是一大幫助，因為未來臨床測試新藥，製藥公司將可以直接在「機器大腦」上進行電腦模擬，跳過人體測試，如此將可大大縮短投資成本與測試時間。

「機器人腦」的召集人，瑞士洛桑聯邦理工學院的神經科學家馬克蘭（H. Markram），接受媒體訪問時感性地說道：「這是人類的三大挑戰之一，我們必須了解地球、太空與大腦，我們必須了解人之所以為人的原因。」

10年之後，機器人腦是否真能研發成功？到時候，機器人腦真的可以像現在的人工心臟、人工關節一樣地移植到人類的頭顱嗎？

這些問題，沒有人能夠百分之百的確定，但唯一可以肯定的就是——人腦將越來越聰明，電腦也將越來越進步，而兩者之間的對決與互動，將會是未來人類最感興趣的領域之一。

未來1.0
encounter

直到上個世紀社會學家都還錯誤地認為人類進化已經停止，
但事實上進化當然還在繼續……

5-12/
全面進化
——新人種出現？

20世紀時，多數人類學家都認為現代醫學的進步、細胞產生的抗體，以及生活水準的大幅提高，都為人類擋下了很多危險，但同時也阻礙了人類的基因進化。然而美國的一篇科學報導指出，直到現在，人類的進化仍持續著，而且現代快節奏的生活所帶來的壓力還會再加速這個進化過程。

人類還在不斷加速進化

2009年，美國人類體格學協會對於「人類仍在進化」的觀點提出了爭議，而美國新出版的《一萬年之大爆發》（The 10,000 Year Explosion）之中，也將人類是否還在進化的這個大哉問當成探討的問題之一。

該書作者喬治·考克蘭（G. Cochran）和亨利·哈彭丁（H. Harpending）指出：「直到上個世紀的社會學家都仍然錯誤地認為人類的進化已經停止……但很明顯，這樣的想法並不正確，因為人類的進化的確還在繼續。在過去的一萬年之中，人類的進化不斷加速，而且這一進程的迅速程度已經讓人類在身體和思維上產生了重大改變。」

好的變異基因會留下來

根據此書的論點，現在社會中的菸害、輻射及其他有毒化學物質，都可以讓人類的DNA產生變異，而其中有些變化對人類是「有害的」，但是大多數都不會產生作用，甚至有一小部分對人類的未來生存是有益的。根據達爾文的「物競天擇」理論，有益的基因變化會遺傳給後代。

舉例來說，黑皮膚的非洲人在遷往北歐之後，控制膚色的基因就會發生微妙的變化，而那些繼續留在非洲的人就不會出現這種變化。因為黑皮膚可以保護生活在非洲的人免於遭受紫外線照射的傷害，而淺色的皮膚又能讓北歐人在陽光照射之下體內產生更多的維生素D，促進他們的骨骼生長。

再舉一個例子，在非洲南部肆虐的愛滋病，可能讓生活在那裡的人產生對愛滋病毒「具有免疫性」的基因變體，而且這種變體在人類的進化過程中也會被非洲人種繼續遺傳下去。

由此可見，目前人類的基因多數已經進化，而且進化的速度非常快，其中一個重要因素就是人口數量的快速成長。科學家甚至預言，人類未來可能會演化出與現在完全不同的新物種。

未來人類可能的最終演化

在未來的演化過程中，人類也會重現進化歷程。人類究竟會走向何方，科學家和學者們做出了5種的大膽猜測。

◉單一人：也許1百萬年後，全球人種融合成一種穩定的狀態，不同膚色也融合在一起，使得種族特徵消失。

◉倖存人：全球災難後倖存下來的人。他們會有適應當地特殊環境的特徵，例如對病毒免疫，或是防輻射傷害的皮膚。

未來1.0

encounter

●基因人：透過基因技術改造的人在某方面的特質會超出常人，如智力或壽命。但此變化需要面對道德與技術的雙重障礙。

●半機器人：人類與機械的結合會讓身體更強大，但這種「半機器人」可能只是進化過渡階段之下的產物。

●天文人：為了適應移居外星的生活，人類的形體也會進化。在低重力狀態下，四肢不需要像在地球時這樣發達，毛髮也沒有用處。

富豪才夠格變種？

隨著「生物技術」和「機器人工程學」的進步，未來一些超級富豪甚至會考慮用「生物技術改造基因」的方式來改造自己，讓自己演變為一個「完全獨立的物種」。

隨著醫學技術的進步，人類在未來有希望可以培植出「客製化」的人造器官，或者服用「量身訂做」的藥物，甚至可以利用「基因工程」遠離家族的遺傳性疾病。而且，「義肢」的性能也將會比自然身體的性能更加優越和強大。

上述這些條件，都足以讓具備條件的人改變自己的基因，讓自己「重生」為另外一種人種，在未來，也許「蜘蛛人」或「蝙蝠俠」已不再是限於漫畫中才看得到。

不過，科學家也坦言，由於身體的改造費用非常昂貴，未來可能只有超級富翁才能享受到這種科技帶來的「變種」優勢。如果這種趨勢真的能發展下去，那麼富人和普通百姓之間也將產生不可逾越的「鴻溝」，富人最終將進化為與目前人類迥異的「獨立族群」。

如此一來，在一個貧富差距比現在更為嚴重的未來社會，不說窮人，甚至一般的普通人都該何去何從？這又會是個未知的問號。

直到找到替代能源為止，
否則人類將一直活在核災陰影之下。

6-1

核電爭議
與尋找再生能源

對於目前地球上的能源儲量，專家們仍是莫衷一是。樂觀者認為地球上儲備的石油足夠人類使用到2050年，但更多科學家認為，2015年開始，人類就會逐漸感受到石油短缺的壓力。如果石油存量減少，那麼石油的價格必然上揚，這也將是世界各國嚴重的經濟問題。

石油、天然氣、煤炭再見

> **關鍵數字**
>
> **2015年**
>
> 科學家認為，從2015年開始，人類就會逐漸感受到石油短缺的壓力了。

隨著社會進步、經濟發展與人口增加，現代人對於能源的需求也不自覺間越來越大。目前人類生活中不可或缺的能源，都將在不久的未來被耗盡，人類即將面臨到世界性的能源危機。如果人類依然像現在大量地耗費能源，那麼化石燃料終有枯竭的一天。

相較於石油，目前地球上的天然氣與煤炭儲量尚稱豐富，以現代的消耗速度計算，大約能使用到2100年。但總有一天，地球上的石化燃料會全數耗盡。在這些能源被耗盡之前，人類必須先試著尋找其他的可替代能源。

我們真的可以仰賴核能發電嗎？

面對如此情況，有些科學家提議利用原子能來代替化石燃料。地球上儲藏著豐富的鈾，可以提煉出未來1千年所需要的能源。然而，目前的各種情況都顯示出核能反應似乎不能成為未來的能源救世主，雖然核分裂的反應過程之中不會釋放溫室氣體，但一旦核電廠發生意外，將會導致更難以收拾的可怕後果。

時至今日，多數人對1986年發生的車諾比核電廠事故都還印象深刻。車諾比事件是一件發生在烏克蘭車諾比核電廠的核子反應爐事故，事件死亡人數共達4000人，包括死於核輻射的47名救災人員，和9名死於甲狀腺癌症的兒童。聯合國於2006年公佈世界衛生組織結果，預估有另外5000多名的受害者死於輻射塵地區（包括烏克蘭、白俄羅斯和俄羅斯等地），總數約達9000名受害者。

而且，當時事故所造成的放射性污染，遍及了核電廠附近15萬平方公里，因而有長達半個世紀的時間，該地方圓10公里以內的土地都無法耕種或放牧，更因輻射塵的擴散，使整個歐洲都籠罩在核污染的陰霾之中。

2011年日本311大地震，造成福島第一核電廠爆炸，核災危機升到了最高的7級，促使世界重新思考核能的安全性，德國政府隨後宣布，將分階段關閉境內所有核電廠，最遲在2022年底建立全面非核國家，這也使德國成為第一個決定逐步終結核能發電政策的主要工業化國家。世界反核聲浪四起，世人開始瞭解核電廠、對核電廠抱持著懷疑態度，也因此更激勵了替代能源的需求。

其實，不只是安全疑慮，無論是核廢料的處理還是海水降溫，都會對生態環境造成汙染，讓人類對核能發電抱持著保留態度。

潔淨又經濟的「再生能源」

世界自然基金會（WWF）發佈的研究報告指出，到了2050年，乾淨又經濟的「再生能源」也許就能滿足全球能源的需求。

目前全球超過80％的能源都來自於化石燃料。但到了2050年，將有可能會出現低成本、零污染的再生能源。這種能源不僅乾淨無污染，還足夠供給全球工業發展及人類生活所需的能源。

綜合各方研究之結論，儘管未來幾十年全球人口增加，工業擴張、航空及旅遊業等都將大量消耗能源，但因為使用效能提高，2050年時，全球總體的能源需求仍然會比2005年降低15％。到時候，全球能源需求的95％將來自於再生能源，可滿足電力、運輸、工業及家庭的能源需求。

為了實現這個目標，各國將致力於提高「建築業」、「交通」及「工業領域」的能源使用效率，並加強太陽能等再生能源發電與智慧電網傳輸控制，以滿足仍在持續增加的能源需求。

◆註：智慧電網（Smart grid），以雙向數位科技建立的輸電網路，用來傳送電力。它可以偵測電力供應者的電力供應狀況，與一般家庭使用者的電力使用狀況，來調整家電用品的耗電量，以此達到節約能源，降低損耗。

你知道1公斤的牛肉，
就要消耗掉15500公升的水嗎？

6-2

史上最大的
「藍金」爭奪戰

在《水資源戰爭》（Blue Gold）一書中指出，經歷了2008年的石油危機、2009年的全球暖化與2010年的糧食戰爭之後，未來將會引爆的是「水資源」爭奪戰，「藍金」（水）將取代石油、黃金，成為下一波引起世界衝突的導火線。

人類活動導致用水壓力倍增

　　人體70％是水、農業灌溉需要水、工業生產需要水、日常生活煮飯洗衣洗澡洗碗無一不需要水。缺乏石油，可以尋找替代能源；但缺水，人類只有滅亡一途。

　　難免有人會問：「雨水、冰山溶化的雪水等，水的來源很多，怎麼可能有缺水危機呢？」

　　的確，在過去，「水」被認為是取之不盡、用之不竭的資源，但隨著人類活動對環境的破壞、水源被污染含有有毒物質、暖化問題引發乾旱與沙漠化、人口爆炸對糧食需求與農業用水的增加等，更重要的還有「水足跡」（Water footprint）分配不均，這些都在在顯示出水資源嚴重不足。

　　◆註：水足跡，是指產品在生產及運輸過程中消耗了多少的水。

如1公斤的大麥從種植、採收、到產銷的過程中，共消耗了1千3百公升的水，因此水足跡為1千3百公升。

富裕國家耗水更多

而「國家水足跡」的計算，則可以顯示出一個國家的用水量，如同其它生態足跡的研究結果，美國人以每年的人均水足跡2483立方公尺居世界之冠，是世界平均值的2倍，顯示出富裕國家嚴重浪費水資源的情況。

◆註：生態足跡（Ecological Footprint），是用以衡量人類對地球生態系與自然資源需求的一種分析方法。由於全球化的緣故，一個都市所消耗的資源，未必都在當地生產，而很可能從其他地方輸入。

舉例：香港幾乎所有的天然資源都由中國大陸供應，因此香港的生態足跡也包括為提供香港所消耗的資源而作的投資及開發。生態足跡可以測出需要多少顆地球才能支應目前的生活型態。

首當其衝的亞洲缺水危機

目前，全球約有1/3的人口居住在用水壓力中度至高度的地區，聯合國IPCC調查更表示，到了2050年，將會有69億人口籠罩在用水壓力之下，而其中首當其衝的就是人口密度最高、灌溉面積最大的亞洲。

關鍵
數字

69億
2050年，將有69億人口籠罩在用水壓力之下。其中首當其衝的就是人口密度最高、灌溉面積最大的亞洲。

目前全球有高達70％的淡水被用於亞洲國家的農業灌溉，若供水系統無法持續改善的話，2050年在中國、印度、印尼等國家將會有25％至50％的居民無法獲得充分的飲用水。

收購、轉賣水的商機

　　缺水，不只農工業發展會受阻，還會引發更嚴重的問題：那就是因水污染或淨化不全所帶來的霍亂、傷寒、腹瀉及肝炎等傳染病。據統計，在開發中國家每年都有3百萬人因為水質不良而染病過世。

　　如今，國際間已經有「水資源公有化」政策，部分歐美跨國企業開始透過國際機構收購世界各地的水資源，經包裝之後再轉賣給消費者與缺水國家。這個舉動，顯示出部分國家已察覺到了水資源危機，並且悄悄地部署應戰。

回收讓水資源更加永續

　　水足跡（water footprints）的概念，可以稱為虛擬水（virtual water），也就是說告訴消費者他們所買的產品，在生產過程中耗用了多少水。就像碳足跡一樣，虛擬水的數據會指出某一個特定產品消費了地球水資源的程度，當然，這個數字是越少越好。

　　水足跡可提供具有環境意識的消費者瞭解他們消費習慣之下的潛在影響。一般的日用品，像是食品雜貨、衣服、文具和電器用品等都可以計算出水足跡的多寡，每種產品都包含了製造和運輸商品的水足跡。

　　而對於想要減少水用量的消費者來說，一個最簡單，也最容易做的就是：「回收」。

水足跡的商品成本			
1片白麵包	40公升	100公克蘋果	70公升
1公斤大麥	1300公升	1公斤牛肉	15500公升
1公斤雞肉	3900公升	125毫升咖啡	140公升
漢堡	2400公升	純棉T恤	2700公升

※資料來源：《英國獨立報報導》、《台灣環境資訊協會》

一件棉T恤代表了2700公升的水消耗量，包括了從灌溉到種植棉花的過程中所蒸發的水量，當然還有洗去肥料所需要的水，將這樣的衣料產品回收再利用，就可以減少棉花耕種的資源耗費，可以讓地球上的水資源更為永續。

　　在不久的未來，這場「藍金」爭奪戰是否真會開打？多說無益，不妨現在就認真執行回收吧！

6-3
等到石油用完
那一天……

2010年，國際能源署（IEA）的首席經濟學家比羅爾（F. Birol）表示：「廉價能源時代
已經結束，未來石油的供應量將無法趕上需求。」而對全球8百多個油田的調查又顯示
出，目前多數的大型油田已經過了產能旺盛的黃金時期，石油產量的下降速度是幾年前
預計的2倍以上，因此不需幾年，我們就會面臨到災難性的石油危機。

油峰是什麼？

全世界的石油枯竭速度已經超過之前預期，油峰（Peak Oil）出現的時間至少提前了10年到來。所謂的「油峰」就是指全球石油蘊藏量已消耗掉一半的那個時刻。

石油產量一旦越過了油峰，當然就是開始下滑的時候。這是美國著名地質物理學家哈伯特（Marion King Hubbert）首先提出來的一個概念，他指出石油生產呈現出的是一個鐘型的曲線，過了鐘型最高點，就是無可阻遏的滑坡趨勢。

問題是，這個鐘型頂點的世界油峰，究竟在什麼時候到達？曾在蜆殼石油公司任職過的美國普林斯頓大學教授德菲耶斯（Kenneth Deffeyes）對此做過精密的計算，他指出，全球油峰早在2005年12月

16日出現。自石油世紀以來，已有1萬零650億桶被開採出來，而地底下還存在的，大概也就是這個數目。當然也有比較樂觀的說法（主要來自美國政府和中東石油生產國），認為油峰應該在2030年之後才會到來。

神準的哈伯特曲線

而早在1953年，上篇提到的物理學家哈伯特（M. K. Hubbert）就曾預言：「美國的石油產量將於1969年左右達到頂峰，之後便逐步下降。」而1970年時，他所預言的情況果然發生了。

直到現在，石油專家都將這條曲線稱為「哈伯特曲線」（Hubbert's Curve）或「哈伯特油峰」（Hubbert's Peak）。其它的產油國家，如法國在1998年、英國在1999年等，也都陸續出現了相同情形。類似的現象也在其他非再生資源上出現，包括水源、其他礦物等。

2001年來，世界油價幾乎翻漲了3倍，但石油公司用於探勘新油田的總預算卻只增加了一點點；自從1976年，美國沒有興建任何新的煉油廠，新油輪建造的速度也不及舊油輪報廢的速度，種種跡象都顯示出，全世界的石油產量都在明顯減少。

到近幾年，全球尚未發現新的大型油田，也就是說，哈伯特曲線不僅發生在單一國家，更發生在全世界。

油峰究竟何時到來？

近幾年，世界各國的專家都在預測全球石油產量的頂點，德菲耶斯認為2005年12月是全球石油產量的最高峰；有人認為2006年才是全球石油產量的頂點；而石油與天然氣油峰協會（ASPO）則認為，2010年是全球石油產量的頂峰。

未來1.0

encounter

無論如何，科學家們都一致認為：石油頂峰不是已經來臨，就是即將在未來的10到15年內到來。

　　石油的耗竭，將影響世界經濟的正常發展。美國作家保羅‧羅伯茲（P. Roberts）在《石油的終結》（The End of Oil）一書中指出，儘管世界的能源現狀仍可維持人類經濟的基本發展，但當前能源體系的終結不僅不可避免，還可能以一種讓人極其痛苦的方式發生。

　　石油之於經濟，就像水之於人體。人體的70％由水組成，而正因為水在人體中扮演著如此重要的角色，因此不必等到一個人失去70公斤的水，只要7公斤，就足以讓人脫水而死。

　　全球經濟當然也是如此，用不著等到所有的石油都枯竭，只要需求超出供給的10％至15％，整個經濟系統就會崩潰。

到了2020年，
地球上最環保的國家也許是瑞典。

6-4 /
拋棄石油比較好

2006年，瑞典政府宣布，將在2020年將瑞典打造成一個完全不使用石油的國度。到那時候，在瑞典大街小巷穿梭的汽車，都將以「燃料乙醇」和「沼氣」取代石油作為動力來源。這些燃料大多來自於植物、木屑、垃圾、污泥以及人工光合作用，此外，瑞典境內所有的電力都將來自水力、風力和核能。

英國搭上風力替代石油趨勢

現在，科學家為了尋找可以替代煤、石油等使用後會產生大量二氧化碳的化石燃料，早已對風力發電、太陽能發電、地熱、生質能源等新型能源技術展開研究和應用。到了2020年，風力發電將會占全球發電量的12%。

關鍵數字

12%
到了2020年，風力發電將占全球發電量的12%。

2007年末，英國公佈了「全面風力發電計劃」，表示將在沿海地區安裝7千座風力發電機。預計到2020年，英國沿海的風力發電量將可達到250億瓦，加上目前的80億瓦，合計共達330億瓦，屆時英國家家戶戶的用電都將仰賴風力。

如果英國的此一計劃可以實現，在每1.6公里的海岸線上設置一座風力發電機，那麼整個英國將搭起一圈的風車籬笆，成為一個名副其實的「風車之國」。到那時，也許英國的風力發電設備會成為一項

未來1.0
encounter

世界著名的觀光景點。

　　風力發電的優點在於「潔淨」與「可再生」。它不僅不會排放任何有害物質，而且只要地球上有風，就能不斷產生能源。科學家預計，未來歐洲的大部分能源需求都將改由風力發電提供。

　　除了英國，素有風車「名產」的荷蘭，對風力發電的依賴程度當然也很高。在20世紀90年代生產的風車，有將近一半以上產自荷蘭。2000年，整個荷蘭用電量的5％來自風力發電，若這個趨勢穩定成長，到了2030年，荷蘭用電量的50％都將由風力發電所滿足。

升級
未來腦

替代性能源「燃料乙醇」的好壞

　　乙醇的原料來自於植物與廢棄物，被認為是一種再生能源。因為能降低對石油的依賴，並且不會傷害新款客車與小貨車的排氣控制設備，因此被視為取代石油的替代性能源。

　　但是，燃料乙醇被環保團體所反對的主要原因，在於乙醇的燃燒將會產生氮氧化合物等溫室氣體，而添加15％乙醇的汽油混合燃料（E15）的所產生的動力又較汽油少，燃料用量必然將增大，相對地氮氧化合物排放量就會增多，估計最多可增加到全國排放量的9％。

　　此外，因為目前美國所生產的燃料乙醇主要原料是玉米，有些人擔心，未來玉米的需求量將大為增加，對農糧市場造成衝擊，使得糧食與飼料價格提高。但事實上，在巴西，主要農作物之中已經有將近一半的50％用來作為升質能源的原料。

　　與核能一樣，似乎所有的替代能源都各有利弊，無法盡如人意。究竟要如何從中尋找出低成本又零污染的替代能源，這就持續考驗著地球村民的智慧了。

太陽能發電成為主流？

蘭德（RAND）公司在《2020全球技術革命》中，將廉價的太陽能研發列為影響未來世界格局的最重要技術。蘭德公司指出，在奈米技術和生物科技進步的前提之下，能夠量產的有機高效太陽能採集、轉換和儲存設備，將被廣泛地應用在各領域。

透過廉價的太陽能技術和固態照明技術，將能促進開發中國家（如中國及印度）偏遠地區的教育與建設，並能減輕這些地區因經濟發展所產生的能源壓力。

2011年4月，台積電董事長張忠謀出席「全球科技論峰論壇」時也指出，未來世界對於太陽能板的研發，除了技術已成熟的多晶矽（polysilicon）產品之外，薄膜（thin-film）太陽能電池也會成為主流。同時，國內光電大廠也宣布發電效率超過70%的薄膜太陽能板正式量產，宣告了台灣薄膜太陽能產業的發展，已經從試驗量產進入到了銷售與接單的商業階段。

而台灣如果想成為能有效運用太陽能的環境，就需要政府的長期政策配合。首先必須要有新技術的研發，讓太陽能的相關設備與建築能做結合，才能增加太陽能吸收的面積，進而提高發電的效率。除此之外，都市計畫也應該往較低樓層的建築與較分散的鄉鎮地區發展，以增加能裝設的面積。最後，若 需求將土地充分利用，就必須將太陽能資源較為豐富的中南部地區，列為替代能源的重要產地。

以能源供應來說，台灣的能源多數仰賴進口是一個老問題，無論再怎麼研發新能源或是再生能源，都無法完全滿足龐大的能源需求。尤其是現階段利用再生能源並沒有經濟誘因的情況下，採用獎勵補助

等政策雖然可以加速新能源的推廣，但是政策仍舊需要妥善安排配套措施，才能發揮最大的效益。

升級
未來腦

台灣綠能市場上的太陽能電池

目前台灣的綠能市場上，大多數的太陽能電池是採用「矽晶圓」作為材料，主要是因為矽晶電池的製程與半導體相似，在國內的半導體生產技術、設備及人才都已經相當純熟的情況下，發展多矽晶太陽能電池當然具有先天優勢。

矽晶圓太陽能電池的優點為轉換效率佳、量產快、成本低、劣品率低等。但2008年開始，矽晶材料供應出現缺料危機，導致成本大大提高，且純化矽（$SiO2$）的過程中需要大規模的廠房，此外，目前矽晶太陽能板的厚度最少達$200\mu m$，體積龐大，相對於矽原料的用量也是驚人。

相對的，薄膜太陽能電池厚度僅數μm，體積可縮小到矽晶圓太陽能電池的10%，因此在同一受光面積下較矽晶圓太陽能電池減少大幅原料，並可在價格低廉的玻璃、塑膠或不鏽鋼基板上製造。更重要的是，它具有可撓性，可隨著建築結構彎曲，因此近年來有取代矽晶圓太陽能之趨勢。

但是薄膜太陽能電池雖原料較為低廉，卻有製程成本過高、轉換率偏低的缺點，這也成為未來研究的重點。

將一個小型核反應爐放在你的汽車儀表板旁邊，
會是什麼感覺？

6-5
沒有石油，
用什麼驅動車子？

石油一旦枯竭，人類社會能動用哪一種能源？在未來，人類用來代步的汽車要加「什麼」來驅動？這是人類不得不思索的重要問題，而找到答案的最後期限正在倒數之中。

以生物生成的生質柴油

目前，部分科學家正在研究以生物油料經過轉酯化反應（Transesterification）生成的「生質柴油」，但依靠轉化而來的替代能源畢竟稀少，不足以解決能源枯竭問題。生質柴油似乎只能將能源危機的時程延後，但並不是解決問題的根本辦法。

還是氫燃料電池？

此外，氫氣也是另一種參考選項。現階段氫氣的獲得方法還屬於單一，從液態空氣中分離氫氣是當前最普遍的方式。不過，要用氫氣來驅動汽車，就必須設法取得足夠的氫氣。那人類該從哪裡取得大量的氫氣呢？有人認為，電解「水」（H_2O）就能取得氫氣（H_2），然而，這樣的能量轉化真的就符合經濟效益嗎？

歐洲的聯合大學國際研究小組表示，他們利用從植物萃取出的化

合物複製了光合作用的關鍵過程，並且找到了透過陽光將水分解成氫氣和氧氣的新途徑。

植物的光合作用是葉綠素將水、二氧化碳和陽光轉換成葡萄糖，同時釋放出氧氣的過程。而他們的方法則是透過化合物將水分解成氧氣和氫氣，這一個研究成果，對於目前已有氫能源汽車上路的歐洲國家來說，無疑是個好消息。

還是太陽能電池？

而電能似乎是目前看起來較為適合的替代能源，它能透過多種途徑轉換取得，如風力、水力、核能甚至太陽能都是目前可行的方法。

台灣的高雄應用科技大學研發太陽能車14年，第1代「阿波羅一號」仍是雛型車，乍看像菜市場推車，而第3代以後的太陽能車平均時速都可達90到110公里。從首次亮相、像菜市場推車的阿波羅一號，到遠赴澳洲參加世界挑戰賽、傷痕累累的「阿波羅六號」，高應大的教授艾和昌說：「太陽能車幾經革新，座椅已從早期的斜躺式變成座式，也離人類生活越來越近，在公路上奔馳已經不再是夢想。」

高雄應用大學研發的「阿波羅六號」太陽能車，由友達公司贊助提供了高效率的太陽能電池。友達也指出，「阿波羅六號」的車體覆蓋友達所贊助的高效率太陽能電池，能生產超過1200瓦的電力，平均時速80公里，最高時速達到120公里。

不久的將來，太陽能也許真能驅動汽車上路。

當然，核能也可能成為將來交通能源的選項之一，但我們始終無法想像，將一個小型核反應爐放在儀表板旁邊是什麼感覺？況且，在這一天到來前，我們更需要克服許多技術問題與環境評估才行。

電動自行車可能會越來越受歡迎，
甚至成為汽車的替代品。

6-6
多種類車子
即將取代汽車

如今，許多人的生活都離不開汽車，筆者預測，如果到了2050年，每個家庭都擁有1~2輛車，那麼地球上的1百億人口就會擁有至少30億輛汽車——但這不會真的實現。因為這麼多的汽車會耗費大量的汽油，且光是製造汽車跟蓋停車場都要消耗大量的原料和空間了。

可替代的電動車優劣

　　如今一個擺在眼前的現實是：在石油儲量完全枯竭之前，人類必須找到不需要仰賴汽油的代步工具。在不久的未來，也許「汽」車一詞就要成為過去式。

　　約在1900年，地球上出現了電動車和汽油車，但是由於電動車是由電池供電，因此在行駛幾公里之後，就不得不停在路邊充電數小時。而且研究人員尚且無法研發出容量更大、更輕巧的電池，因此電動車逐漸被淘汰。

　　到了今天，大多數的電動車在行駛幾百公里之後，依然要稍作休息，補充電量。不過，電動車也有優點，那就是維修費用低，噪音小，而且更環保。

只排放純淨水的「氫」燃料電池

未來汽車除了可能使用「充電電池」之外，還可能使用「燃料電池」。例如用氫氣作為汽車的「燃料」，在氫能轉化成電力的過程中，由於低溫、低噪音，且不排放二氧化碳只排放純淨水的特性，可成為替代石油的新選項。

目前世界各國紛紛發展氫能，估計氫能將帶來可觀的經濟效益，因此也有「氫能經濟」之稱。但其實，早在20世紀60年代，燃料電池就開始使用於星際航行，只是遲未擴展到陸地交通。

現今的問題是，若想大規模地使用這種電池，就必須對全世界的汽車與加油站進行改裝，對於人力與資金來說，又將是另一種考驗。

混搭風的混合動力車

有些科學家還提出「油電混合車」的概念，這種汽車既有電動馬達，又有汽油引擎，由電腦來操控兩個裝置。

這使得1公升汽油可行駛的路程是一般汽車的10倍。如果用生質燃料代替掉汽油，油電混合車甚至能完全不依賴化石燃料。

此外，還有可在駕駛座上選擇氫氣或汽油做為燃料的「氫電混合車」、或是結合了汽油與天然氣的「雙燃料車」等，都是混合動力（Hybrid）的新概念。

不過，混合動力汽車還是會像現代汽車一樣，帶來環境問題，如

> **關鍵數字**
>
> **10倍**
>
> 油電混合車既有電動馬達，又有汽油引擎，由電腦來操控兩個裝置，1公升汽油可行駛的路程約是一般汽車的10倍。

果開車的人過多，塞車與停車問題同樣無法避免，那麼人類也就無法擺脫惱人的交通問題了。

光合作用車＆無人駕駛車

2010年，上海世博展中，「汽車館」的設計師展現了2030年名為「葉子」及「EN-V」的新環保概念車的形象。

「葉子」造型就像一片巨大的綠葉，它能模擬綠色植物的光合作用，將太陽能轉化成電能以驅動汽車。除了利用吸附裝置將空氣中的二氧化碳轉化為動能之外，它還能將排放的高濃度二氧化碳轉化為電能提供車內的照明與空調之用。

而「EN-V」則以「無人駕駛」為訴求，透過全球衛星定位系統（GPS），車輛導航系統擁有手動駕駛及自動駕駛兩種模式。在自動駕駛的模式下，EN-V能自動掌握城市的交通路況，規劃最佳路徑以抵達目的地。此外，車內的感應器和攝影系統可以隨時監測周遭狀況，無論是遇到障礙物或緊急事件都能迅速調整，並通知其它車輛及時改道。

想像一下2030年的預想圖——張先生用完早餐之後，按個按鈕，一台小巧的電動車就出現在家裡的陽台。坐定位之後，由升降梯將人車從20樓送到1樓，當張先生在車用電腦裡輸入了目的地，便低頭看電子報，小車轉換到自動駕駛模式。到達公司之後，張先生再按個按鍵，小車就在20分鐘後準時回家，接送張小弟上學。

在未來，由電腦控制的交通體系，連盲人和小孩都能「駕駛」汽車。最重要的是：無廢氣排放、無污染、無塞車與零交通事故，因為車流量都已經被平均分配，所有路線也都經過了電腦和GPS的精密計

算，當然就不會有以上這些問題。

歡迎回歸有軌電車＆電動自行車

目前，挪威的奧斯陸（Oslo）是少數保留有軌電車的歐洲城市之一。在多數國家，隨著汽車數量的增長，電車逐漸被淘汰。但近年來，有軌電車既便宜又環保的特點，使它們漸漸的「又回來了」。未來，有軌電車也許能取代汽車，成為人們短程交通的最佳選擇。

當然，如果要到距離不遠的地方，無污染、不需要燃料又可健身的自行車就值得你考慮了。此外，也已經有越來越多的人開始使用電動自行車，這種車既省力又環保，而且時速最高可達到每小時60公里。電動自行車可能會越來越受歡迎，或者可能再進化成為汽車的替代品。

如果兩地距離不到1000公里，
那麼建議你坐火車還會比飛機快。

6-7 /
高速火車與飛機的
驚人進化

20世紀60年代，當時出現了一種超級飛機——協和式客機。飛行速度達到早期飛機的2倍，當時，很多人都認為協和式客機將成為未來的主流，但因為維修費用也相對的高，無法與一般客機競爭，因此這個目標並沒有達成。

　　20世紀60年代，對航空飛行來說，一般客機並沒有出現太大的進化。以航程為例，1969年橫越大西洋的飛機航行時間，與1960年相比幾乎完全一樣。

　　如今，研究人員已經將重點移到太空梭上。太空梭飛行速度快，1小時約可繞地球半周，但是高速度的代價就是高耗油，它的成本當然也不像一般客機那樣低廉，這也許就是為什麼目前大部分的客機都依然保持時速1000公里以內的原因。

2020年的商業飛機：（N+3）代飛機

　　為了提升航空運輸，美國聯邦航空局（FAA）希望在2020年之前，主流飛機能比現有的「波音777」減少40％的油耗，並在2030年減少至70％。

　　不僅如此，人們還希望這些飛機能更安靜。為了達到這些目標，

現在最好、也是唯一的方法，就是設計像隱形轟炸機那樣模式的飛機，而不是像鉛筆一樣外型的商用飛機。

2008年，FAA投入了約1230萬美元的預算，書面規劃了新一代的商用客機，並授予波音公司（Boeing）、洛克希德‧馬丁公司（Lockheed Martin）和其他公司共同研發了現代客機的第三代進化設計──「N+3」代飛機（指未來3代後的飛機）。

FAA「基礎航空計劃」的資深技術專家東尼‧斯特拉沙爾（Tony Strazisar）表示：「這是我們唯一想到能符合燃油和靜音目標的設計」。

這種新型飛機擁有先進的混合機翼體，使用類似魟魚的「三角造型」代替傳統的「管型」。目前，等比例模型的高速風洞測試正在進行中，預計混合機翼的「N+3」飛機將能在2020年前起飛。

2023年前，航空業預計有4000架飛機退役。航空公司不再將飛機當做垃圾扔進沙漠，而是正在制定計劃以回收再利用近85%現役飛機的材料，像是輪胎、電池、碳化纖維與液壓機液體等，以實現綠色航空的環保期望。

高速火車與磁浮列車可能取代客機

為了減少二氧化碳排放與減輕機場負載壓力，高速火車正在迅速替代飛機。目前，歐洲、日本及中國都已有時速超過3百公里的火車。

高速火車由電力驅動，因此也比汽油驅動的飛機更環保。如果距離不到

關鍵數字

300km
最高時速300公里的台灣高鐵營運之後，國內航班紛紛減班，如台北飛高雄每週固定班次僅剩下5班。未來高速火車全面成為客機替代工具的可能性極大。

1000公里，那麼乘坐火車還會比飛機快，因為機場易達性較低，搭飛機需要提前至海關安檢，到目的地之後還必須等待行李，耗費許多時間。而火車除了能免去上述手續，還能直接抵達大城市的心臟地帶，較飛機方便許多。

例如最高時速300公里的台灣高鐵營運之後，國內的航班紛紛減班，例如台北飛台中、嘉義及台南班次至今已經完全取消，而以往台北飛高雄天天都有航班，目前僅剩下週末的零星班次，每週固定的航班也減至5班。

由此可見，未來高速火車全面成為客機替代工具的可能性極大。

此外，更不能忘記磁浮列車，磁浮列車是一種靠磁浮力（即磁的吸力和排斥力）來推動的列車。

由於其軌道的磁力使之懸浮在空中，行走時不需接觸地面，因此其阻力只有空氣的阻力。而磁浮列車的最高速度可以達每小時500公里以上，比輪軌高速列車的300公里還要快，因此可成為航空業的競爭對手。

試試高速火車中的AGV吧

2007年，AGV高速火車完成了全速測試，AGV是法國阿爾斯通（Alstom）公司研製的實驗性高速鐵路車輛，屬於動力分散式，是動力集中式的TGV的後續產品，目標運營速度為360km/h。

相比較動力集中式的TGV高速列車，AGV的優勢更加明顯，在環保和能源利用方面，AGV機體的98%使用了可回收材料，其功率重量比達到了22.6kw/t，溫室氣體排放量也較其他交通工具大大降低。

與同級主要的高速列車相比，AGV的耗能可節省到15％。其先進的技術和超快捷的速度，使其可與空中巴士A380媲美。

　　而AGV速度為360km/h，這個速度更可與磁浮列車的商業運行速度（400km/h）相匹敵，相信未來人類的旅行將因此更便捷，更環保，也更讓人期待了。

核融合的副產物十分安全無污染，
但至今仍需要多方的技術突破。

6-8/
核融合發電將取代
危險的核分裂

2050年，世界上的大部分能源都將來自於再生資源。然而，再生資源真的能滿足人類未來的需求嗎？到那時候，世界人口數量可能會是現在的2倍，再加上開發中國家經濟水準的提高，能源消耗將會成倍數增長，如果真的單靠再生資源，可能遠遠無法滿足需求。

於是，科學家研發太陽能發電，即模擬太陽內部的「核融合反應」。根據分析，組成太陽的物質中，氫約占71%，氦約占27%，而其它元素約占2%。太陽核心的溫度極高，壓力也極大，因而能產生由氫融合為氦的熱核反應，釋放出大量能量。一般來說，太陽內部每秒約有6億噸的氫融合成氦。

什麼是托卡馬克？

20世紀50年代，科學家就已經開始進行模擬太陽內部的運動過程，然而卻未能成功。後來，莫斯科庫爾恰托夫（Kurchatov）研究所的阿齊莫維奇（L. A. Artsimovich）等人發明了「托卡馬克」（Tokamak）。這是一種利用磁約束（Magnetic confinement）來實現「受控核融合」的環形容器，而能「達到核融合」的目的。

倘若科學家計劃中的托卡馬克能成功，第一批的核融合發電廠將能在未來30年後投入運作。

◆註：托卡馬克（Tokamak），又稱為環磁機，是一種利用磁約束來實現磁局限融合的環性容器。它的名字 Tokamak 來自於環形（toroidal）、真空室（kamera）、磁（magnit）、線圈（kotushka）。最初是由位於莫斯科的庫爾恰托夫研究所的阿齊莫維齊等人在1950年代發明的。

需要突破的核融合缺點

托卡馬克雖然有較大的優點，但常規的托卡馬克裝置體積龐大、效率低，所以要突破的難度也比較大。

要建立核融合發電廠，就需要大量的資金，即使資金雄厚的已開發國家，也難以單獨實現。美國、日本和歐洲的科學家曾花費了10幾年時間研發一個核融合裝置，但最終因資金不足而中斷。不過，核融合反應爐終究是人類多年來不肯放棄的希望，因為與再生能源相比，它較能配合人類需求的成長而產生能量。

一個依賴融合能源的社會，與由風力、太陽能發電廠供應能源的社會有著天壤之別。前者獲得的能源多，但目前仍需要克服許多技術及資金問題；後者雖然更為環保、節能，但卻難以滿足人類對能源的龐大需求。

因此，筆者預測，未來在更廉價的新能源出現以前，核能仍然會是世界各國電力的主要來源，這也就是為什麼在全世界此起彼落的反核聲浪下，核能仍然不曾被多數國家完全廢棄。預計未來，核融合發電將可能以更安全、力量更強大的型態，成為世界的主力能源。

「核融合」與「核分裂」差在哪裡？

　　根據愛因斯坦著名的質能守衡定律（E=mc2），核子融合和核子分裂都會將物質轉換為能源。現今核電廠使用的技術為「核分裂」（核裂變），較重的原子（如鈾、鈽）分裂成為較輕的原子；而核融合（核聚變）反應，則是較輕的原子（如氫及其同位素氘、氚）融合成為較重的原子。兩種反應過程都會釋出能量，因此可以用來發電。

　　核分裂的缺陷在於原料較難取得、純化、處理和儲存，並且會製造放射性廢料。因此當前科學家視核融合為宇宙間的終極能源來源，數十年來都在找尋駕馭核融合的方法。

　　相較於核分裂，核融合的副產物就十分安全無污染，此外，氘與氚都是比較容易獲得的原料，每一加侖海水中含有1/8克的氘；而氚雖然在自然界中並不存在，但可由中子撞擊鋰的原子核來產生，而鋰本身又可從岩石、海水中大量取得。

　　1公克的「氘與氚」可以產生相當於8噸石油所釋出的能量，遠比核分裂產生的能量大。此外，氘與氚引發的核融合反應雖然會釋出「多餘的」中子，但這些中子不會像核分裂那樣連鎖反應而不斷引發核融合。

　　目前科學家遇到的難題是，欲使原子發生核融合反應，需要超高的溫度和密度，如果不能維持在攝氏1億度的高溫，核融合反應將無法持續進行。因此，設法控制核融合反應過程，以及維持高溫、高密度，是未來實驗研發的重點。

誰能先漂亮地解決能源危機，
誰就能主宰世界能源。

6-9／
我們的科技
決定能源的未來

筆者認為，在2040年，世界能源圖譜將發生變化，化石燃料發揮的作用將越來越小，總體來說，世界能源將會更加多樣化，也將會出現更多不同燃料。未來任何國家想要再獨享廉價的能源優勢，已不再是件容易的事。

我們假定某個國家夢想成真，那麼它很可能不是因為在能源供應上佔有優勢，而是在「創建新能源體」的技術上拿下了優勢。因此控制新技術將會比控制燃料本身更重要。

掌控技術就等於掌控能源

目前，太陽能、風力等能源發展迅速；擁有核能的國家也攜手研究可控核融合，期望開發無污染的核能；氫能的開發腳步也逐漸加快。這些能源我們說都有一個共同的特徵——它們的來源比煤炭、石油、天然氣更廣泛，更普遍，也更容易開採。

關鍵數字

60%
二氧化碳排放量占全球溫室氣體排放總量的77%，而其中的60%就來自於燃燒化石能源。

也就是說，它們受地域制約的程度更小，誰擁有能開發、利用新

能源的先進技術，誰就可以掌控新能源的資源。而且，這些能源的開發利用，很可能使人類徹底擺脫煤炭、石油等因自然資源地理分布不均所帶來的麻煩。

目前，人類在這個化石能源時代，能源消耗排放出的二氧化碳成為污染環境的罪魁禍首。

「開發替代能源」無疑成為未來50年內人類面臨的所有挑戰之中最緊迫的問題之一。甚至筆者認為，今後的世界格局，只要誰能最先徹底解決能源危機，誰就能主宰世界能源！換句話說，能源競爭的戰火，已從經濟層面延燒到科技層面。

二氧化碳捕獲與封存技術解決溫室效應

要舒緩能源消耗對氣候的影響，其核心也是科學技術。科學家研發出了二氧化碳捕獲與封存（Carbon Captur eand Storage, CCS）技術，在減少溫室氣體排放方面具有潛力。這項技術的重點就是讓含有二氧化碳的廢氣透過一個裝有三維網篩的煙囪，使廢氣在上升的過程中與從上方噴淋下來的化學溶劑相遇，使二氧化碳被溶劑吸收，然後再將其從溶劑中提取出來進行壓縮，用泵注入地下封存。

聯合國IPCC專家指稱：「估計20年內，二氧化碳隔離技術將成為一項成熟的工業技術。」在未來幾年內，隨著技術的不斷改進，此技術也將更標準化，更能得到廣泛應用。

國際電力買賣已成趨勢

2011年，德國上議會宣布目標在2022年前逐步廢核，並且開始轉向捷克、法國及奧地利等鄰近國家進口電力以維持國內正常供電。可見，國際間電力買賣將成為一大趨勢。

預計未來，這項趨勢也將蔓延至亞洲，而與國人關係最密切的，就是中國與台灣的電力交易可能。中國境內蘊藏著豐富的煤礦，擁有開發電力的優勢。而海峽兩岸因有地利之便，因此未來不只台灣，他國有機會向中國買電也將是時勢所驅。中國也可望成為未來世界的主要電力出口國之一。

　　隨著對各種新能源和再生能源的開發利用，我們也逐漸能清楚認知──人類所使用的能源，就是一個由高碳走向「低碳」、進而走向「無碳」的發展方向；能源的使用，也期望達到從低效到「高效」、從不潔淨到「潔淨」的使用過程。

　　此外，能源的利用設備和裝置，也將形成「大型和小型相互結合」的格局，同時，也將從一個高耗能型社會走向一個「低耗能型社會」。科技的超速發展，使得人類從能源資源型社會走向「能源科技型社會」，未來談及到能源議題，也必然是從單一國家擴展至區域國家。

所有的新型能源都是希望讓三生——
也就是「生活」、「生產」、「生態」達到真正的平衡。

6-10／
未來的
十大新型能源

雖然現在我們對能源研發的需求都聚焦在太陽能、風力和核能上，但在地球上還有其它能被人類利用的綠色能源，「生質能」就是其中的一種。未來，必定會有更多的能源被開發問世。

中研院院士徐遐生在2008年「全球暖化與能源危機」的演講中，指出生質能、光電能、核融合與核分裂四者，是未來極具發展潛力的新能源，且符合目前永續能源的要求。而所謂的「生質能」泛指利用各種由生物產生的有機物，如玉米、黃豆、木屑、稻殼、沼氣、有機污泥、廢紙等所產生的能量。

而科學家總結了未來的新型能源包括以下十大類：

1. 可應用在未來城市的人類活動能量

美國科學家認為，人類活動也能產生能量。美國麻省理工學院的學生設計出了一個可將人行走時產生的能量轉化為電能的「概念性城市設計」，即是在城市鋪設以壓電材料製成的地板，內裝動作感應系統，可將人行走時步伐瞬間產生的能量轉換成電能。這種設計可實現未來城市的基礎設施照明，也是未來城市基礎能源，是一種值得借鑑

的新能源替代方法。

2. 從椰子、葡萄中提取的糧食能源

糧食也能產生能量，除了目前技術最成熟的玉米之外，澳洲的一家公司也從椰子上成功提煉出了能替代柴油的新能源——「椰子油」。

目前世界各國都在開始研究糧食能源，科學家希望能尋找更多像玉米一樣，可由纖維素乙醇製成生質燃料的原料，如前述的中研院院士徐遐生即是提倡廣植經基因改造的「軟化軟枝草」，研究證明它可產生玉米乙醇4倍的能量。而歐洲國家目前研究的目標則是在用來釀酒的葡萄，期望獲得從葡萄中提煉乙醇的有效方法。

3. 從微生物轉變的細菌能源

美國矽谷一家公司的研究員發明了一種細菌遺傳基因改造技術，可以從細菌中提取「石油」。他們利用生物工程技術培養不同菌株進行「遺傳改造」和「微生物基因改造」，促使這些微生物在細菌作用之下將能量轉換成乙醇或石油替代品。

結果發現，這種技術可節約65％的製造成本，但產生的能源卻是標準乙醇提煉製程的數倍。相信在未來，細菌也能成為能源產品。

4. 利用垃圾轉變的廢棄物能源

廢棄物轉化為能源一直存在著爭議，因為廢品在產生能源的同時也會出現溫室氣體。但科學家發明了一種「電漿弧氣化」（Plasma Arc Gasification）的發電技術，這種技術在經濟成本和環保指標上都有很大優勢。

「電漿弧氣化」技術是用一道強而有力的電弧，將氣室裡的空氣離子化以製造電漿，然後在另一個缺氧的氣室裡，用製造出來的氣炬對都市固態廢棄物、焦炭跟石灰加熱至攝氏1500℃以上，使得廢棄物裡的無機物質玻璃化，這樣的高溫還可讓廢棄物裡的有機分子崩解。

燃燒作用會產生二氧化碳，但是在缺氧的環境下，生成物將被轉化成一氧化碳與氫組成的「合成氣」（Syngas）混合物。合成氣可用來推動空氣渦輪；而淨化的氫則可當成燃料使用。

只要搭配焚化爐之空氣清淨設備，就能妥善處理環境汙染問題。若採用這種新技術，未來利用垃圾廢物也能轉化為能源，同時免去垃圾掩埋的麻煩。

5. 從藻類取得能源做為生質柴油

在科學家的眼中，藻類是地球上石油和天然氣的來源，而且藻類還是最環保的資源。藻類中含有海藻多醣，能夠被水解並代謝成為乙醇的發酵基礎物質。

因此有學者建議，可以透過在海洋經濟水域中養殖各種大型海藻，如馬尾藻、龍鬚菜、石蓴等來做為生質柴油、生質乙醇、生質氫氣等生質能源的原料。如日本國內的「太陽神與海神計劃」，就規劃在日本海沿岸養殖1萬平方公里的馬尾藻，預計每年可以產出2千萬立方公尺的生質乙醇。

藻類能源不僅取得容易、不必「與陸爭地」之外，其轉換成能源

的效率也更高。資料顯示，每畝面積的藻類可產生比傳統的乙醇來源（如玉米）高達15倍的能源，目前美國、日本及丹麥等先進國家都已開始使用。

6. 從溫室氣體中捕捉能源

之所以尋找各種潔淨能源，是為了遏制溫室氣體污染環境。但有科學家認為，溫室氣體一樣也能產生潔淨能源，因為現有的技術可將有害的溫室氣體轉變成燃料。例如，溫室氣體中的碳酸鉀在一些化學手段下能高效吸收空氣中的二氧化碳。同時，目前科學家正在測試一種熱電發電機，看是否能從汽車排氣系統中的廢氣中重新捕捉到能源並產生電力。

7. 利用氣候能源減少二氧化碳

氣候也可以作為能源來加以利用。日本北海道的新千歲機場就使用冬季的積雪作為夏天機場的候機室降溫，機場跑道使用了頂級的隔熱設備，能最大限度地減少積雪融化。據計算，若此一計劃能實現預期目標，每年可節約6千萬日幣的空調費用，還能透過減少用電達到削減二氧化碳排放的功效。

8. 壓縮空氣的膨脹力能源

壓縮空氣儲能系統的原理，就是將空氣壓縮進地下儲存槽，作為風力渦輪機的備用能源。瑞典的一家汽車製造公司就開發出了這種搭載儲存壓縮空氣燃料罐的空氣動力模型車。

關鍵數字

25%
壓縮空氣儲能系統（CAES）如果跟廢熱回收系統結合，大約可降低25%的燃料使用。

先將壓縮的空氣高壓儲存在燃料罐中，當空氣被釋放時，其膨脹力就會推動引擎活塞運動。這種系統還可進一步與廢熱回收系統結合，約可降低25％的燃料使用。

9. 節能省電的智慧電網商機

因技術問題，傳統電網（電路系統）產生的電能會被大量浪費。未來，智慧電網（Smart Grid）技術可能解決這些浪費。簡單地說，智慧電網就是把「IT科技」和「傳統電力系統」進行結合，讓電力網絡變得更聰明。

搭配「智慧電表」、「獨立IP位址」及「網際網路」，就能讓電網具有「雙向溝通」的功能。像是用戶端的用電資訊能透過網路即時傳回電力公司，讓電力公司了解各地的用電狀況，並進行電量調配；而用戶端也能隨時掌握自己的用電情形，調節用電量，達到省電、省錢的效果。

根據美國杜克能源（Duke Energy）預估，在美國地區試行的智慧電網計劃，3年內約可省下350至1870億仟瓦的電量，相當於4百至2千萬輛行駛中汽車的碳排放量，節能減碳效果十分驚人。

除了實際的節能功效，智慧電網還能創造周邊經濟效益，如美國Google和微軟目前已有線上節能諮詢服務，幫助消費者分析耗能狀況，並建議各種節能方案。

關鍵數字

600億
資策會預估，2014年台灣智慧電網所衍生出的商機將上看600億。

未來1.0
encounter

258

10. 寵物糞便的有機廢棄能源

　　所謂的有機廢棄物能源，就是將有機垃圾轉變為燃料。美國舊金山的人們在城市街道上收集寵物糞便，然後將寵物糞便透過設備轉化為生物燃料。在未來，也許這些有機廢棄物透過技術革新也能成為新的能源產品。現在在美國，已經出現了專門搜集有機廢棄物的能源轉換工廠，他們專門搜集各種有機廢物，然後從中提取生物燃料。

　　2010年，首屆的「潔淨能源會議」（Clean Energy Ministerial）於美國舉行，24國的政府部長齊聚華盛頓，宣示轉型為潔淨能源世界的決心。會中達成包括協助建構智慧電網、發展電動汽車、二氧化碳捕獲技術、支持再生能源、擴大使用潔淨能源與就業機會等決議。這些計劃將可避免未來20年全球擴建500多個中等規模的化石燃料發電廠，對石油危機及全球暖化都是一大福音。

　　我們衷心期盼透過更完善的政策與科技成果，讓三生——「生活」、「生產」、「生態」達到真正的平衡。

若電子書銷量持續增長，
傳統「紙產業」包括書籍、報紙和雜誌將會逐漸式微。

7-1/
數位資訊包山包海

如今，各式各樣的資訊充斥著你我的生活，有許多人會產生這樣的念頭：「全世界每天有那麼多的新聞，別人都在討論，我卻還一無所知，這樣豈不是走在流行的最末端嗎？」這就是新興文明病的「資訊恐慌症」症狀之一。

資訊數位化＝實體消失

　　為了便於儲存和傳遞資訊，未來我們會逐漸將各種資訊都數位化。所謂資訊數位化，就是將圖書、期刊、報紙、雜誌、文獻、論文等內容，透過數位化加工之後，以標準電子檔的格式儲存和管理，需要時利用檢索系統進行分類查找，屆時全文檢索、增刪、修改、瀏覽、下載、列印等都會便利很多。

　　不僅文字，音樂、電視節目以及電影等，通通都可以數位化。所有的音樂都能保存在光碟上；錄影帶也逐漸被數位電影取代；所有大型電視臺都計劃在未來的10至15年內轉換為數位電視。

　　數位匯流讓資訊的發送變得更簡便，音樂與影音視訊等都可以透過網路傳播。將來，街頭的錄影帶出租店（包含光碟）都會逐漸被出租數位影片的網路商店所取代（已經連實體商店都免了）。

數位文本電子書

此外，數位化的書籍「電子書」的出現，也將對傳統出版業造成衝擊。2010年，美國最大電子商務網站亞馬遜（Amazon）宣布該公司電子書銷售規模已超過平裝的傳統書籍。

根據發言人的說法，目前該站電子書與實體書的銷售比例為1.8比1，電子書至此正式超越實體書銷量！美國出版協會（AAP）統計，近年來全美電子書內容的銷售量快速飆升，2010年美國市場銷售額達4億4千萬美元，已占了整體書籍銷售額的8％。

若電子書銷量持續增長，傳統「紙產業」包括書籍、報紙和雜誌將會消失殆盡。而未來將不會再有更多的圖書出現，因為聲音與圖像要比書籍上的文字更能給人留下深刻的印象；但也有另外的觀點表示，透過指尖對紙張的觸碰，以及紙筆書寫的閱讀情境與經驗，是數位閱讀永遠無法超越的。

至於哪種對未來的預測會真的成為現實，更詳細的剖析請詳見本書後頁的附錄——「出版的未來」。

未來類似悠遊卡的電子錢包將會越發盛行，
整合的範圍也將成為一張全方位的「智慧卡」。

7-2
電子貨幣
將完全取代紙幣

與貝幣等實物貨幣相比，金屬貨幣的耐久性更長，但缺點是來源非常有限。紙幣從世界最早的南宋「關子」發行至今，約有七百年歷史。而七百年後的現代，人類又跨入一個新的貨幣門檻，那就是「電子貨幣」。

　　貨幣發展歷史很長，但變革卻很慢，每次變革都會連帶引發社會巨變。貨幣的出現，使人類買賣由以物易物進入了貨幣交易，開啟了「等價兌換」的觀念，也熱絡了經濟市場。可以說，貨幣進化史就等於人類經濟發展史。歷史上貨幣的形態有三波革新，一是實物貨幣，二是金屬貨幣，三是紙幣。

　　在貨幣出現之前，人類已經開始進行交易了，但當時是以物易物的形式，像是拿糧食、家畜等去換自己所需的物品。但以物易物的方式實在不方便也不客觀，於是就出現了「貨幣」這種有價替代物。貨幣出現之後，不僅能作為薪酬支付，還能用來購買自己所需的東西。

　　而所謂的電子貨幣，就是指用一定金額的現金或存款從發行者處兌換並獲得代表相同金額的資料，透過使用電子化方法將該資料直接轉移給支付物件，從而能夠清償債務。

電子貨幣的好處

20世紀50年代中期，信用卡出現了，我們可以不再用現金消費。在現代，刷卡消費已經是件很普通的事，此外，薪資透過銀行轉帳到個人帳戶也十分普遍。

要支付帳單，可以透過銀行直接將錢從一個帳戶轉帳到另外一個帳戶；或者，根本不需要到銀行，只要擁有個人帳戶密碼，在各大便利商店就可進行轉帳交易。現在，許多銀行大部分的貨幣都不是以紙幣、硬幣或金條，而是以數位形式保存在終端電腦當中。貨幣跟音樂、影視一樣，都被數位化了。

使用電子貨幣的好處，是消費者不需要攜帶鉅款東奔西走，不僅方便，也更加安全。電子貨幣改變了世界的經濟模式，國與國之間流通的資金都被數位化了，要支付資金，只需透過銀行之間相互轉帳即可。

而在私人業務方面，最明顯的是網路交易的日益頻繁，在線上購物支付貨款時，消費者可以直接以「網路錢包」中的電子貨幣進行交易，並且透過電腦看到個人帳戶的交易歷史，進一步管理帳戶達到理財規劃目的。

商業銀行消失

電子貨幣的發展，引起現代人生活的巨大變革，首先改變的，就是「銀行」。從前，銀行給人的印象都是富麗堂皇的大樓，但隨著電子貨幣的發展，銀行不再需要蓋大樓了，而是變成了虛擬的機構，只要與客戶的電腦連線即可。

新加坡在上個世紀末也曾提出一個目標，要在近年實現「沒有現

金支付，全面用電子貨幣交易」的社會，目前這個計劃正在施行中。

　　進入電子貨幣時代，商業銀行可能也都不存在了，全國只有一個中央銀行。每家企業、每個人都只有一組帳號，由中央銀行集中管理。如此一來，企業賴帳、追帳的問題就不存在了——因為銀行充分掌握資金運轉及帳戶狀況。相對的，銀行的貸款成本也會逐漸減少，政府對於欠稅問題也容易解決。

　　總之，未來電子貨幣可能會成為你我消費時最普遍的支付方式，取代紙幣是大勢所趨。不僅如此，未來類似「悠遊卡」的電子錢包將會越發盛行，整合的範圍也更加廣闊，除了做為電子貨幣之外，還具有鑰匙、識別證、衛星定位等功能，成為一張全方位的「智慧卡」。

關鍵
數字

2050年

美國花旗銀行的高層曾預測，到2050年前後，紙幣可能完全被電子貨幣所取代。

未來1.0

encounter

未來讀者只要持有圖書館借書證，
就可以直接透過網路下載電子書。

7-3/
電子閱讀器崛起，
徹底顛覆「紙產業」

電子閱讀器強調類紙式螢幕、輕巧的重量及超薄型體積，因此長時間拿在手上閱讀，也不至於造成手眼的不適。此外，配合電子書的出版，它將數位書本的所有優點發揮得淋漓盡致：使用者可以在記憶體中保存上千本書，還能不斷從網路上下載新書。同時可以在書本中尋找詞或句子、隨讀者喜好縮放圖文、插入書籤或註解等。

除了付費，還有電子書借閱服務

在「付費下載」的消費模式之外，電子書的「借閱服務」平台也應運而生。如美國電子書平台NOOKbook於2009年率先推出「電子書借閱」功能，每本書只能出借1次，以14天為限。

此外，若干媒合出借者與借閱者的網站也相繼出現，最著名的是「BookLending.com」，它的獲利模式十分簡單，一方面為持有可出借電子書的讀者，以及希望借閱電子書的讀者搭建交流平台；另一方面，當借閱者發現自己在14天內讀不完一整本書時，該網站提供購書連結，引導消費者至電子出版網站，並從中獲取佣金。

此外，還有輸入書名或作者，系統即自動搜尋線上可供借閱的電子書數量、同一本書有幾位持有者、等候借書的讀者有多少等透明化資訊。

目前美國許多大型公共圖書館，已提供免費電子書借閱服務，讀者只要持有借書證，就可直接透過網路下載電子書，無須親自前往圖書館。許多專營數位文本的大廠如亞馬遜（Amazon）、邦諾（Barnes & Noble）等，都已與公共圖書館建立合作關係。

閱讀器結合雲端運算服務

亞馬遜發行的閱讀器「Kindle」除了讓借閱者瀏覽全文外，還可以畫線並加註解，而這些足跡都將保留在雲端；借書者日後若購買該書，Kindle便會自動將當時的筆記同步到其購買的電子書版本中。此類雲端服務即充分發揮了數位閱讀的特性，提供了紙本無法營造的特別閱讀經驗。

> **關鍵數字**
>
> **2056萬**
> 近年全球電子閱讀器出貨量將增加至2056萬台，成長速度達到2至3倍。

2010年全球電子閱讀器出貨量達977萬台，較前年成長220％，預估近年將增加至2056萬台，成長速度達到2至3倍，前景看好。

目前，電子書已擴大運用範圍，如電子教科書的租借、互動繪本以及可供素人作家自助出版電子書的「個人數位出版平台」等，對於數位閱讀的發展，都是一大創舉。

到2050年時，也許所有的文本出版都會轉為電子書格式，除了現有的書籍外，還可能出現幾百萬種不同語言的新書。人們可以從網路商店中挑選各種影片或書籍等，在任何地方透過電子閱讀器觀看。

在未來，學生作業不再只有文字敘述，還可以加入視訊片段讓作業顯得更加豐富；他們還可以藉助電子閱讀器找出多年前的舊新聞和舊照片，甚至從網路上下載合適的音樂作為背景。當作業完成之後，也不再需要當面繳交，而是透過網路直接傳送到老師眼前。

只要人們擁有一張報社發行的電子紙，
每天的報紙內容就會以數位的方式發送到你面前。

7-4 /
麻瓜世界的魔法
「電子紙」

一般來說，人們將能夠實現像紙一樣閱讀舒適、超薄輕便、可彎曲、低耗能的顯示技術統稱為「電子紙技術」；而「電子紙」（Electronic Paper）是一種類似紙張的電子顯示器，兼有紙的優點（如視覺感官幾乎完全和紙相等），卻又可像我們常見的液晶顯示器，不斷地刷新顯示內容，而且比液晶顯示器還要省電、輕薄得多。

省電、環保、可多次擦寫

省電、環保、可多次擦寫，這些都是電子紙的優勢，這些特點也讓人們感受到了電子紙未來的無限可能性。

日本著名科幻小說家星新一曾在20世紀60年代寫過名為《電視片加工》的奇特故事，故事中描寫了將電視加工成片狀，並用這些片材覆蓋天花板及牆壁的未來場景。

然而，如果現實世界中的電視都加工成片狀，並覆蓋在天花板及牆壁上的話，耗電量將會十分龐大，因此在現實中不太可行，但若改成電子紙就沒問題了，因為電子紙的顯示本身並不耗電，只要頁面完整開展後，即使關閉電源，資料仍會停留。

電子紙通常由半導體有機材料製成，厚度僅有幾公釐。它與電子

螢幕不同的是，電子紙不需要背光，利用自然光反射即可閱讀內容。未來的電子紙還可以透過無線網路連接閱讀各種豐富多彩的內容，並可隨意折疊攜帶。

也就是說，在未來，只要你擁有一張報社發行的電子紙，每天的報紙內容就會以數位的方式發送到你的面前。從此，人們就不必天天到商店買報紙了，也不用擔心天氣惡劣對送來的報紙產生影響，只要隨時打開一張電子報紙，就能隨時隨地瀏覽各個版面的新聞。

可捲曲、可上網、可折疊

從技術上的角度看，科學家目前正致力於電子紙的可捲曲性、可折疊性、彩色動態畫面及不易破損材質的研究，這些都是電子紙未來發展所需解決的關鍵問題。

關鍵數字

8億

經預測，2015年台灣電子紙面板數量將成長8億片，而面板產值將成長至60億美元。

可以想像，如果有一天顯示幕能夠捲起來，那麼筆記型電腦、平板電腦也許就將面臨淘汰。現在，手機還不能完全取代電腦，但可捲曲、可上網、可折疊式的顯示器一旦出現，那麼手機、電腦和電子書等終端設備就將被整合起來。到那時候，人們就沒必要再隨身攜帶手機、電腦、電子閱讀器等那麼多個電子設備了，因為新型的整合設備將兼具儲存、搜索、電話、下載和上傳等功能，且電子紙本身所具有的低耗能優勢，又能延長此設備的待機時間。

經預測，台灣電子紙面板的數量將由2009年的2千萬片成長到2015年的8億片，而面板產值將由2009年的4億美元成長到2015年的60億美元。

拓墣產業研究所（TRI）副所長楊勝帆分析，台灣電子紙產業鏈在上、中、下游皆供應齊全，具有降低成本優勢，尤其全球4大主要電子紙技術廠中，台灣面板廠已掌控2家，未來台灣在電子紙產業將更舉足輕重。

未來50年會消失的是？

- 2015年：手寫的信、正常氣候、個人隱私、家用電話。
- 2020年：郵局、秘書、手寫電話薄、退休、政府退休金。
- 2025年：正確的拼寫、桌上型電腦、週休二日。
- 2030年：工會、遺產稅、整容手術。
- 2035年：硬幣、中產階級、廉價旅行。
- 2040年：鈔票、皮包、聽障者、本國貨幣。
- 2045年：自然分娩。
- 2050年：家事、醜陋、死亡。

英特爾（Intel）研發人員指出，
2020年時，人類將直接用「腦波」控制電腦。

7-5/
心想事成，
腦波控制電腦

在好萊塢大片《關鍵報告》（Minority Report）中，曾有一個鏡頭令人驚訝不已——湯姆·克魯斯（T. Cruise）在一個巨大的觸控牆面前，用手指瀟灑地指點幾下，便完成了許多智慧化的電腦操作。而到了2020年時，任何一個人想要使用電腦，都不再需要學習如何使用滑鼠、鍵盤，便可以隨心所欲地操作電腦。

多點觸控技術能使電腦普及

觸控技術的最大優勢在於能提供簡便自然的人機互動介面，讓電腦可以學會適應人的要求，而不要求人去適應電腦，從而解除了電腦全面普及的障礙。在未來，觸控技術將不再只是個人電腦的專利，它同樣可以運用到桌面、牆壁和軟性螢幕上。

> 關鍵數字
>
> **93%**
> 雖然目前電腦的普及率很高，但全世界僅7%的人擁有個人電腦，各大IT廠商都在努力突破剩下的93%之市場。

目前的資料顯示，雖然現在電腦的普及率很高，但全世界也只有7％的人擁有個人電腦，各大IT廠商都在努力突破剩下的93％之市場。而電腦中多點觸控技術的應用，無疑是提升人們使用、體驗與

普及電腦的一個關鍵因素。

現在，微軟的「桌面電腦」（surface computers）堪稱多點觸控的科幻典範。它看上去像一張簡單的桌子，但桌面上又是一塊支援多點觸摸的液晶螢幕，能允許用戶像用樹枝在沙灘上塗鴉那樣地隨意用手指在上面寫字、畫畫。更令人驚訝的是，它能夠同時對52個觸點產生反應，這意味著，它可以容納幾十個人同時操作電腦。

腦波控制電腦？

據歐美媒體報導，英特爾的研發人員稱，到了2020年，人們在使用電腦時，根本不再需要滑鼠和鍵盤，甚至連手寫輸入也一併省去，直接用「腦波」來控制電腦。現在，英特爾研發實驗室的工程師正在尋找可以讀取和利用人類腦波的方法，如此，人們未來在使用電腦時根本無需任何動作，只要透過腦波就能控制電腦、電視和手機等設備，達到真正的「心想事成」。

英特爾公司的研究人員對此一技術很有信心，發言人表示：「我們正在努力向大家證明，人類可以利用腦波來做許多有意思的事，最終人們會欣然接受這種大腦植入的方式。想像一下，動動腦子就可以輕鬆上網，那有多神奇。」

當然，想要利用腦波控制電腦，就需要將感應器植入大腦，但對於植入的感應器，用戶也無需擔心，因為它不會像電影中那樣反過來控制人類的大腦思維。它們的最終目的就是改造我們的生活，為我們帶來更多方便與實惠性。

雙螢幕、沒有螢幕、可以捲起來的電腦，
這些都是未來電腦的無限可能。

7-6
打破形體限制的
「未來電腦」

在進入21世紀之後，當我們再回過頭看過去的電腦，我們會驚嘆科技的進步竟可以將一個個原本又醜又笨重的大塊頭變成只有A4紙一般大小，並能隨意放入公事包，甚至襯衫口袋的小電腦。在未來，電腦的形態和功能也必將發生滔天巨變，科學家幫我們預先勾勒出了未來電腦的輪廓。

3D電晶體

2011年5月，英特爾耗時10年的革命性研究成果「三閘」（Tri-Gate）電晶體問世，被認為是積體電路（IC）自1950年代以來，矽晶片設計的最重大進展。

關鍵數字

37%

與現有的32奈米製程相比，採用22奈米製程的3D電晶體不僅體積沒有加大，還可提高37%效能，電力消耗僅2D的一半。

「三閘」即為3D，英特爾工程師率先以立體（3D）取代平面（2D）方式，在平面晶片架構上新增一道垂直置於基板的薄片，可提高37%效能，電力消耗僅2D的一半。未來，晶片尺寸將越來越小，電腦也越來越輕薄便宜，Mercury Research晶片分析師也認為，儘管3D電晶體細節尚未明朗，但終將引領潮流。

長條型的觸控螢幕

在未來，獨立觸控螢幕的電腦從外觀上看與目前的筆電並沒有太大的差別，但它的特別之處在於，這種電腦在鍵盤的上方區域設置了一塊長條形的觸控螢幕，可以顯示出當前的時間、日期、天氣情況、電腦運作情況以及需要查看之郵件等等。

將這些常用的小工具單獨放在這塊電腦螢幕上，可以幫助使用者不需要再離開主螢幕當前視窗，就能夠很直接地瀏覽及操作這些資訊。

雙螢幕電腦

在5年前，如果一台電腦沒有鍵盤，那可能會讓人覺得有些不可思議。但在使用觸控螢幕進行操作的平板電腦以及觸控手機大行其道的今天，這種現象已不再令人覺得奇怪了。

在不久的將來，設計成書本模樣的觸控電腦也將出現，翻開之後，它的左右兩邊會各有一個螢幕，用戶在上面瀏覽電子文書檔、電子書或網頁時，會發覺這種形狀的電腦使用起來非常方便。在需要輸入文字時，可以將電腦豎起來，上面的螢幕顯示內容，下面的螢幕就會顯示出虛擬鍵盤。雖然利用這種鍵盤打字時的手感沒有實體鍵盤好，但如此輕巧便攜帶的電腦相信誰也不會太在意了。

無螢幕的夢幻型電腦

如果一款電腦連螢幕都沒有，沒開啟時就像個檯燈座似的放在一旁，一定令人感到吃驚吧。無螢幕的電腦在使用時，使用者可以利用投影技術將螢幕投射出來，還可以利用觸控感應技術讓鍵盤從底座浮出，這時滑鼠可能就會省略了，因為觸控比滑鼠更簡便好用。

可捲起來的電腦

　　未來的電腦，很可能會發展成可以捲起來的樣子，例如捲起來之後像個水瓶，再加上背帶設計，就可以背在身上隨時帶走。而展開之後，螢幕與裡面的圓筒就會分離，由於具備彎曲的特性，螢幕便可凹成筆電的形狀，方便瀏覽網頁及打字使用，而電腦主機就是那個圓筒了，兩者透過傳輸線可連接起來。這款電腦適合需要長時間在外面工作的使用者，可以方便攜帶及展開。

　　一言以蔽之，未來的電腦會體現出各式各樣的形式和功能，通信技術的發展，也將讓我們體驗到各種科技的神奇。

理解未來電視的關鍵，
是具備10年後沒有「電視」這個概念。

7-7
「未來電視」
3D、智慧、螢幕大

傳統的電視正在謝幕，智慧電視正逐漸進入我們的生活。據報導，我國行政院擬定2015年數位電視普及率達50％的目標，預計將為台灣「數位機上盒」帶來5年2百億台幣的採購商機，此外，有線電視全面數位化，也是勢之所趨。

　　即便在網路等數位科技快速發達的今天，在傳遞資訊、傳播文化、大眾娛樂方面，電視的地位依然不可取代。

未來可與電視「對話」

　　也許在不久的將來，我們可以對著電視「說話」，告訴它我們想看什麼，不論我們想看的節目是來自有線電視、網路節目提供的，還是自己的影音資料庫，它都能馬上為我們選擇播放；我們還可以透過一個3D電視介面瀏覽節目列表，這樣就能輕鬆地預覽正在播放的節目並決定收看哪個頻道；我們甚至可以為正在看的節目找到更為深入的相關內容，例如，只要用手點一下電視節目中的某處風景，就能獲得該場景的旅遊資訊；或點一下某個運動員，就能馬上查看其精彩的賽事回顧資訊。

　　毫無疑問，電視在未來將擁有巨大的潛能，電視與網路、通訊和

IT、物聯網（Internet of Things, IOT）等技術結合，產生全新的媒體生態，也將會在未來變得更加個性化，以更有意義的方式滿足人們的喜好。

在智慧化的同時，未來的電視技術也將進一步升級，朝著更加纖薄、螢幕更大、觀看效果更震撼等方向發展。

電視將日趨纖薄

電視的此一發展趨勢，從以前的映像管電視到平面電視的進化已展露無疑。LED背光源的應用，對於電視纖薄的貢獻相當突出，三星首創了LED背光源電視，一舉將電視厚度控制在了2.99公釐以內。更不用說現在出現的OLED技術了，將讓你我的生活更加便利。

關鍵
數字

2.99mm
三星首創了LED背光源電視，一舉將電視厚度控制在了2.99公釐以內。

電視螢幕越來越大

近幾年來，隨著電視面板廠商的產能及切割技術的不斷進步，大尺寸螢幕電視已成為了市場上的主流。而大螢幕電視的價格也日趨「平易近人」，給了消費者體驗大螢幕震撼的機會。目前，在電視市場，最為熱銷的電視螢幕尺寸已發展到40至46吋，三星（Samsung）、索尼（Sony）、夏普（Sharp）等電視製造龍頭，更紛紛推出了60吋以上的大螢幕電視。在未來，相信大尺寸螢幕將成為消費者選購電視的重要選擇之一。

震撼的3D電視體驗

在影視行業，3D技術已經不算是多新潮了，早在數十年前就已

經出現了3D電影、3D相機等3C產品。但是，礙於3D影像拍攝、處理、顯示硬體的技術侷限性和高成本，3D電視始終沒能在民生產品領域得到廣泛的應用。不過，這也是電視行業未來的發展方向。

　　總而言之，電視行業正孕育著某種革命性的變化，未來的電視究竟會如何？也許我們的想像力總是難以跟上科技的步伐。如果我們無法描述出未來電視的具體模樣，那麼不妨藉助未來學家尼葛洛龐帝（N. Negroponte）的表述：「理解未來電視的關鍵，是不再把電視當成電視看待。」。

升級
未來腦

什麼是物聯網？

物聯網一詞，最早由國際電信聯盟於2005年所發布的報告（The Internet of Things）中提出。它指在網路化的時代下，除了人與人（H2H）之間可以透過網路相互聯繫、傳遞新資訊外，人與物件（H2T）、物件與物件（T2T）之間亦可以互通。

簡而言之，物聯網時代標誌著未來資訊技術在運算與溝通上的演進趨勢，而這樣的演進過程將會需要各式各樣領域的技術及科技創新來帶動，小從奈米科技、大至城市無線網路的建構，其影響範圍相當廣泛。

隨著物聯網發展的成熟將創造出所有物件（thing）皆可在任何時間（time）、任何地點（place）相互溝通的環境。 物聯網的完備，有賴下列4大科技的整合：（1）射頻識別技術（Radio-frequency Identification, RFID）、（2）無線感知網路（Wireless Sensor Network, WSN）、（3）嵌入式技術（Embedded Intelligence）、及（4）奈米與微機電技術（Nanotechnology and Micro Electro Mechanical Systems）等。

待上述4領域進行無縫整合之後，物聯網的3層主要架構——「感知層」：RFID、Senser、WSA等；「網路層」：WiFi、資料中心、2G/3G等；「應用層」：環境監測、城市管理、智慧家居、智慧交通、能源、食品等，便能完善運作，實現人類「無所不在」的智慧生活夢想。

行動通信的基本特徵，
「隨時」、「隨地」、「無所不在」。

7-8

「未來手機」，
指尖上的萬事通

一提到手機的用途，我們想到的是打電話、發簡訊、拍照、聽歌、上網……但是，未來手機的用途可遠遠不止這些，它還將成為我們指尖上的銀行、電影院、教室，為我們提供各種定位服務，甚至可以遠端操縱家中的洗衣機、電冰箱、微波爐。

　　目前，行動通信已經基本實現了人與人的互動，下一步就是要實現人與網路的互動了。緊接著，人類將迎來人與物、物與物之間互聯的物聯網時代，而物聯網的重要基礎之一，就是行動通信技術。到那時候，手機的用途將會大幅增加，「隨時」、「隨地」、「無所不在」，將成為行動通信的基本特徵。

　　最近，來自世界行動通信大會（MWC）的消息指出，手機應用將逐漸取代手機技術，成為行動通信領域的主角，而開發手機的新用途，也會成為未來企業競爭的焦點所在。

購物指南＆醫療服務

　　很多專家非常關注手機的定位功能。筆者認為，手機定位功能不能僅限於普通的衛星導航，還應該追蹤用戶的地理位置，記錄用戶的行蹤，並在用戶抵達目的地之後為其提供更多的服務。

例如，當用戶使用普通導航功能抵達百貨公司之後，手機還可進一步為其提供商場各樓層、各專櫃的即時資訊等。為了開發手機的此一特性，手機運營商已開始大規模地涉足該領域，相信很快手機的此一功能就能發揮實效。

隨著物聯網時代的到來，一些醫療器材也將大量地嵌入SIM卡，使手機也可以廣泛地應用到醫療保健領域之中。在該領域，應用嵌入式行動通信技術，可以利用手機進行遠端疾病診斷、健康監測和意外報警等。

行動的手機電子貨幣

在未來，「手機電子貨幣」也將越來越普及，它不僅能夠使支付系統實現無紙化，而且還能夠代替金融卡，使人類真正迎接「無卡化」的時代。

這既大大地便利了消費者，又降低了交易系統的成本。相關人士預測，到2014年底，全世界將有3億6千萬人使用手機扣款功能；到2016年，將有30億人透過行動通信和網路進行電子貨幣的交易。因此，對於手機營運商來說，手機支付系統也藏有龐大商機。

除此之外，未來手機的新用途還會涉及到教育、新聞、娛樂、廣告等領域。未來手機的用途已不僅僅只是簡單的通訊工具了，它正在人們的生活和工作中發揮重要作用，改變著人們的工作和生活習慣。

語音識別時代來臨

蘋果智慧型手機iPhone4s內建的聲控秘書功能Siri，開啟了人類

與機器溝通的可能性，人類開始能與電腦溝通，關鍵在於理解內容。因此專家必須建出一個完整的資料庫，以提供有用的訊息。

手機創造指尖上的未來

來自於難民家庭的約旦王后拉尼婭（Rania），特別重視偏遠地區孩子的教育。她指出，手機應該被廣泛地應用到社會的各個領域當中，其中之一就是教育。

她說：行動通信是傳播知識的重要工具，隨著科技的日益進步，利用手機實現「指尖上的教室」已經成為可能。因此，她呼籲行動通信公司應提供更實用、更廉價的手機服務，為沒有機會充分接受正規教育的孩子創造「指尖上的未來」。

你知道嗎？
手機竟能透過藍芽散播手機病毒。

7-9
傷害隱私的
手機病毒散播

2004年，俄羅斯防毒軟體供應商卡巴斯基實驗室（**Kaspersky Labs**）宣布：一個名為29a的國際病毒編寫小組製造出了世界上首例可在手機之間傳播的病毒——「卡比爾」（Cabir）蠕蟲病毒。這個病毒的出現，被認為是手機病毒史上的第一個警示點。

卡比爾（Cabir）病毒的啟示

卡比爾的發明人，是一名24歲的西班牙程式設計師ValleZ，事實上，他之所以撰寫這個病毒，並非抱著破壞惡意，而是希望喚起各界重視手機作業系統上的一些安全漏洞。「卡比爾」反映出的問題，尤其是其未來傳播能力與危害能力的演變，果然引起了工業界的高度重視。

據專家指出，以前的手機病毒必須透過傳輸線或電信機構的無線下載才能傳播，傳播途徑單一，受限條件也較多，且內容一般只是一段惡意的代碼，不會為手機用戶造成真正的危害。但是「卡比爾」卻是利用藍芽無線技術傳播，不再依賴電訊基礎網路設施進行，所以只要自動連結附近的藍芽裝置，就可大範圍地散播病毒。估計未來幾年內，在使用手機時，手機上類似於電子郵件的通訊方式，尤其是郵件

附件，都可能被用來挾帶病毒代碼，這樣病毒的危害就會變得嚴重。

手機病毒的危害

事實上，手機病毒要比傳統的電腦病毒危害更大。因為手機是一種即時通訊工具，綜合了電子郵件、個人多功能資訊管理工具、即時聊天軟體等多種通訊及私人的個資功能。而且，手機用戶之間的信任度也遠遠高於網友之間的信任度，因此，網路上的病毒一旦出現手機版本，其破壞程度也將遠遠超過網路病毒。

研究人員指出，未來手機病毒將帶來以下幾個問題：

- 侵占手機記憶體。
- 大量傳送商業廣告。
- 攜帶惡意代碼，清除或篡改用戶手機內的電話簿。
- 利用用戶手機內的通訊錄逕自發送簡訊。
- 帶有商務動機的惡意代碼，盜用與濫用用戶手機內的付費電話帳戶，例如美國流行的900手機電話服務業務。
- 盜用使用者帳戶撥打色情等不健康服務電話。
- 竊取用戶認證資料，以及末端信用卡等機密金融個資。

這些問題不僅會導致用戶的財務損失，還可能使用戶不得不承擔相關法律責任。尤其是隨著手機與其它設備，如商務PDA、電子錢包、電子識別證等一體化發展的趨勢，利用手機病毒盜取商業機密與用戶隱私資訊等問題，在未來也可能經常發生。

例如有新聞報導指出，名為「X臥底」（X-spy）的手機病毒，只需要一個多媒體簡訊或用戶不慎鏈結到某個網站就會「感染」。「X臥底」不但可以監控用戶的簡訊內容，還可監聽用戶通話、利用

GPS功能監測到手機用戶的位置。此外，台灣亦有媒體報導，最新的手機版木馬程式（Trojan Horse），已經可透過免費下載軟體挾帶竊聽病毒，當民眾使用3G手機的行動上網功能下載該軟體，病毒就同時入侵手機，接下來，你所有的對話內容或提及的隱私資訊都將被一一竊聽。

手機病毒的防治

專家建議，目前主要的防範措施是加強對手機使用的安全警覺，一方面，無論是採用藍芽技術，還是紅外線傳輸的手機用戶，對於不信任的資訊來源最好拒絕，不使用時應關掉藍芽等外部連接裝置；另一方面，不要到不信任的網站下載音樂、視訊或文字檔等，這樣便能阻止手機病毒的傳播；此外，安裝行動裝置防毒軟體，也是目前廣泛被接受的防治手段。

關鍵數字

40億
企業對資料安全性的強烈需求帶動了行動裝置管理服務的快速成長，估計智慧手機的安全防護方案市場將在接下來5年成長5倍，於2014年達到40億美元規模。

為了提升3G手機用戶的資安保障，目前市場上各大手機安全廠商都已開發了基本的防毒、反惡意軟體等基礎防護功能，但在反電話騷擾、資料防護、備份、復原及網頁安全等功能之開發，則還有很大的進步空間。根據市場研究機構所發佈的報告，企業對資料安全性的強烈需求也帶動了行動裝置管理服務的快速成長，估計智慧手機的安全防護方案市場將在接下來的5年內成長5倍，於2014年達到40億美元的規模。

未來1.0
encounter

Wang's Golden Rules :Future3.0
The future that the world has never said

 Chapter 8 消費變革，從中國崛起到全球高齡化

 Chapter 9 模式終結，一個人經濟成為主流

 Chapter 10 樂活，先切換未來腦模式

efficacy

 未來3.0

FUTURE 3.0

決定你的成功與否，
在於是否具有「未來思維」

與其後知後覺而杞人憂天，不如搶先一步扭轉未來。

無論是日劇、韓劇、還是好萊塢電影，
這些都是非常強大的Soft Power。

8-1
世界格局發展方向

世界格局指的是，國際舞臺中的主要政治力量以自身的利益出發，在一定的歷史時期內
相互制約，因而所形成的一種穩定的結構狀態。

我們說有四個要素會影響到世界格局，一是大國與國家集團，二是談判與協商，三是權利與利益，就是指協商之後所形成的權利與義務、或是權利與利益的關係，四則是權利和利益之間相對穩定的關係。

告訴你決定國家實力的黃金七指標

在經濟全球化的環境之下，決定一個國家在世界格局的位置，通常需要考慮到以下七種指標。

指標1.經濟實力

反映一國的經濟實力最常用、也最能夠代表一國國力的指標就是GDP（Gross Domestic Product，國內生產毛額）。儘管少數聲音對GDP這個指標多有批評，但目前的確還找不到更好的替代指標。

指標2.科技實力

國際間通常以「專利存量」衡量科技實力。當然，科技實力不僅表現在專利的數量，更重要的是與國防安全密切相關的技術，以及那

些能保證長久並壟斷性地賺取高額利潤的技術。

指標3.軍事力量

軍事力量包括了軍事預算的支出，以及核武器、太空軍備、常規武器裝備、軍隊數量與素質等。

指標4.國土面積和人口

國土面積和人口表現了國家的天然資源與人力資源等先天條件。這也是為何當趨勢觀察家在預測未來能與美國抗衡的世界龍頭時，中國及印度每每都被提及的原因。

指標5.國際貨幣

我們說全世界大量使用和儲備美元的過程，可視為美國向世界徵收廣義鑄幣稅的過程，而美國國庫收入了越多鑄幣稅，美元就越強勢，投資人儲備美元的意願也就越高，如此的週而復始，造就了美元多年來在金融市場的崇高地位。

當貨幣流通越廣泛，通常能代表該國的經濟越活絡，投資人對該國國力越有信心，因此鞏固貨幣匯率等於鞏固國際金融地位。

這裡值得注意的是，隨著美元與歐元都日漸走衰，未來何種貨幣將可接替美元成為強勢貨幣，絕對是國際間矚目的焦點。

指標6.國際規則或制度的制訂權

許多國家積極加入聯合國、歐盟或其它的跨國貿易組織，或者訂立邦交國以鞏固外交實力，都是為了在國際會議上取得發聲權，與拓展該國影響力。因為當能取得規則或是制度的制訂權時，就有機會為自己的國家爭取最大利益。

指標7.軟實力（Soft Power）

　　軟實力指的是在國際關係中，一個國家所具有的除了經濟、軍事以外的第三方面的實力。主要指文化、價值觀、意識形態、民意等方面的影響力，例如原住民文化、農耕技術、文創產業或是民主自由，都可稱為台灣的軟實力。

　　《論語》季氏篇夫子曰：「遠人不服，則修文德以來之」，其中的「文德」指的就是軟實力。我們必須有這個認知，硬實力和軟實力同樣重要，但是在現代，軟實力的影響必定比以往更加廣泛有效。

未來國際格局發展的五種可能

　　對當今的世界格局來說，最大的變數來自於中國經濟的快速崛起與整體實力的大幅提升。也就是說，中國的快速發展已經對世界格局產生了強大衝擊，也逐步影響了未來國際格局的發展。

　　而筆者預測了未來20年至50年之間，世界格局可能會有以下五種的發展方向。

1.無政府狀態

　　現行的國際格局或國際體系，經過緩慢的消融過程之後便逐漸瓦解，全球陷入了戰國紛爭的境地。世界可能進入全球性的無政府狀態，而國家化或國家集團化進程將被徹底摧毀。

2.新冷戰時期

　　世界將再度爆發東西方冷戰，這場冷戰可能發生在傳統冷戰國美俄之間，或者發生在不同文明的國度之間，也可能像是美國芝加哥大學教授約翰·米爾斯海默（J. J. Measheimer）所預言的，發生在美國與中國。

未來1.0
encounter

3.單極世界（Unipolar world）

已開發國家憑著自身實力，組成了既得利益國家集團並成功整合了世界，將所有邊緣國家與開發中大國都納入由自己主導的範圍之內，世界將會成為一個獨特的單極世界。

4.雙寡頭結構

當世界過渡到某種特定的雙寡頭穩定結構，就是今天人們反覆議論的中美兩國集團或者是「中美一體」（Chimerica）結構。就中、美兩國而言，兩者的關係是平起平坐，近趨融合，但又相互尊重，各自獨立。

5.多極世界（Multipolar world）

出現一個相對穩定的多極世界，其基礎可能是民族國家，也可能是按地理或宗教劃分的國家集團。以後者來說，目前已經出現的美、歐、亞三足鼎立的局面最值得關注，就亞洲來說，中國的影響力自然

升級未來腦

看過英語新詞「Chimerica」嗎？

「Chimerica」一詞，是將 China 和 America 合併而成的新英語單字，最早是2006年，美國經濟學家弗格森（N. Ferguson）提出，或直接翻譯為「中美國」、「中美共同體」等，其意義相相當於G2（兩國集團，中美之間的一種非正式特殊關係）。弗格森用這個詞描述全球化後兩國獨特的經濟角色，即是最大消費國（美國）與最大外匯存底國（中國）所構成的利益共同體，以及這個利益共同體對全世界的經濟與政治的影響。

也是舉足輕重。

　　由目前的國際發展預測，後三種情況出現的機率極大。總之，中國正處於急速發展的階段，儘管仍然存在著許多矛盾和問題，例如貧富差距、農村教育與醫療不足等，但整體上看來，不可否認中國的發展潛力無窮。

中國崛起的時代已經到來，
但其面臨到的種種問題仍待解決。

8-2/
由農村與教育
崛起的中國

2010年，美國的智庫卡內基基金會（Carnegie Foundation）預測，到了2030年，中國的GDP發展水準將趕上美國，屆時人民幣對美元升值最終可能為3比1。直到2050年，中國的GDP水準更將達到82萬億美元，成為美國當時GDP（44萬億美元）的兩倍。

中國GDP可能趕上美國？

到那時候，世界三大國際組織都將移向中國，如世界銀行、國際貨幣基金組織及聯合國經社總部等都可能遷至中國的北京或上海，而美國在世界經濟中的作用已退居次要。

但是，即便那時的中國GDP已居世界之冠，但中國的人均生活水準可能仍然無法趕上美國。礙於沿海與內陸發

> **關鍵數字**
>
> **2050年**
> 2050年中國的GDP水準將達到82萬億美元，成為美國當時GDP（44萬億美元）的2倍。到時候，世界三大國際組織都可能將移往中國，而美國在世界經濟中的作用已退居次要。

展嚴重失衡、貧富懸殊過大，因此即使2050年中國的人均GDP為5萬3千美元，也只有美國人均GDP9萬5千美元的2/3左右。照如此發

展，直到2100年，中國的人均GDP水準才有可能趕上並超越美國。

教育帶動經濟效益成長

不僅如此，未來20年，中國的中學入學率將提高近一倍，大學入學率可能增加50％，僅此一點，就能讓中國的經濟年成長率提高6個百分點以上。一旦教育水準提高，不僅能帶動勞動者的生產效率，企業的效益也能大幅提升，中國的經濟實力自然增強。

農村將創造更大的經濟利益

在分析經濟成長的原因時，我們最初應該將經濟分為農業、服務業和工業三種領域。在1978年到2003年之間，中國的勞動生產率在這三種領域平均每年成長約6％。不僅在都市，鄉村勞動人口的生產率也不斷提高。

2009年，約有55％的中國人口（約7億人）生活在農村，也就是說目前中國經濟成長的1/3都應該歸功於農村，且預估在未來30年內，農業將能創造更多經濟效益。

在分析中國經濟的成長狀況之時，也不得不注意中國面臨到的嚴重問題，如人口眾多、貧富差距拉大、燃料短缺、水源匱乏、環境污染等，這些都需要中國政府不斷改善。但不可否認的是，中國的崛起，勢必強烈影響世界格局，並且改寫亞洲及歐美的經濟版圖。

未來1.0
encounter

中國的山寨產品，
你可正面看待成「創造力的開端」嗎？

8-3/
中國山寨與挖角的
經濟效應

即便少數觀察家戲稱中國為「紙老虎」，但其改革開放後的經濟發展速度誠然讓人無法視而不見。中國多達13億人口的消費能力，在各種市場都是一塊令人垂涎的大餅。

　　中國勢力快速崛起的原因，除了地大物博及共產政權高壓施政的效率之外，其特殊的經濟模式與研發思維也有值得仿效之處。最明顯的例子，可以從山寨現象、重金挖角與邊境貿易等方面來看。

中國著名的山寨現象

　　對於中國大量傾銷的「山寨手機」，聯發科董事長蔡明介曾說出大膽的預測：「今日山寨，明日主流」。提醒台灣業者不要輕視山寨炫風的經濟效益。

　　其實，仔細檢閱中國製造的山寨手機、山寨電腦等，會發現其並非一味的「仿冒」，而是在外形相似、功能雷同的前提之下，附加了「正牌」產品所沒有的功能，也就是「全方位」電子產品的想法。

　　此外，中國山寨產品能說服消費者掏錢，除了價格相對低廉之外，「速度」也是行銷利器。就是因為跳過了「研發」步驟，一款山

寨電子產品從無到有，幾乎只需要短短的2個月。不僅如此，目前中國山寨大廠採用台灣聯發科生產的手機晶片，或者選擇鴻海企業（富士康）為代工夥伴，多半在品質上已大幅提升。

台灣服飾的山寨商機

「山寨」這樣的產銷模式，其實已悄悄地蔓延到台灣。根據台灣網路拍賣女裝的龍頭店家表示，台灣流行女裝通常以知名的日韓時尚雜誌作為指標，只要當月雜誌一發刊，成衣廠就依樣畫葫蘆，生產相似的服飾配件，而且從打版到上市，只需要2到3週。俗話說：「模仿是創造力的開端」，中國的山寨思維，也似乎不失為一種獨特的進步動力。

便宜行事的重金挖角

2008年，台灣鴻海集團旗下的大陸手機代工廠富士康公司，驚傳被中國勁敵比亞迪（BYD）挖角四百名幹部的消息，令「泰山崩於前而色不改」的鴻海總裁郭台銘也急得跳腳，並揚言控告對手侵權。

2009年，中國南京大學校長陳駿隨「江蘇採購團」來台訪問，並公開表示要向台灣醫界挖角，希望延攬台灣醫學院相關科系的教授轉任南京大學，並直言「歡迎台灣教授帶著自創的原版教材來和江蘇學生共享」。

台灣學者也指出，對岸對於台灣人才一向虛位以待，不僅不惜重金禮聘，甚至提供住處、實驗室，乃至於整個研究團隊與先進儀器，任誰都難以不動心。

其實，不僅是學界、醫界、高科技產業，就連體壇、航太工程，

甚至是保險業高層，對岸頻頻招手的新聞已屢見不鮮。中國在科技及研發能力較台灣落後許多，教育培訓體系也未臻健全，因此直接重金挖角國際卓越人才，便成為便宜行事的不二法門。

中國動漫起飛的人才缺口

2009年，台灣著名漫畫家朱德庸的創作紀念館，於中國動漫基地杭州落成。據悉，當時台灣機構也曾前往商議，希望能留下朱德庸，並打造一座類似的主題概念館，可惜因配套措施令朱德庸不盡滿意，無法成就此番美事。

關鍵數字

97%
中國動漫產業以近100%的速度成長（97%），預估到2100年，整個大中華動漫產業至少會有200億美元的產值。

2010年，「中國國際動漫節」在杭州熱鬧開幕，中國向世界展現推動動漫產業的決心。蘇州動漫公司總監更指出，目前中國在該領域的從業人口不到1萬人，可說是捉襟見肘。可想而知，在不久的將來（或許就是現在），台灣的數位傳播產業又將經歷一場菁英跳槽風波。

姑且不論挖角或跳槽的職業道德與競業條款的法律責任，中國重金延攬人才的作法，的確有其經濟效益。當台灣政府在扼腕人才留不住的同時，應思考如何提供出優質環境與優渥待遇以留住人才，這才是根本的亡羊補牢之道。

中韓邊境貿易的借鏡

與朝鮮半島有著地緣關係的中國，從韓戰「抗美援朝」以來，就與同為共產國家的北韓維持著友好關係。長久以來，世人對北韓的印象不外乎獨裁、封閉與核武，卻忽略了北韓坐擁豐富的鐵、金、煤與

石油等天然資源。

因此，許多嗅到商機的中國商人紛紛跨越鴨綠江，與北韓有密切的貿易往來，例如目前北韓境內第一大百貨公司：「平壤第一百貨大樓」，就是由中國商人所承包的。近年來，北韓廣設自由貿易區與經濟特區，便是希望吸引外資來幫助國內發展經濟。

對中國大陸來說，目前的北韓如同80年代對外改革開放的中國，除了龐大又低廉的勞工之外，日用品與基礎建設也是外資獲利的標的。

初步估計，北韓市場價值數百億美元，撇開令民主國家感冒的「支援共產集團」的話題不談，中國大陸對於新興市場的積極態度，仍然十分值得各方借鏡。

未來1.0
encounter

在未來，
薪資調漲是不分國界的一致趨勢。

8-4/
中國薪資結構
的轉變

近年來，物價上漲已成為小老百姓茶餘飯後的熱烈話題。雖然經常有人抱怨「房價漲、牛奶漲、石油漲、衛生紙漲，就是薪水不漲」。但不可否認的是，目前世界各國都多少有著提高最低薪資標準的趨勢。

薪資上漲不分國界

我們以長久以來享受「人口紅利」的中國為例，2006年世界銀行在《全球經濟展望》報告中便預測——2030年，中國薪資將大幅上漲，人均收入將從相當於高收入國家平均水準的19%，上升至42%。

> **關鍵數字**
>
> ## 2030年
> 2030年，中國人薪資將大幅上漲，人均收入將從相當於高收入國家平均水準的19%上升至42%。

事實上，從1989年到2004年的15年間，中國的實際薪資漲幅已達到110%；2010年，中國的31個省市更陸續修法提高最低工資，使平均漲幅達23%。

而台灣基本工資卻曾長達10年未調薪，但近幾年間就有3次的調升紀錄（2007年、2010年、2012年），可見薪資上漲是不分國界的

共同趨勢。

筆者預測，到了2030年，世界各國在貧困和收入分配方面將產生巨大變化。例如每天消費低於1美元的貧窮人口，將從目前的11億減至5億5千萬；而每天消費低於2美元的貧窮人口，將由目前的27億減至19億以下。同時，到了2030年，東亞及東南亞在世界排名前10%的貧窮人口比例，也將由2000年的60%減至30%。

中國中產階級的逐漸壯大

隨著中國經濟的快速發展，中國的中產階級也將不斷增加。到了2020年，中產階級將達到7億人口。而根據中國《國家人口發展戰略研究報告》指稱，2020年中國的人口將達到14億5千萬。也就是說，未來不到10年間，中國中產階級人口將占國家總人口的48%以上，到那時候，中國人近半已成為中產階級。

而美國早已是一個中產階級為主的社會，年收入在3萬至20萬美元之間的人口，已達到總人口的80%左右。

以一個普通的美國家庭為例，夫妻兩人加起來年收入10萬美元左右，工作一年後可買一輛日系車，工作兩年後開始有能力負擔一幢20萬美元左右的房子（大約100平方公尺），在波士頓的市區已足夠一家三口居住。

其中，美國上層的中產階級（受過高等教育的專業人士或管理階層），家庭年收入大部分在8至15萬美元之間，占總人口的10%；而下層中產階層（半專業的技術工人、工匠或創業者)，家庭年收入通常在3至8萬美元之間，已達到總人口的30%。

未來1.0
encounter

中國薪資結構的改變

目前中國中產階級正加速崛起。在2000年之前，中國出現了中產階級崛起的趨勢；2001年，中國中產階層規模已達到15％左右；直到2010年，中國中產階層規模已達到總人口的23％。

短短幾年間，中國中產階級的比例就提高了8個百分點，遠快於2000年前的成長速度。因此，英國路透社表示，從世界級的基礎設施到數量龐大的中產階級，中國的發展都讓人瞠目結舌。

事實上，2010年時，中國的低層勞動力市場就已經產生了明顯變化。以農民為代表的低層勞動力工資不降反升，且增加速度超過了都市工人工資的漲幅；此外，各種民營和外資企業也大幅提高薪資水準。這顯示出中國的低層勞動力市場，已經出現了結構性轉折，同時也宣告低層勞動力市場的薪資制定，正從傳統的「生存薪資定價法則」轉向基本薪資約束下的「市場議價法則」。

而依聯合國推測，中國勞動力將在2017年進入負成長，缺工人數將達到近1800萬人，勞動力匱乏也將導致低層勞動力薪資形成機制的變革，也帶動中高階級勞動力市場的勞資關係與薪資議價的變革。

「使用者付費」的觀念將被打破，
未來消費者開始將「享受而不付錢」視為理所當然。

8-5
0元是商業的未來

2009年，美國《連線》（Wired）雜誌總編輯克里斯·安德森（C. Anderson）出版了名為《免費：商業的未來》的著作。作者提到了一個全新的商業模式——免費。而它所代表的，就是數位化網路時代的未來。

什麼是「免費」商業模式？根據安德森的說法，這種新型的免費商業模式，是一種建立在以電腦為基礎上的經濟學，而不是以往建立在物理原子基礎上的經濟學。

它是數位化時代的一種獨有特徵，安德森認為，如果某種商品成為「軟體」，那麼它的成本和價格也會不可避免地趨向於零。且這種趨勢正在催生一個新的經濟模式，在這種新經濟之中，商品的基本定價就是「0元」。

> 關鍵數字 8
>
> **0元**
> 後網路時代將大量出現「免費」的商業營運模式，在這種新經濟型態之中，商品或服務的基本定價就是「0元」。

分享與交換將會是商業趨勢

對我們來說，「免費使用某種商品」是一種淘汰舊有思維的商業體驗；對企業發展來說，這種模式卻屬於一種生存法則，一種改變舊有發展模式，使企業脫胎換骨的「動力引擎」。

經濟學者茱麗葉‧修爾（J. B. Schor）曾指出，目前的版權、專利和商標法律，實為資訊普及的阻礙，因此她主張提倡「知識公共財」（Knowledge commons）的觀念是激勵創新的基石。

目前廣受歡迎的軟體、線上書評及YouTube的影音分享，就是因為人們渴望認同，並享受對大眾福利的貢獻與回饋，才能產生出源源不絕的創意。

筆者認為，在經濟的許多層面，尤其是資訊、文化、教育、通訊領域等，社交分享與交換已經是習以為常的事。因此，如果禁止分享或轉載，將會扼殺創意及阻礙資訊流通。台灣數位文學權威須文蔚教授甚至認為——「拋棄著作權」是數位文字工作者必須要有的體認。

在「電」剛剛出現的時代，如果有人預測，未來的電力將會像自來水一樣，想用時扭開水龍頭就能立即使用，那麼大多數人都會嗤之以鼻吧。然而在時代的變遷之下，這一切都成為了現實。

同樣，在現今社會裡，當企業的利益是為了追求利潤的最大化時，如果有人推崇未來的「免費商業」模式，也許很多人也會不以為然。但最終，這一切也將成為現實，因為它所代表的是未來商業的發展趨勢。

「免費」的附加價值思維

時至今日，網路已經非常普及，也由於它的存在，我們已經能享受不少免費的商品與服務了。而其中最常見的，就是網路上提供的免費內容與各平台上供下載使用的免費軟體。其實，提供免費服務的業者並非完全不顧收益，而是有其商業考量——企業以免費軟體提升企業形象或提高品牌知名度；而提供載點的網站則得到了廣告營收。

但我們不禁要問，這種「免費」的商業模式將會帶給企業什麼影響？

在目前的大環境下，企業尋求擴展，那麼應該創新的不僅是產品，當然還包括經營模式。但是，在消費者強烈期待免費產品和服務的情況下，要創造出新的經營模式並不容易。因此，對企業來說，如何在低成本、零收費的基礎上來擴大企業版圖，就是問題的核心了。

而免費商業的核心價值，就是累積龐大的客戶群體。「群眾」代表著商機與廣告，如果企業賺足了人氣，名聲響亮，那麼盈利自然也就跟著來了。

Google免費開放Android系統

目前，「免費經濟」正在我們的生活中無孔不入，「使用者付費」的觀念被打破，消費者開始將「不付錢而享受」視為一種理所當然。

其中最著名的例子，就是Google所研發的Android作業系統。2009年，Google公司發表專為手機開發的全新作業系統「Android」，並且破天荒宣布開放該系統，提供手機製造商免費搭載。

相對於其它大廠龐大的權利金，手機製造商當然樂於向免費的Android靠攏。因此短短2年，Google的Android系統不僅超越諾基亞（Nokia）及蘋果（Apple）等知名大廠，成為智慧型手機作業系統的最大贏家，更使微軟市佔率衰退2%。

Android能成為成長速度最快、並且穩坐作業系統龍頭寶座的霸主，原因就在於「免費策略」奏效。

華文網的免費電子書下載

　　早在1999年，台灣數位內容出版的先鋒——華文網，在開發電子書時，即發現免費的電子書下載流量大，幾乎癱瘓出版業者的網路下載平台，可見其受讀者歡迎的程度，但是，若改以付費下載的模式，電子書將乏人問津，影響到它的流通率。

　　此外，不能不提新絲路網路書店，在各個知名網路書店的強敵環伺之下仍能生存的主要原因，也是因為其至今仍然提供免費的電子書下載服務的關係。

　　由此可知，企業一旦突破傳統的經營模式，接受「營收並不完全取決於商品本身價格」，並重視產品銷售過程中的附加價值，那麼，新的機遇就會隨之而來。

現今網路已經進入了「現場直播」時代，
網友們得知的永遠是最新消息。

8-6/
Web3.0即時網路
時代來臨！

1993年，美國的《紐約客》（New Yorker）週刊上刊登了一幅漫畫——一隻坐在電腦前的狗，對坐在地板上的另一隻狗說：「在網路上，沒人知道你是一條狗」（On the internet, nobody knows you're a dog.）這句話一語道破了網路的匿名性和便利性，因此在當時立刻成為網路流行語。但是，這幅漫畫的意義卻將成為歷史。

筆者預測，到了2020年，即使沒有產生突破性的技術革命，但是保守估計，全球的上網人口也將輕鬆突破40億，普及率達到60％以上。以台灣為例，根據資策會（FIND）調查，目前台灣上網人數數量約近1700萬人（截至2011年3月），普及率高達72％，同時因手機普及而逐年攀升。

Web3.0就是即時網路時代

未來網路的應用模式將發生根本性的變化，筆者將這場即將到來的革命稱為「第三波浪潮」（即Web3.0浪潮，前兩次分別為Web1.0浪潮和Web2.0浪潮），或者是「即時網路時

關鍵數字

3.0
未來網路的應用模式將發生根本性的改變，這場即將到來的革命稱為Web3.0，就是指「即時網路時代」。

未來1.0

encounter

代」。

所謂的即時網路，特色在於「即時性」及「互動性」上，也就是以「大規模同時上網網友的即時互動」作為基礎的網路應用。當網路上隨時隨地都有無數網友同時上線，而且又能即時互動時，網路就不再只是單純累積的歷史網頁，而是大量網友的同步討論、聊天與資訊交換。

例如早期觀眾透過電視觀賞國際球賽，看的大多是實況錄影，但現在，我們收看的是零時差的現場直播。這種變化大大提升了看比賽的刺激感與臨場感，因為沒有人知道下一秒鐘會不會逆轉，人們的視聽娛樂因此多了懸念與更多的趣味。

不只是電視，現代的網路也早已進入了「現場直播」時代。例如，身在台中的你今晚想到台北玩，你立刻就可上網搜尋，或者是將詢問文Po上「Facebook」或是BBS大站的「PTT」，就會有來自四面八方的網友熱心替你解答，也許台北的網友開始推薦行程，九份網友提醒你瑞芳正在下大雨，住劍潭的網友告訴你士林夜市的藥燉排骨正在大排長龍等……網友得到的資訊永遠是最快、最新的第一手資料。

這樣的「即時化」溝通，必將成為未來幾年通訊創新的核心重點。有即時微網誌（Micro Blog）、即時媒體、即時搜尋、即時通訊、即時商務、即時管理等，像是推特（Twitter）、噗浪（Plurk）、google+、智慧型手機下載app等都是正夯的即時通訊，各類即時性的應用都將成為未來網路發展的主要動力。

而如前述的微網誌（Facebook、Twitter、Plurk）、行動網路、3G、雲端運算（Cloud computing）、媒體整合（Media convergence）、即時搜尋等，都是從不同層面來表現新的通訊趨勢。

看看Web3.0五大特色

與前兩波浪潮相比，即時網路時代的特色主要表現在以下：

1. 快速有效的「即時化」

即時化應用將成為未來網路領域最活躍、最大的創新重點，也是誕生下一個「Google」最有可能的方向。

2. 滿足各方需求的「生活化」

當網路全面融入生活之後，網路便不再是簡單的媒體，也不再只是通訊或者商務平臺，更不是獨立的網路使用，而是能夠滿足我們日常生活各方面需求的綜合性開放空間。

3. 消磨時間與金錢的「娛樂化」

網路進一步發展之後，一般大眾將成為上網的主力，我們上網的第一需求可能轉為娛樂與溝通，而不再是早期的新聞、電子郵件、搜尋等。以往，我們習慣將網路當成一種降低成本、節約時間、提升效率的生產工具，但在未來，網路將大幅呈現違反生產工具的特性，即是消磨時間、降低效率與消費金錢。

4. 虛擬與現實「一體化」

在網路上，你再也不是「一條沒人知道的狗」，因為虛擬生活將與現實生活融為一體，虛擬身份也將與現實身份合而為一。

這是劃時代的進步，但也會產生許多新的問題。如果未來人類現實世界的最大挑戰是環境惡化，那麼虛擬網路世界的最大挑戰，將是個人隱私和網路安全的危機（看看Facebook的隱私問題受到多麼大

的注目就可略知一二）。

5. 直接面對世界的「去中間化」

去中間化（Disintermediation），是電子商務時代一個十分重要的特徵。在Web3.0時代，強調的是B2C（Business To Consumer）概念，即是製造者再也不必仰賴中間商的行銷或運輸系統，而是直接在網路上展示產品，或者開設網路商店，接受消費者透過網拍方式進行交易。

而因為有了「網路」這個低門檻的宣傳管道，能大大降低生產成本，因此即使是「素人」也有嶄露頭角的機會。

像是音樂創作者不再需要苦心錄製demo帶寄去唱片公司試聽；文字創作者也能攻破各種徵文比賽大門，只要直接在網路上發表作品，有才華的人能被世界看見，即便是沒有才華的人，若有特色也能紅極一時。因此許多「中間商」，如經紀公司、唱片行、出版社、房仲業者等等，在未來恐怕都即將面臨淘汰。

想要在第三波、甚至未知的第四波浪潮之中安身立命，就必須適應電子商務所帶來的消費變革，並且能活用它的優勢創造出產銷新契機才行。

Q：什麼是足以改變十幾億人的未來新趨勢？

A：答案是「三螢一雲」。

8-7

不可不知的
「雲端運算」趨勢

所謂三螢，代表硬體。指的是「電視」、「手機」及「電腦」的螢幕；一雲，代表軟體。指的是「雲端運算」，而這也是當前科技三巨頭——微軟、Google、蘋果爭相競食的大餅。

當三螢與一雲完美地整合成了「雲端服務」（Cloud service）之時，這就象徵著資訊高牆倒下，全球幾十億人已共同進入了「資源共享」的新扁平時代。

然而，世人口中說的「雲端運算」究竟為何物呢？

雲端服務Service on the internet！

其實，雲端運算的發想，與前述的「免費」及「即時互動」有關，它並不是一個新技術，而是一種新觀念、新思維。

大自然中的陽光、空氣、雲雨，皆由人類所共享，沒有人有權利將其獨占，或聲稱具有所有權。而網路上的資源及訊息，如果能像這些自然資源一樣，將其釋放到天空中去，不論是誰，只要抬頭仰望，就能輕易取用或交換，人類的「分散智慧」才能發揮最大功效，成為「集體睿智」。

雲端服務就是此概念的終極實現，它企圖透過網路，將全球資源整合，使得服務不再是壁壘分明的獨立個體，而是匯聚在「公共雲」（Public cloud）上的共享資源。使用者只要透過網路連接到「雲端」，就可以輕易獲得遠端各種服務。簡單來說，雲端就是「將資料及個人生活全數丟到網路上進行處理」。

　　而世界的未來就決定在於行動裝置、社群網路和雲端技術的C時代，年輕人查資料用谷哥、交朋友用臉書、開會用推特、買東西上亞馬遜。因此廣達董事長林百里指出，未來會造就一群「網路新人種」，那就是C世代（雲端的cloud），也就是說，數位的人文教育將是未來的重要關鍵，同時價值鏈開始轉向雲端服務，產品的設計要能跟消費者產生共鳴，必須更重視文化、創意與人性。

雲端運算的優點與方向

　　不僅如此，雲端的最終目標，是將三螢與遠端主機間的界限完全消融，也就是說，未來個人電腦或手機再也不需要下載軟體，不需要更新程式，就能直接在線上完成一切活動。

　　根據國際管理顧問公司麥肯錫（McKinsey & Company）的報告指出，一家規模200人的中型公司，如果採用雲端運算，光是軟體部分，就可以省下約30%的營運成本。

　　當然，對企業來說，雲端服務雖然降低了資訊傳遞的成本與維修支出，卻也同時提高商業機密曝光的危險。但對個人來說，電腦再也不需要更快的中央處理器（CPU）或者更大的硬碟容量，除了節省資訊負載的空間及花費之外，還能滿足消費者更多元的需求。

　　除此之外，筆者認為，未來非智慧型手機將被淘汰，而行動搜尋

將會成為行動上網的主要應用。行動上網是開放的世界，隨著雲端技術的運用及網路速度的提升，雲端的魔力將真正改寫行動上網的歷史。

2010年算是台灣雲端運算服務的元年，但這樣的起步並不算晚，目前台灣的雲端市場規模約新台幣50億元，估計2013年將會達到新台幣103億元。

在不久的未來，將會有雲端Office系統、雲端桌面環境、雲端音樂、雲端列印、雲端閱讀、雲端病歷、雲端遊戲等……甚至超越了「三螢」範圍，出現雲端車、雲端屋、雲端博物館等結合全球雲端平台的服務，為人類的智慧化生活打開全新視野。

關鍵數字

2010年

2010年是台灣雲端運算服務元年，目前台灣雲端市場規模約有新台幣50億元，估計2013年更將達到新台幣103億元。

◆註：雲端運算（Cloud Computing）並非技術，而是一種概念，是基於電腦技術的運用，發展而成的一種網路交流型態，「雲端」就是指「網路」，雲端運算就是利用網路溝通多台電腦的運算工作，或是透過網路連線取得由遠端主機提供的服務等。雲端運算技術最早是由Amazon所提出的，為了因應網路購物平台而生，之後Google、Microsoft先後跟進。

「寬頻網路普及率」，
將成為衡量一國數位經濟發展程度的重要指標。

8-8/
再快一點！
寬頻競速時代到來

目前，美國人對於智慧型手機和網路電視的狂熱，已經超越了他們對汽車的熱愛程度。
基於現代人對網路的重度依賴，如果寬頻資源有限，供給不足，那麼將可能導致新千年
（The New Millennium）中的第一個「新資源危機」。

頻寬不足就是僧多粥少

　　從技術層面上來說，寬頻技術是指經由一個管道傳送資訊的能力。透過這個管道的資訊越多，那麼所需要的頻寬就越大。無論何時，當傳送資訊的需求超過了這個管道的運輸能力，就會導致頻寬不足。

　　也就是說，假設美國紐約的每一個iPhone用戶都想使用影片或者上網時，AT&T公司的無線網路流量就會爆增，最終的結果，就是誰都無法得到想要的資訊。最簡單的例子，就是台灣每逢12月31日跨年夜時，一旦5、4、3、2、1倒數完畢，這時候無論你是想傳簡訊還是打手機說新年快樂，往往都會出現傳不出去或是打不出去的「系統忙線」障礙，這些都是流量超載所導致的。

　　隨著數位經濟快速發展，寬頻網路基礎建設已經成為促進知識共

享與地方發展的關鍵因素，「寬頻網路普及率」更是成為衡量一國數位經濟發展程度的重要指標。

寬頻速率決定上網品質

如今，全球各企業及組織機構每天都需要處理大量的資料，消費者也會在網路上瀏覽資訊、共用高畫質影片、玩網路遊戲等等，每天都有數百萬計的人同時消費數10億筆的資料，導致資料流量的急劇增加，讓「網路塞車」變得頻繁。因此，提升寬頻網路的承載力及傳輸速率，便理所當然地成為促進資訊傳播的首要任務。

事實上，以市場需求來說，目前隨著IPTV（寬頻電視）、影片下載、網路遊戲等寬頻業務的興起，網路的頻寬已逐漸出現「供不應求」的現象。

而根據調查顯示，台灣的網咖用戶使用最多的網路服務為對頻寬要求極高的「線上遊戲」，佔了網咖族的65％。因此一旦寬頻發展遲滯，用戶的使用勢必受到影響。

除了線上遊戲，播放目前的高畫質影片需要至少40Mbps的頻寬，而未來的3D電影或者新的超高速高畫質影片將需要更好的傳輸速率。這些影片的解析度將會比現在高出16倍，而壓縮版本就需要至少320Mbps頻寬，未壓縮版則需要更高的每秒24G的頻寬。

如此「高標準」的需求，既是擺在廠商面前的一大難題，卻也是其拓展的一大商機。

超高速寬頻成為各國目標

目前全球的寬頻已開始進入競速時代，未來這種情形會更加明顯。根據全球著名的寬頻調查公司PointTopic的最新報告：全球寬頻

用戶數已達到5.6億戶，家戶普及率達到50%，光纖上網所佔比重約為15%。

以此成長速度推算，預估2013年全球寬頻用戶數將超過7億，未來還將持續成長。

美國政府認為，寬頻網路已經超過電話和廣播電視，成為美國最主要的通訊媒介。而美國當局的長期目標是2020年，為1億個家庭提供100Mbps的寬頻，並在社區網站（如學校和政府大樓）安裝1Gbps的寬頻。這意味著未來美國大多數的家庭和社區，都能享受超高速的網路連線。

除美國之外，超高速寬頻也受到歐盟青睞。歐盟委員會最近也推出「歐洲2020戰略」建議方案，提出了構建「創新型聯盟」的構想。在「歐洲2020戰略」中指出，歐洲在2013年將全面普及寬頻網路，而2020年，所有網路的介面速度將達到每秒30百萬位元組以上，其中50%的家庭用戶網速將會達到每秒1百兆以上。

當世界超寬頻網路都建構完成之後，全球的網路人口終將能體驗到真正「無Lag」、「無等待」的上網品質。

台灣寬頻網路普及——競爭力全球第6

　　根據英國威爾士大學國際競爭力中心發布的「世界知識競爭力指數(WKCI)」中，台灣寬頻滲透率指數評比分數為157.7，在全球145個地區中排名第6位，僅次於冰島、南韓、香港、荷蘭及丹麥，更是超越了亞洲的日本與新加坡。

　　目前政府推動的「智慧台灣」計劃，即是積極建構無線寬頻與數位匯流網路，期望在高速匯流網路（30Mbps以上）的覆蓋率能突破80％，以建構智慧型基礎環境，發展創新的科技化服務，提供國民便利的優質生活環境。

用汽車、微波爐、鞋子收看新聞？
這樣的預測雖然荒誕，但還不是妄言。

8-9/
資訊媒體傳播的
「後革新」時代

諾基亞前設計總監亞當・格林菲爾德（A. Greenfield）說：「10年前，人們都是透過報紙、雜誌、電視來獲得資訊；現在，我們透過電腦、手機連接網路來獲得資訊；未來，當我們的汽車、微波爐甚至腳上穿的鞋子都能成為網路的接收終端時，我們就將真正實現接收資訊的『無時無刻』和『無所不在』」。

傳播媒介終將主導你我生活

2000年，全球的手機用戶數還僅有4億7千萬，但到了2011年，卻已經攀升到59億，成長超過12倍。不僅如此，手機的功能也產生了巨大變化，根據資策會的調查發現，台灣民眾以3G／3.5G行動上網時使用的設備，「手機」佔了87%，比例已經超過筆記型電腦，民眾開始利用手機瀏覽資訊，顯示出「手機」的主要功能已經不再只是單純的接聽電話，反而成為人們上網接收訊息的主要媒介之一。

如果在10年前，也許任誰都想像不到這樣的光景。因此若10年

> **關鍵數字**
>
> ### 59億
> 2000年，全球手機用戶數僅4.7億，但到了2011年，卻攀升到了59億，成長超過了12倍。

之後，我們真的用微波爐或是汽車來收看晚間新聞，那又有何奇怪之處呢？

終究，傳播資訊的性質都跟你我日常生活中的食衣住行育樂各方面是息息相關的。傳播學者麥克魯漢（Herbert Marshall McLuhan）也提出「媒介即訊息（The medium is the message）」觀點，認為傳播媒介終將反客為主，主導資訊內容與人們的生活習慣。

傳統報業的後革新時代

這個標題，可以由美國報業的衰頹得到證明。2008年，美國紙本媒體接連遭遇資金短缺問題，至少有6家報社面臨了大幅度的裁員危機。當然，這也跟當時的金融風暴有關，但問題的根源還是在於讀者與廣告商的雙重流失。

根據筆者研究，在美國，企業刊登廣告已逐漸捨棄了傳統媒體，特別是報紙。近90％的美國企業計劃將部分行銷預算投入到線上遊戲、虛擬社群等電子媒體上。而傳統媒介，尤其是平面媒體，正在生死存亡的十字路口中尋找生機。筆者認為，傳統媒體正處在「維持生存」的狀態之上。

那麼，未來的傳統媒體該往哪個方向走？筆者認為，傳統媒介若要尋求復興，除了必然得走向網路之外，還必須走向「深度化」、「專業化」，才能夠直搗核心，謀得立足之地。

未來的新媒體會以更快的速度進化，而傳統媒介要突破困境，就必須與新媒介在不斷的競爭與磨合之中，找到各自的發展空間，並大幅度地相互融合。

在網路新聞崛起初期，各國報社紛紛投入電子報市場，但僅止於

紙本的「網路版」的延伸；而後，電子報上附加了影音新聞及互動平台（例如可留言感想），此時，傳統媒介的「後革新時代」才算正式宣告來臨。

像是現在的《紐約時報》有紙本發行，但在官方網站上，民眾不僅能看到報紙的網路版，還能看到相關的動態影音以及更深入的報導，同時還設有論壇作為網友發表評論的平臺。以外，網站還提供了微網誌、影片分享、搜尋引擎等服務，以滿足現代大眾的不同需求。

因此，簡略來說，「多元化」與「多層次」地滿足消費者的參與性與互動性的需求，將會是未來新媒體的發展方向。

資訊傳播的趨勢將更加個人化

同時，隨著新媒介的發展，一般大眾參與的意願也逐漸提高。在數位化技術進步到可以讓所有的資訊都以同一種載體，或透過同一種管道傳輸之後，傳播活動就從「單向」的傳送，變成了傳播者與接收者之間「交互」傳播的互動模式。簡單來說，傳播者同時也是接收者。

美國傳播學者甚至提出這樣的假想：在未來，網路將不再由一頁頁的網頁鏈結而成，而是由一個個碎片化、帶有標籤的內容組成。到時候，你我可以根據自己的喜好，點選這些標籤與其相對應的內容，這樣的網路模式，必定會比今天你我慣用的網頁鏈結模式更複雜，但內容能更多元及立體化，對大眾的各種需求也提供了更為個人化的選擇。

廠商奉上新品委託人氣部落客試用和宣傳，
另類的「體驗經濟」就此而生。

8-10/
「體驗式經濟」
你喜歡嗎？

許多部落客身先士卒地為消費者試用新推出的美妝產品，或者搶先試吃剛上市的餅乾甜點等，並在部落格上Po上心得供網友參考。而消費者照著這些體驗心得購物，就不必擔心買到不合用的「NG商品」。

反璞歸真的體驗式旅遊

居住在都市中的大眾，對生活的評價往往是「工作忙碌」、「壓力大」，因此想盡辦法「逃離現實」便不知不覺成為大家放假時的共同目標。

因運如此需求而生的，就是所謂的「體驗式經濟」。「體驗式經濟」以回歸自然，崇尚原始為訴求，提供你我「反璞歸真」的機會。像是近年來，台灣興起一波「水稻體驗」的旅遊，宜蘭許多民宿紛紛規劃「住宿」＋「水田插秧」的套裝行程，提供都市人捲起褲管下田玩真實版「開心農場」的機會。

此外，許多觀光客也開始捨棄了巴黎、紐約等世界著名大城旅遊的習慣，改往不丹、西藏等未經商業化洗禮的地區深度探訪。又或者是近年在日本興起的「工場見學」，提供參加者實際參觀工廠運作情

形的寶貴經驗，如參觀汽車製造工廠、啤酒製造工廠等，使得觀光客多了更深一層的體驗與產業認識。

根據資料，強調「小規模」、「對自然及人文環境最少干涉與破壞」的生態自然旅遊（Eco-tourism）以每年10％～30％的速度快速成長，顯示了旅遊型態正在改變，多數大眾對於「觀光」的目的有了更深層的不同體認。

新鮮、有趣、有意義的DIY開始盛行

不僅是觀光業，其它產業也嗅到了消費者對於「真實體驗」的新鮮感與嚮往，於是紛紛開發出新商品。例如山葉的戰士機車（Yamaha Warrior）便是將摩托車配件組裝的工作交還給消費者，讓「機車迷」可以自行選擇喜歡的零件，改裝一輛完全屬於自己的車。

而貝蒂妙廚（Betty Crocker）也是發現大眾在DIY的烘焙過程中得到的樂趣遠勝於從甜點店買蛋糕回家食用，才成就了今日全球數一數二的糕點品牌。此外，如園藝、木工或者類似「嘉邑行善團」這類的志工團體也正逐漸壯大。

◆註：嘉邑行善團，1965年由何明德創辦，是中華民國嘉義地區一個以造橋鋪路為主的社會公益性團體。在沒有政府預算的支援下，至2010年7月止已興建436座橋，被馬英九總統譽為「不僅是台灣之光，更是世界奇蹟」。

是試用心得還是廣告文？

這股DIY風潮，也使得對於各種手工藝製作頗有心得的「部落客」（Bloger）間接受惠。例如美國蒙大拿州（Montana）一對夫婦就將自己親手打造太陽能模板屋的經驗Po在部落格（Blog）與同好分享，爾後更以此創業賺取額外收入。

當這些部落客的文章被認定具有公信力且聲名大噪之後，許多廠商便會開始找上門，自行奉上新品委託人氣部落客代為試用並宣傳（或許給點酬勞），使得另類的「體驗式經濟」產業由此而生。

當然，這就開始考驗消費者是否足夠聰明，能辨別出部落客的分享文究竟是「公正」第三者的試用評論，抑或是「賺取稿費」的置入性行銷了。

經驗傳承的學徒制復興？

體驗式經濟興起的原因，在於現代人終於注意到「經驗傳承」的重要性。它透過了充分的經驗累積與分享，讓後人不再走冤枉路、不再盲目探索、不再需要從頭開始。

同時，另一個「經驗傳承」則表現在學術界。近年來學術界開始注意到升學主義之下，「理論」與「實務」之間產生的巨大鴻溝，因此大力提倡產學合作，期望透過「累積經驗」來彌補這個教育缺陷。此外，也有學者呼籲復興逐漸沒落的「學徒制」（Apprenticeship），以實現教育社會學者杜威（J. Dewey）所說的「做中學」（Learning by Doing）理論。

又像是瑞典於2008年時，便試辦了高中職業課程「學徒制」，規定高中職學生必須到相關企業實習一年以上，並由企業指派實習指

導員來教導學生實務工作。根據調查結果，有高達90％的企業人事主管認為，學徒制將上課場所移到企業現場，的確有助於學生補強實務經驗，也更能有效解決學生「畢業即失業」的窘境。

也許在未來，學校「老師」的地位將逐漸淡出，教育改由置身於職場第一線的專業人士接手，如餐飲系學生的教師是廚房內的主廚；觀光系學生的教師，是正在線上的旅行團導遊。

再如一則新聞，一般高中公民課會去「參觀」法院，但是台灣的建國中學卻將真實法庭的攻防戰搬進校園。學校買了和真實法庭一模一樣的三色法袍，讓角色扮演的同學穿上，因為角色真實且頗具壓力，讓多數同學都必須將法條或觀點背得滾瓜爛熟才敢「真槍實彈」地上場演練，這也無非不是一種更有效「實習」的學習方式。

國際競爭的基本單位既不是企業，也不是國家，
而是大都會區。

8-11
國際競爭已轉向
大都會區

世界上各個城市的發展，都與外界及經濟全球化的發展趨勢緊緊相關，既不能封閉地孤立發展，也不能夠自成體系、自求平衡。城市之所以能存在，就在於它與鄉村及其它城市之間有一種「內在關聯」，而地理學家稱之為「共生關係」。

未來城市群的發展三階段

　　高密集的「城市群」，屬於一個龐大的社會經濟體系，可以產生巨大的群聚效應。它有別於相距較遠的鬆散城市群，又不同於完全集中的單一大城市，而是集多個大城市的優點，又去除了過度集中的城市之缺點，是能使「經濟」、「社會」和「環境」效益獲得平衡與統一的大城市。

　　未來城市群的發展將會經歷三個階段，分別是內聚性城市群、依存性城市群及城市網路。

　　當城市發展到城市網路階段時，城市群的開放性「網路」結構將開始形成，不同等級、不同規模及不同性質的城市構成了城市網路，各個城市形成一定的集聚和輻射範圍，相互「依存」，並以「城市」為節點、以交通為地域性網絡，且能不斷進化與充實城市群的網路體

系。

繁榮的大城市都會區 > 國家

　　筆者認為，在21世紀時，國際競爭的基本單位將不是企業，也不再是國家，而是大都會區（Megalopolis）。

　　隨著日益繁榮的經濟全球化趨勢，以「大都會區」為單元的「區域性」國際化競爭形態也將成為主流。

　　像是美國已經發展出了十大都會群落，而巨型的城市群集也已經在歐洲出現，如英格蘭東南部、比利時中部、瑞士北部、法國巴黎和德國柏林等地。

　　而近年新興的大都會區則出現在東亞，如中國的珠江三角洲和長江三角洲、日本的京阪走廊、台灣的台北高雄，以及印尼的雅加達等地區。這些地區因為資源互用、經濟往來、人口集散，及商業金融中心將其它鄰近地區聚合在一起，而成為一個腹地廣大的都會區。

　　一個繁榮的大都會區，對全球的經濟影響力甚至大於一個國家。如果想發展具有潛力的都會區，首先必須要重視資源的整合與分配，除了港口、國際機場等硬體設備必定需要規劃完善之外，自由的貿易政策、蓬勃的資金流通還有穩定的政治局勢，在在都是吸引外資投資的條件。

全球化帶來了──
迅速、便捷、有福共享，但也少不了有難同當。

8-12/
還沒發現？
全球化就在你身邊

有這樣的一個故事：一位英國王妃和她的埃及男友，乘坐了一輛由喝多了蘇格蘭威士忌的比利時司機駕駛的，裝有荷蘭引擎的德國汽車。沒想到卻被一群騎著日本摩托車的義大利狗仔追蹤，結果不幸在法國的隧道裡發生車禍。搶救王妃的是美國醫生，用的藥多數產自巴西……這就是引述了戴安娜王妃的事故來闡釋「全球化」一詞。

全球化是什麼？

全球化（Globalization）這個詞源於「Globe」（地球）。

其實，全球化有多種定義，而一般意義上的全球化指的是全球的交流不斷增強、人類的生活範圍擴及到世界規模、全球意識崛起，以及國與國之間在政治、經濟貿易上互相依存的狀況。

在20世紀初，各國政府為了鞏固本土商品的競爭力，大多訂定了高額關稅以控管國外的商品進口量，使得進口商品的價格昂貴。但自從許多國家簽署了《自由貿易協定》之後，貨物的進出口比以往便利，多數人也因此能自由選擇來自世界各地的舶來品，這就是全球化的一種明顯表現。

幾秒內，經濟全球化

而最為明顯的全球化趨勢，就是經濟的全球流通性不斷增強。

如今，大量的資金在國際間流通；網路的出現也使得我們可以在幾秒鐘內就將千百萬的資金從一個國家匯往另一個國家。不僅如此，許多大型企業還在不同的國家開設分公司，並且統一部署、統一管理。

由此可見，全球化趨勢為你我帶來更多的便利與發展機會。我們不僅能在自己的國家買到巴西咖啡、印度稻米、瑞典麵包、西班牙的橄欖油，還能跟網路上來自不同國家的人聊天，或從事商務辦公、尋找創業機會等，實則是全球化的福音。

全球化的未來具體表現有哪些？

總而言之，全球化趨勢將在未來更加明顯，甚至無所不在。具體將會表現在以下幾種方面：

1. 貿易自由化

隨著全球貨物貿易、服務貿易、技術貿易的快速發展，經濟全球化也促進了世界多邊貿易體系的形成，加快了國際貿易的增長速度，讓全球貿易能夠自由發展，使加入世界貿易組織（WTO）的成員們都能用統一的國際標準來規範自己的行為。也因為各國貿易有了共同遵守的準則，商業合作與交流就更順暢了！

2. 生產要素國際化

作為人類社會發展的基礎動力，「生產力」在世界市場的擴大上扮演著重要推手的角色。網路的發展也縮小了國際間在時間與空間上

的距離，促使「生產要素」可輕易地跨國流動。

3. 科技人才全球化

資訊流通使先進技術與研發能力得以大規模的跨國界轉移，因此國際間的聯合研發也日漸廣泛。

不過，全球化趨勢也會造成越來越多的人離鄉背井，到國外尋找更多的就業機會；而來自國外的求職者也會不斷湧入，這意味著就業競爭將變得更激烈，人才的流動與競爭將開始以全世界為對手。

但是在2020年以前，筆者認為大多數已開發國家將陷入人口老化的困境，高齡化同時代表著勞動力匱乏，如果外籍人士移入趨勢還能持續，就將有助於填補勞動力的缺口。當然，一些國際性的大企業可能隨時將企業轉移到勞動力充足的其它國家或地區，使得科技的流通更為頻繁廣闊。

4. 金融全球化

各區域的主要金融市場在時間上相互接續、在價格上相互聯繫，使得幾秒內就可能實現上億美元的交易，因此外匯市場成為世界上最具流動性的全天候金融市場。

此外，世界性的金融機構讓大量的金融業務能夠跨國運作，跨國貸款、跨國證券和跨國併購體系都讓世界經濟融為一體。金融體系的國際界線已逐漸模糊，這就是金融全球化造成的榮景。

若舉一具體的例子說明金融的全球化，我們說2008年席捲全球的金融風暴與2011年歲末的歐債危機可說是最佳代表。

5. 牽一髮而動全球的金融風暴

2008年9月15日，經濟強權的美國因次級房貸、不良債權問題而

拖垮銀行，使得華爾街股市大崩盤。短短數月，美國就歷經了前5大券商「貝爾斯登」（Bear Stearns）、「雷曼兄弟」（Lehman Brothers Holdings）與兩大房貸抵押公司「房地美」（Freddie Mac）、「房利美」（Fannie Mae）的宣告破產，而美國保險巨人AIG及第三大券商美林（Merrill Lynch）也岌岌可危，金融體系幾近崩潰。

當日全球股市也隨著華爾街應聲而倒，亞洲股市也無一倖免。很快地，金融危機就像骨牌一樣，迅速地從美國延伸至歐陸，再影響到亞洲與全世界，就連新興國家及開發中國家原本以出口擴張或吸引外資領導經濟成長的模式也受到考驗，紛紛因為大量資金抽離或是全球貿易萎縮而導致出口萎縮。

可見，全球化使得金融體系牽一髮而動全球，無人可以置之度外。

世界上所有人都能互相認識，
新鮮事也都能傳到所有人的耳中。

8-13 /
四海一家地球村
取代了城市優勢

隨著廣播、電視、網路與其它電子媒介的出現，加上現代各種交通方式的快速發展，人與人之間的時空距離驟然縮短，讓整個世界緊縮成了一個「村落」，而這個「村落」就被稱為「地球村」（Global village）。

　　「地球村」一詞早於1962年，在加拿大傳播學家馬歇爾‧麥克魯漢（M. Mcluhan）的著作中被提出。他在書中描述：「世界上所有的人都互相認識，任何新鮮事都能傳播到每個人耳中。人們可以透過電視與其他人交流，彼此之間都非常熟悉。」當然，現實中的地球村與之不同的是，我們不能跟電視裡的人互動交流，電視節目還只能單向傳播（但離那一刻亦不遠矣！）。

因地球村誕生的城市優勢消失

　　以麥克魯漢的看法來說，「地球村」的含義並非指無遠弗屆的傳媒使地球變小了，而是指人類的溝通方式及人的社會和文化形態發生了巨大變革。他曾說：「『城市』的優勢已不復存在，只能作為吸引遊客的『文化幽靈』。因為任何公路邊的小飯店加上它的電視、報紙和雜誌，都可以和紐約巴黎一樣，具有天下在此的國際性。」

未來1.0
encounter

這種新興的感知模式將人類帶入一種極其融洽的環境當中，消除了地域界限和文化差異，將人類這個大家庭結為一體。舊的價值體系已經成為過去，而新的體系正在建立，一個人人參與的、新型的、整合的地球村已經誕生！

傳播媒介帶來時空收斂的地球村

在地球村形成的過程中，首先「電視」扮演了關鍵角色。透過電視，世界各地的人都能收看到同樣的體育賽事和好萊塢電影，如全世界20多億的人能同時觀看世足賽、全世界都第一消息知道了哈佛小子林書豪打的一手好球，更何況如LadyGaGa、足球金童貝克漢，或者是美國總統歐巴馬等國際名人隨時都會出現在電視上。更不用說成千上萬的遊客都會前往旅遊節目中介紹到的國家景點觀光，但這些事在十幾年前，卻是像夢一般的事！

網路的出現與雲端概念讓地球村結合得更緊密。網路連接世界上無以計數的電腦，無論你身在何方，只要能上網，就可以在網路上找到志趣相投的人，共同分享樂趣，而且還不用考慮彼此的空間距離。

地球村的出現打破了傳統的時空概念，縮小了不同種族與文化的隔閡，同時改變了傳播方式，使得傳播媒體開始注意到人類的需求與興趣，也更注意到時效性與內容上的客觀及真實。簡而言之，地球村促進了「世界一體」的進程。

地球村的概念也直觀地表現了人類對和平世界的期盼——無論是哪種膚色、哪個民族，在地球村中都是人人平等！因為你我都只是同一個村落中的「村民」而已。

在未來啊，
人生真的七十才開始！

8-14/
擋不住的
全球高齡化趨勢

你能看到的，街上都是白髮老人，所有的房子都有電梯，許多籃球場改建成高爾夫球場，一半以上的電視節目都是為老年觀眾製作的……全世界都在擔心有一天這些會成為現實，因為高齡化與它所引發的連鎖反應已是世界各國不得不面對的困境。

　　根據聯合國人口司發佈的《世界人口高齡化》報告顯示出：從1950年到2009年之間，全球60歲以上和65歲以上的人口所占的比例已經分別從8％和5％，上升到11％和8％。

人類長壽當然是原因之一

　　顯然地，到了21世紀人類更長壽了，這也代表全世界都踏入了「高齡化時代」。美國人口調查局推算，到了2050年時，全球65歲以上的人口將增加到15億3千萬，此階層占全球總人口的比例由目前的8％增加到16％，也就是說每100人裡，就有16個是65歲以上的老年人。

> **關鍵數字 8**
>
> **16%**
> 2050年全球65歲以上人口將增至15.3億，占全球總人口的16%。也就是說，每100人裡，就有16個是65歲以上的老年人。

　　在目前，德國、義大利、日本、摩納哥是世界上人口老化最顯著

的國家，65歲以上的人口占這些國家總人口的比例，已經達到了20%以上，是非常明顯的趨勢。而有一項數據將與你有關——經建會提出警訊，表示台灣生育率吊車尾，14年後將會追上日本，22年後將會成為全球最老國。

如果以「洲」為單位，2050年，歐洲將是世界上人口構成最「顯老」的地區，65歲以上人口比例將達到近30%；而拉丁美洲和撒哈拉以南的非洲地區高齡人口比例分別為18%和5%。此外對中國和印度這兩個人口最多的國家來說，老年人口比例雖然不大，但人口老化趨勢也正在加劇。

人口老化使得抗老業（Anti-aging）崛起

因應人口老化的「養老」觀念將被取代，如今已是「抗老」取代「養老」。在日本，Panasonic與Sony的股價分別於2011年下挫了45%和53%，但是安老院的營運商Nichii Gakkan的股價卻上漲了25%，可以明顯看出製造業與保健業的消長在未來趨勢中將更加明顯。

你也避免不了的高扶養比

根據近年統計，日本的扶養比為30%，意即每3個青壯年人口就必須扶養一位老人，是全球扶養壓力最大的國家。由於繳納老人年金的勞動人口日益減少，而領取退休金的族群卻不斷增加，從2011年開始，現收現付的日本退休金體系將可能出現2萬5千億日元（約289億7千美元）的缺口。

為了填補此一虧空，已經讓目前的日本政府感到吃力，如此到了2050年，日本每位老人平均僅能由一個勞動力供養，養老問題必定造成沉重的負擔。

歐洲國家也面臨到相同的問題。2010年法國政府為了減輕退休金帶來的財政壓力，決定延遲退休年齡，而德國和瑞典也準備在未來逐年降低老年福利金之數額以免破產。

　　著名財務評鑑機構「標準普爾」（Standard & Poor's）在《全球高齡化2011：不可逆轉的事實》中預測，如果目前的退休金支付水準繼續維持，那麼到2050年時，大多數已開發國家政府的債務將高達GDP的3倍，不用說到時候會是很大的財政危機。

　　那台灣的情況又如何呢？根據經建會「2010年至2016年台灣人口推計」資料，顯示出1990年以來，是2人或3人養1個人，但是這樣負擔較輕的「人口紅利」時期，將在2027年結束。讓人更憂心的是，在台灣少子化、壽命普遍延長之下，50年之後，台灣到時候可是變成1個人要扶養超過1個人以上，這真的是不輕的擔子。

　　而這幾年平均為3個人扶養1個人，主要的工作年齡人口集中在35歲到49歲，佔總人口數的32％，但因為薪資的長期停滯，且就業機會增加有限，一般的壯年人口普遍都能感覺到這幾年的經濟擔子更是變重了……想想你們家有這種情況嗎？

外來移民能應付人口老化嗎？

　　事實上，為緩解人口老化帶來的社會壓力，很多國家已經開始接納外來移民。如2011年歐盟新增人口約140萬，但其中卻有90萬是外來移民；而美國、加拿大和澳洲等國家的人口老化程度之所以比歐洲和日本低，主要也在於其寬鬆的移民政策。如經建會指出，台灣的跨國婚姻比率已在亞洲居冠。

　　不過，移民並非一勞永逸的作法，後續又將造成許多新問題，如

未來1.0
encounter

移入國獲得年輕勞力的同時，移民輸出國的高齡化程度卻加重；而在全球生育率都持續下降的情況下，這些移民退休之後又該靠誰扶養？

於是，部分國家考慮延長老年人的工作年限，使其盡可能地自食其力。然而，很多老人並不願意延遲退休，因為更大的問題在於，即便老人們願意繼續工作，前提是他們也要有健康的身體才行。

提倡嶄新的退而不休觀念

無論採取什麼行動，我們都希望盡早找出突破高齡化困境的解決方法。退休制度與整體社會觀感的轉型，使得退休將不同於以往的「閒閒沒事做」或是「晚景淒涼」，我們的新訴求是──打破年齡界線。也就是「再活一次」，讓人生真的七十才開始！

這些新的生活態度，也許能引導退休商機湧現，如無障礙空間的增加、老年人的社團活動、銀髮族的圓夢計畫等，都是「退而不休」的新體驗。

聯合國《世界人口高齡化》報告也指出：「未來的挑戰，是確保世界各地的人們在日益老去時，能有安全和尊嚴相伴，並且在參與社會生活時還擁有作為公民的所有權利。」

這無非就是眾所期望的「老有所終、壯有所用、幼有所養」了。

人類即將賦予城市生命，
「科技來自於人性」的確所言不假。

9-1
智慧城市將是
現代城市的進化版

1926年，經典的科幻片《大都會》（Metropolis），以2026年為故事場景，描述了一個冷酷、機械、工業化的社會……那設定在電影完成後的100年，人與機器相互依存，人類被分為兩種階層，權貴的人都住在地面上的都市，至於工人都住在地下城——這算是某種對一百年後的工業革命的預言成真。

電影未來都市不是夢

　　一部被聯合國認可為世界遺產的德國電影《大都會》，具有超乎當時社會狀況的想像力，可視為20世紀20年代的人類對於未來投射出的都市景象。電影中的機械化生活，M型社會，高聳入雲的摩天大樓，蜿蜒不絕的空橋，橋上車輛首尾相接，各種飛行器在大廈與天橋之間穿梭往來的情境，說明了當時人們對未來發展的超脫想像。

　　直到今日，《大都會》中的想像仍有科幻影片採用，像是《第五元素》（The Fifth Element）中的空中計程車或是《關鍵報告》（Minority Report）裡的怪異汽車。可見，近100年來，人類對於科技化與進步的期望仍舊未曾停歇。

　　《大都會》的拍攝團隊無疑是極具想像力的，但他們沒有預料到

20世紀90年代之後，超速發展的資訊技術已經更加逼近電影場景。在過去的15年間，資訊化建設經歷了資訊城市、全球資訊網與數位城市建設的三種階段；而在今後的10年至15年內，全世界城市的建設新目標必定是「智慧化城市」。

智慧化都市自行進化

智慧化城市是以網路資訊為基礎的城市體系，即是運用地理資訊、全球衛星定位、遙測、寬頻網路、多媒體及虛擬仿真等系統或技術，對城市的基礎設施、功能與機制等進行資訊自動搜集、動態監測攝影，或者是輔助決策服務的技術系統。

智慧化城市就像一個具有生命與大腦的有機體，在資訊技術的滋養之下，它的監控、學習、反應、調整和適應能力也會逐漸「成長」。而如同人與人之間存在著智力差別，城市與城市之間也會存在著智慧成長的差距。

在未來的智慧化都市之中，所有的建築物都會具備一個公共的資料庫系統。住在都市中的人，只要用一張整合了電子錢包、鑰匙、健保卡等功能的「智慧卡」就可以一次做很多事，例如繳所得稅和購物帳單、搭捷運、將房間的門鎖打開，甚至可以啟動汽車。

無人商店成為常態

到了2020年，銀行、商場、購物中心、加油站或其它一些服務場所，都可能只有少量的工作人員存在。因為無線感應與量子密碼（Quantum Cryptography）系統的大規模使用，再加上生物特徵識別技術的進步，使得各種自助式服務變得更便利。

無處不在的通訊晶片與無線網路，讓人們在任何時間、任何地點

進行電子貨幣交易都成為可能。也就是說，自助服務將會更普遍。

總而言之，在未來的世界裡，無人值守的自助終端服務可能會遍地開花。

實驗智慧城市──松島新市

在上一波的「e化」資訊革命之後，目前全球最熱門的就是「U化」社會的到來。

「U」代表「Ubiquitous」，意思是透過「無所不在」的資訊網來滿足居民的所有需求。如韓國在2015年之後，預計在距離首都首爾65公里處的海濱，打造一座以「U-City」為構想的新都市。這座都市名為「松島新市」（Songdo），它的總面積達5500平方公里，預估將可容納50萬人口。

韓國政府希望將這座城市打造成亞洲最大的經濟中心及高科技之都，使它成為一個具有完備電腦功能的智慧城市。當然，「松島新市」也將會是一個鼓勵商業發展的免稅經濟區。

試想看看這種情境──當你一早醒來，智慧電腦提醒你的血壓偏高，建議你晚餐改吃豆腐；冰箱沒有雞蛋了，下班記得順道補買；明天會下大雨，是否現在考慮取消露營；今天上班改走另一條路，避免塞車……。

此外，無所不在的無線網路；自動資源回收系統；整合了醫療、商業、住宅、學校、與政府資訊的資訊網；道路電子收費系統；全球衛星定位系統等……在這個無遠弗屆的數位城市中，所有重要的資訊系統都可以互通有無、分享資訊。

松島新市策略總監張忠武說道：「在日本和美國，有些建商只使

用局部控制系統，但在松島，管理系統將掌控整座城市。」開發商蓋爾國際公司（Gale International）也揚言：「多年來，亞洲的經濟與金融營運中心，多半集中在東南亞的新加坡與香港；日後，在東北亞，我們將創造出另一種中心，那就是松島新市。」

智慧化城市將是未來的發展主流

為了拋磚引玉，從2002年起，國際電信聯盟（ITU）等機構每年都透過多種指標，評選出全球最佳的「智慧化城市」，而其中新加坡、台北、加拿大安大略滑鐵盧、韓國首爾等城市已先後當選。

在歐洲，歐盟也開始推動「情境智能（Ambient Intelligence）建設計劃」，其中特別強調的主軸為「整合」與「聚合」概念，包括了三項重要的創新——那就是微運算技術、使用者介面設計與無所不在的通訊網路。

整體而言，智慧化城市創造的，是未來圍繞人類生活的「智慧型介面」，它能將各種硬體設施與網路技術整合，來達到人工智慧「無所不在」的願景。

芬蘭打造第一座首都虛擬城市

芬蘭是歐盟之中數位資訊最發達的國家，而世界上的第一座虛擬城市，就是誕生在芬蘭。

芬蘭的赫爾辛基（Helsinki），被公認為「虛擬城市」（Virtual City）的典範。虛擬赫爾辛基計劃是由電信公司結合當地政府、商會、大學及Nokia、IBM等機構共同合作，目標是將赫爾辛基整體資訊數位化。透過3D技術，在網路上複製城市的每一條街道、每一棟建築，甚至是e化的政府，打造一個與現實同步的虛擬赫爾辛基城，讓城市居民經由網路就可以完成絕大多數的社會功能。

透過虛擬城，居民可以進行電子商務會議，甚至是學習、金融交易、全球衛星定位、洽公、欣賞展覽、聽音樂會等。

而這一切的關鍵就在於完備的資訊建設，與居民的個人身份證（ID Password），只要攜有任何藍芽通訊器材，再登入個人ID，就可以開啟大門的電子鎖、控制家電、查詢所在位置和附近地圖，甚至連線到銀行付款，以及在虛擬的赫爾辛基城的街道上購物，體驗「一次買完」的便利服務。

未來，到了早上9點，
上班族們可能都在地球的另一端城市打卡上班了。

9-2／
沒有市中心的都市

未來的城市交通會呈現哪種面貌？人類是否也會像現在這樣經常受塞車、噪音之苦？
筆者認為，未來城市交通的發展趨勢，將是「環保」、「便捷」、與「智慧」。在未
來，城市將不再有市中心，因為所有的大城市面臨到的同一個問題都是——「市中心綜
合症」。

　　傳統城市的模型，是一圈套著一圈的同心圓，而市中心則是城市
中最精華的部分，也最具有強大的吸引力。每天早上，成千上萬的上
班族都會從睡夢中醒來，然後自行開車或搭乘大眾運輸工具前往市區
上班，蜂擁而至地湧入了同心圓的核心；傍晚，又全部從核心湧出，
回到城市各個角落的家。

城市問題的禍首——市中心

　　未來城市的藍圖會像什麼樣子呢？我們可以在紙上畫許多的小圓
圈，然後再將小圓圈連起來——這就是一座沒有市中心的城市。也就
是「多極化城市」，因為在未來，「市中心」會是一切傳統城市問題
的根源，因此只有「消滅」市中心，才能大大紓解城市所將面臨到的
各種污染與不便。

多極化城市取決於交通

　　「多極化城市」實現的關鍵因素，就是先打造一個便捷的交通系

統，而時速達到3百公里的高速鐵路正好符合這種期待。因為一個龐大的高鐵網路能將城市與城市之間緊密地聯結起來，讓城市到城市之間的距離

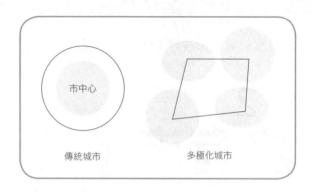

市中心

傳統城市　　　　多極化城市

被控制在10分鐘之內，如此一來，人們可以透過這種環保而快捷的交通方式穿梭於都會叢林。

　　當然，城市間的高速公路也不可或缺，因為在未來，環保快速的「新能源小車」將會成為多極化城市中多數居民的私人用車。與此同時，由機場、火車站和船運中心等構成的交通樞紐站（轉運站），也將成為城市的重要核心。

　　將來，你可以看到人們這樣的一日作息：早上7點30分起床，走路到家裡附近的機場買票搭飛機（到時候坐飛機上班就像現在搭計程車一樣普通），到了9點，上班族們可能已在地球另一端的城市打卡上班了。

　　若在不久的未來，「多極化城市」能成為現實。到那時候，擁擠、塞車、空氣污染、噪音等城市的常見問題也將再也看不見。

未來 1.0
encounter

「在未來，每個人都能成名15分鐘」——
來自普普藝術大師安迪·沃荷（A. Warhol）。

9-3/
你也可能
上演楚門秀

電影《楚門的世界》（The Truman Show）中，男主角楚門直到30歲才發覺他竟然是一部播映了30年的肥皂劇主角，他人生中的一舉一動都暴露在隱藏各處的攝影鏡頭下，成為了全球觀眾茶餘飯後的消遣。雖然，我們的世界並不是電影，但在21世紀的今天，如果說我們早已成為了世界的「楚門」而仍不自知，那也一點都不誇張。

911事件帶動了安全監控產業

「911」事件過後，不少國家開始自我檢測國防安全的漏洞，爭相添購監視器與安全監控、資訊通報設備，因此相關產品的價格也水漲船高。

其實，不只是已開發國家，開發中國家對於安全監控器材反而會有更多需求，因為M型社會擴大了貧富差距，落後國家的貧窮人口因此不惜鋌而走險，導致治安惡化、犯罪率居高不下，而有能力者為了自保，只好不斷的「花錢消災」。

根據市場調查報告顯示，近年全球安全監控產業的產值將達到

關鍵數字

42億
近年全球安全監控產業的產值將達到42億美元，其中三大影片監控設備出口國，日本、韓國及台灣被視為最大受惠者。

42億美元，而其中全球的3大影片監控設備出口國，日本、韓國及台灣被視為最大受惠者。

監視器讓人生如戲

為了國家安全，歐美等國發展出先進的衛星偵察技術；基於人身安全，家庭、公共場所、商店甚至戶外街道都架設了不勝其數的監視錄影器。

以全球監視器密度最高的英國來說，境內450個城鎮卻裝有420萬支監視器，若量化計算，平均15個英國人就擁有一架監視器，而每天每人約被「觀賞」3百次。普普藝術（Pop）教父安迪・沃荷（A. Warhol）的名言：「在未來，每個人都能成名15分鐘」也許還是太低估。

其實，不僅是街頭巷尾的監視器，人手一支的手機、數位相機，還是近年流行的「行車紀錄器」都已經成為「全民狗仔」的利器。只要輕輕一按，立刻錄影存證，並且瞬間可經由網路傳遍世界各地，這也就是為何網友們能動輒發動「人肉搜索」的原因了，由最近的藝人Makiyo酒醉打人事件可清楚了解其威力。

◆註：普普藝術（Pop Art），又稱為波普藝術，是一個探討通俗文化與藝術之間關連的藝術運動。它試圖推翻抽象表現藝術並轉向符號、商標等具象的大眾文化主題，普普藝術特殊的地方在於，它對於流行時尚有相當特別且長久的影響力。

◆註：人肉搜索，是一種以網際網路為媒介，部分基於用人工方式對搜尋引擎所提供的資訊逐件辨別真偽，部分基於透過匿名知情人公開資料的方式搜集資訊，以尋找人物或者事件真相的群眾運動。也由於網路的發達和參與人數眾多，使「人肉搜索」的效率和成功率要比傳統偵查方式高很多。

你的個人資料被看光了嗎？

嚴密的監視系統與網路人肉搜索引擎，雖然能有效遏止不公不義的事例，成為打擊犯罪的幫手，但也將奉公守法的百姓隱私大剌剌地直接攤在陽光下。

不僅如此，隨著雲端服務範圍的擴大，當所有的資料都被存於「公共雲」這個可透過外部存取的環境時，企業的機密將有可能遭遇被駭客竊取的風險，客戶的個資、金融交易資料也有外洩危機。

如2011年，日本索尼（Sony）公司的遊戲網路服務PlayStation Network（PSN）和串流音樂服務Qriocity遭到駭客入侵，導致了全球7700萬的用戶個資遭到竊取，其中包括了姓名、地址、生日、電子郵件、密碼、註冊帳號以及信用卡資料等。美國系統網路安全協會（SANS Institute）甚至認為，這可能是史上最大規模的網路個資遭竊案。在未來，諸如此類竊取個資的社會案件可能更層出不窮。

全新姿態的隱私保全業

在隱私與秘密無所遁形的現代社會裡，有人預測未來「保全業」將會以全新姿態重新竄起，為世人提供「隱私保全」的服務。小至為名人規劃「躲貓貓」行程，以便甩開防不勝防的全民狗仔；大至為企業設計資訊保密程式，防止內部機密或客戶資料外洩。

如何防範駭客攻擊與維護個人隱私，如今已跟圍堵國際間諜或捍衛疆土同等重要。而保障網路安全的機制也將與監視器一樣，成為前途無可限量的產業。

新的教育模式是，
學校每天24小時、1年365天都開放！

9-4
「學校」只是
學習場所的統稱

美國《未來學家》（The Futurists）雜誌曾預測，到了2020年，美國的公共教育將經歷全面性與徹底的改革，其中變革的層面將擴及到「管理和學習」模式、「家長和學生」的教育方式，還有企業化及技術革新等領域。

　　未來的教育模式將有幾個基本要素，像是新型的組織結構、教改體系與進程監控體系，以及教師、學生和行政管理人員的新角色等。在這種全新模式下，學校將不再只是一個固定的場所，而是各種非特定場所，可以是實驗室、廣播室、體育館、社區、工廠、考古挖掘現場，當然更可以是任何虛擬的地方。

新的教育模式不受限於時空

　　一旦在空間上可以無拘無束，那麼學生受教育的時間也當然自由彈性了。我們說通常「學年」的長度是由季節和天氣所決定，為了讓學生課後還有閒暇從事其它活動，或者因為氣候因素，學校必須放寒暑假，或是因為國定假日，上課時間會因此受限。但在新的教育模式之下，學校將每天24小時、每週7天、每年365天都是開放的！

　　因為新的教育模式採用新的追蹤系統，使家長、老師能隨時得知

學生身在何處、正在進行什麼學習活動。該系統還能監測學生在各種活動上所花的時間以及這些活動的學習成果。

例如，針對某項作業，電腦會列出完成作業的各種途徑，學習者可以從中選擇一項最適合自己的方式，當開始做作業之後，電腦程式將會同步監測他的學習進度。

老師兼校長兼撞鐘

到了2020年，學校的行政管理人員可能全數遭到淘汰，因為這些職員所有的行政職責，如後勤、財務、維修、保全等，都將由更有效率的專業人員接手。這些專業人員將直接受雇於教師，而教師也成為學校的教學者兼經營者，而在進行這些人事替換後，學校將能收入大量預算與薪資盈餘。

預計在2020年，學生的學習、科目、課程、評估與發展等都由教師負責，教師也可以針對學生需求再聘請其他教師。當然，並不是所有的教師都願意成為管理者，部分教師仍然只擔任教學工作。

數位化讓學習框架被打破

教育改革後，學生必須對自己的學習負責。他們需要學習基本技能，但掌握了這些技能之後，他們就不再受到僵化的年級或科目限制，而能從各年級、各年齡和各課程綱領的框架之中被解放。

誰說一個10歲的孩子不能上15歲孩子的生物課？誰說一個4歲的小小孩不能做小學二年級的數學題目？在未來，這些適性規劃都將一一實現。

此外，學生也將成為自我組織、自我學習、自我判斷及自我發展的獨立個體。每個學生都應該定期check自己的學習規劃與實行情

況，包括了短期（一週）、中期（一學期）與長期（畢業以後）的目標。

在適性課程的綱領之下，學生與教師將依照個人學習狀況設定更多學習目標，以及實現這些目標所能採用的方法。一旦做出決定，學生和所有相關教師就必須共同簽署每週的學習協定，並將資料鍵入資料庫，成為學生的數位學習檔案。

未來無論是家長、教師或是學生自己想了解學習者的學習歷程時，只要透過數位資料庫，就能輕易掌握並進行調整。

升級
未來腦

21世紀你必須具備與學習的「7個C」
● 審慎的思考與解決問題。
　（Critical thinking and problem solving）
● 創造力與創新力。（Creativity and innovation）
● 跨文化的理解。（Cross-cultural understanding）
● 合作、團隊工作與領導力。
　（Collaboration, teamwork, and leadership）
● 溝通、資訊和媒體素養。
　（Communications, information, and media literacy）
● 電腦和ICT素養。（Computing and ICT literacy）
● 獨立工作與學習。（Career and learning self-reliance）

未來多數人追求的家居風潮，
就是「智慧」與「環保」。

9-5
你家的房子夠智慧、
夠環保嗎？

1956年，英國《每日郵報》主辦了「理想家居展」。有一位英國設計師設計了一套全新概念的「未來住宅」：房子的大門用電子控制，可以折疊；小微波傳送裝置（就是現在的遙控器）可以開關電視；家庭主婦普遍使用微波爐做飯⋯⋯在50多年後的今天，這些都已經成為現實。

　　人類對於住宅的構想五花八門，但無論對於未來住宅懷抱著什麼憧憬，長久以來眾人努力追求的同一個理念，就是「智慧」與「環保」。

　　近年家居展覽所傳達出的核心概念，都是「環保」、「簡約」。如在展示屋中，地板和玻璃都選用了環保建材，吊燈的燈罩是以數10個寶特瓶底座拼接而成，庭院的灌溉用水是來自屋頂落下的雨水搜集，民眾平常吃的有機蔬果都來自於自家栽種農場⋯⋯這些概念都充分展現了資源回收再利用的創意。

　　室內設計師喬治・克拉克（G. Clark）曾說：「我們只想傳遞一個理念，就是環保將成為未來家居的風潮。」

　　看看未來的人類究竟如何透過建築來實現「智慧」與「環保」吧。

住宅智慧化

智慧保全能安全監控

　　在未來住宅中，許多房屋都內建了智慧功能，只需要屋主按幾下手機按鈕就能操控。例如訪客來臨時，屋內的智慧安全系統會對來訪者的臉部特徵進行掃描，當身份確認之後，房門便會自動開啟。

　　當屋主外出返家時，電腦監測系統還會彙報在主人離家期間，家中發生的一切狀況。此外，安裝在孩子手機或鞋子帽子中的智慧晶片，還能讓家長不必出門就能瞭解孩子的動向。

　　此外，未來住宅各個房間的牆壁顏色、室內溫度和裝潢風格等，將能完全根據家庭成員的喜好與要求來隨時調整，以便能最大程度地滿足居住者的需求。

連成一氣的智慧家電

　　筆者認為，到了2020年，諸如電冰箱、洗衣機、微波爐、空調、熱水器等家用電器均可實現智慧化，將我們真正帶入到智慧生活當中。

　　到時候，數位壓縮、藍芽等新技術在家電中的應用也將相當普遍，而家電之間的「對話」也會成為現實。屆時，電腦可以按照主人的意願指揮各種家電運作，冰箱則可以將食物最新的貯藏情況及時通知主人。

　　隨著資訊技術和材料技術的進步，未來，也許大多數的產品之間都能夠進行資訊的交換與通訊，實現初步的「智慧化」。而「數位化工廠」也將可能成為現實，例如一個可以自動記錄內部貨物資料，並能隨時透過衛星定位的貨櫃，或是具備如此功能的行李箱等商品，都

可能量產進入市場。

住宅網路的便利整合

隨著網路科技的快速發展，未來的智慧化住宅中，寬頻網路會將家中的電腦、電視、家電、保全系統等全部連成一體，從而形成工作、學習與娛樂的綜合資訊服務平臺。

如此一來，工作一整天累壞的你，只要在下班回家之前，一通電話或是一個線上操作指令，智慧系統就會為你完成清掃、做飯等工作。以往只在電影中才能看到的畫面，往後在真實生活中將能一一呈現。

居家環保化

減少能源消耗的環保住宅

除了智慧化之外，環保也是未來住宅的主要訴求。目前，全世界能源消耗總量的40％都用於建築，而其中住宅耗能又占了2/3。

> **關鍵數字**
>
> **40%**
> 目前全世界能源消耗總量的40％都是建築能源的消耗，而其中的住宅耗能又占了2/3。

未來的住宅將為人們營造一個舒適、安全、方便和高效率的生活環境。此外，節能、低碳、永續發展的住宅也將會成為理想住宅的另一個重要指標。

基本配備：運用再生資源

環保住宅的要素，主要包括了節能、省水、無污染、高舒適度等特色。在未來的環保家居中，建築物將結合新技術，充分地利用太陽能、風力、地熱等能源，如遮陽板使用太陽能電池，就可將自然光轉

換為電能，為地下室或背光面的房舍提供照明。

溫控採用自然空調技術，可利用地下與地表的溫差供暖或降溫；為了達到省水目的，可透過雨水收集處理技術和污水回收技術，為綠化、清潔等提供用水。

此外，使用環保建材、綠色家電，對家庭垃圾進行分類集中再利用，或是進行焚化，為房間提供暖氣與電力，從而達到乾淨無污染的目的，這些都是環保住宅的基本配備。

大同公司的智慧節能屋

2011年，台灣大同企業在新品發表會上，展示了新一代的智慧節能屋的面貌。在太陽能模組的發電架構之下，再生能源能直接供應各項家電所需的電力，多餘的電還可由「磷酸鋰鐵電池」儲存。

此外，室電系統全面搭載與台電合作的智慧電表；冷氣排出的熱可經由熱泵回收，產生的熱水還能提供家用；室內照明採用LED球燈泡與小夜燈，可因應不同情境替換使用。

家用能源管理系統則設置在客廳，透過無線網路傳輸資料，並能調節溫度、溼度還有燈光明暗、窗簾開關等，充分呈現了家庭能源智慧化的綠色生活。

遠東集團的環生方舟

2010年，台北國際花卉博覽會中，流行館的「遠東環生方舟」（FE EcoARK），也為世人展現了環保建築的成就。環生方舟是全世界第一座以「寶特瓶」蓋成的綠建築，遠東集團向全台民眾回收了多達152萬個廢棄寶特瓶，經過清洗、打碎、融化等步驟之後，製成獨特的寶特瓶建材，並採用蜂巢式結構與溝槽來組合寶特瓶。

這座「全世界最輕的房子」，可耐15級強風、9級地震，同時具有隔熱效果。最重要的是，它結合「太陽能」照明、「雨水」降溫清潔與「碳中和」等環保概念，充分落實了環保3R精神──Reduce（回收）、Recycle（循環）、Reuse（再利用）。

　　未來，將會有更多同時滿足「理想家居」與「環保」的建築出現，屆時不論是環境汙染或是能源耗損，都將能大大降低。

試婚、甚至虛擬結婚，
這些在未來可能都跟一般戀愛一樣平常。

9-6/
傳統婚姻家庭模式
宣告終結

當女性意識抬頭、教育水準提升、與晚婚、不婚、離婚率的攀升，加上個人對自我實現的追求更甚於對婚姻的憧憬時，現代人對家庭的態度開始產生變化，導致未來非傳統的婚姻及家庭型態逐漸展開。

　　大多數已開發國家的社會學家、人口統計學家、心理學家等已經發現一個現實——那就是在21世紀時，傳統的婚姻家庭模式將開始逐步瓦解。

　　台灣行政院主計處並公佈，國人的離婚與分居比例大躍升，相較於10年前的50萬5千人，現在已經增加到1百零5萬4千人，也就是說，那些怨偶與分居的夫妻增加了1.1倍。而單親家庭也增加5成，女性挑起重擔的家庭更是占了75％，導致弱勢家庭增加，使貧富差距將更為拉大。

虛擬婚姻也有法律效力？

　　美國最具權威的IT研究與顧問諮詢公司高德納（Gartner）預測，到了2015年時，有2％的美國公民將在虛擬世界中結婚。

　　這些網友將與從未見過面的人結婚，甚至在結婚之後也可能永遠

不相見。而這些線上虛擬婚姻甚至跟「離線」（off-line）世界後的真實婚姻具有相同的法律效力。

高德納的分析師指出，虛擬新娘與新郎也許永遠不會讓婚姻圓滿，但他們同樣擁有對父母財產的繼承權，也一樣擁有醫院探視權——儘管這需要本人會面。倘若他們從未見過面的虛擬伴侶在某個地方的醫院裡死亡，他們也能保有探視權。

其實，上述預測對於曾經接觸線上遊戲的玩家來說並不陌生。許多玩家已經在虛擬的「第二人生」中完成終身大事（即使都是玩票性質），當然這個婚姻在現實世界中目前還不具有任何法律意義。

但在未來，當虛擬婚姻具有法律效力時，世界各國將重新修法，以規範虛擬婚姻中配偶雙方的權利與義務。

「循序漸進」的婚姻關係將式微

在未來，「婚姻」或者「血緣」關係，將不再是你我建構一個家庭或是家人概念的要素。在一般傳統中，夫妻的婚姻是否和諧，往往本著「順其自然」的原則，兩個人先戀愛後結婚，接著生下孩子，等到孩子大了，成家立業之後，才驚覺相守多年的兩人並不合適（或者是受夠彼此了），最終以離婚收場。根據統計資料顯示，每4對公證結婚的新人，平均就會有1對以離婚收場，而同樣的比例也出現在一些未婚但同居多年的戀人身上。

但這樣的婚姻模式在現代已經改變，現代許多戀人傾向在正式結婚之前先同居，即是所謂的「試婚」。儘管這在幾十年前的台灣保守社會裡，稱得上是驚世駭俗。但兩性專家多數認為，「試婚」將有助於降低離婚率。不僅如此，在可預知的未來，不論是由愛而性、還是先婚姻而後家庭，這些傳統順序都將被打破，戀人們將會以個人的情感、性生活、健康和各方面的和諧性進行測試之後，才會確立雙方的關係，而循序漸進式的婚姻模式將逐漸式微。

生物技術加強了女性自主

　　不只婚姻模式重新被打破，未來的家庭結構也不再是由你我熟悉的「父母」與「子女」所組成。

　　拜現代科學技術所賜，女性可以在沒有男人的情況下孕育胎兒。只要女性能獲得她們喜歡的人的精子，就可以透過人工受孕的方式產下嬰兒。而且，隨著複製技術的日益進化，未來女性也有可能在不靠任何異性的情況下生孩子，到時候，「單親」家庭將不再特別受到注目。

　　此外，現代職場女性面臨到的共同問題，就是如何在家庭和事業之間取得平衡。如今隨著生物科技的進步，未來的女性35歲之後才生孩子可能一點都不稀奇，甚至在未來50年內，女性還可能在更年期後產下第一胎。

　　既然懷孕時程不再受到年齡侷限，那麼養育子女與家庭跟事業之間自然不再衝突。也就是說，未來的女性在自我成就與經濟獨立上，將可以獲得更多的自主性。

當親朋好友同坐一桌吃飯時，
每個人卻是低頭玩自己的智慧型手機。

9-7/
你現在一個人嗎？

2006年，一位名叫喬伊絲‧文森特（J. Vincent）的中年婦女死在位於倫敦的公寓中。這本來不算是一個特別的新聞，只是，當人們發現她時，她已經死去2年多了。消息一曝光，相信你也滿腹疑問：「怎麼會發生這種事？」、「那她的家人、朋友到底都在哪裡呢？」

城市化下的獨居人生

　　台灣，中國，乃至於整個亞洲，由於農業社會需要大量人力（或者說是男丁），因此傳統上都是大家庭。直到現代，大家庭的組成模式逐漸消失在我們生活周遭，都會區多半是小家庭組成，更甚者，目前日本已經近1/3的家庭只有一個人居住，無論是在都市工作的孩子、失婚者、還是喪偶的老年人，都驗證了日本趨勢大師大前研一所說的「一個人的經濟」已逐漸成型。而日本與北歐更有最明顯的趨勢。

　　以日本來說，過去典型的日本家庭，是父母與兩個孩子的四人小家庭，如果你看過電視的烹飪教學節目，就會發現每次菜單的量都是四人份，但是根據調查，現在日本已經有48％的人都是一個人看這類型的節目，而四人份的食譜對他們已經不適用了。而且，陪伴這些人看電視的其實都是寵物，根據調查，日本現在的貓狗數量已經超過了

新生兒，達到了2500萬隻。

許多大城市，也不再有過去熱絡的鄰里關係，所謂的「鄰居」，只是一門之外的孤立、冷漠個體。住在高樓大廈裡的鄰居之間，幾乎不相往來，人們之間不聞不問，也不主動交談，因此獨居人數應會在未來逐漸增加。

各自為政的疏離家庭

對許多人來說，一旦進入家庭，成為了家庭的一份子，就必須分擔許多家務。為人父者，必須背負養家的壓力；為人母者，必須承擔照顧子女的辛勞……這樣的責任對某些人來說，似乎是太過沉重的負擔。因此，他們選擇獨居，以「對自己負責」取代對整個家庭的責任，就像俗語說的：「一人飽，全家飽」。

近年，在美國舉辦的家庭展上，出現了一座「夢想家庭」的模型，表現了人們規避家庭義務的意識。

怎麼說呢？在這座「夢想家庭」的模型裡，家中成員可以從不同的入口進到家裡，每個人都可以在自己的房間裡看電視、上網，並使用獨立的廚房和衛浴設備，以避免跟家裡的其他人打交道。

在20世紀80年代，人們可能會為不能一起吃早餐而感到難過；但到了21世紀，這種情況只可能會更糟，人們也許會因為沒機會跟家人「說到話」而煩惱。

根據調查，澳洲的成年人平均每天花3個小時看電視，而與配偶說話的時間僅為12分鐘。在美國的2歲幼兒當中，有超過1/4的孩子臥室裡有電視，而12歲至17歲的孩子每週會看20個小時的電視，但是他們跟父母交流的時間僅有38分鐘。

未來1.0

encounter

人類正過著越來越離群索居的日子。在未來，人們將更容易讓自己跟其他人隔離，無論在家裡，還是工作中——對某些人來說，工作場所和家庭可能還會是同一個地方。

虛擬世界的親密慰藉

諷刺的是，人類在「第二人生」卻又越來越緊密地聯繫在一起。英國有個十分受歡迎的網站，叫做「故友重逢」（Friends Reunited），而美國也有個類似的社群網站，叫做「我的空間」（My Space），這兩個網站的功能，都在為志趣相投的個人或社群搭起友誼的橋樑，他們的會員數將近1億，而且每個月的瀏覽率超過Google，會員數更超過了任何一個真實社群。

從人們熱衷於虛擬人生的現象可知，人際關係在現實社會與虛擬世界中呈現了兩極化的發展——當現實社會越冷漠時，虛擬世界卻越熱絡。

一對在線上遊戲中互稱老公老婆的男女，偶然相遇，也許互不相識，或是無話可說。因為習慣於「鍵入式談話」的人們，已經對現實中交流的說話技巧過度生疏了。

失去處理人際關係的能力

有一則新聞報導，說明了現代人對虛擬國度的狂熱投入程度。

在台北的某家餐廳中，一群年輕人相約聚餐。但是因為出席者還沒有全部到齊，於是大家紛紛低頭開始「滑」手機。

受訪者之一的年輕人說：「因為人還沒到齊，也不能點菜，不如

先上網玩AngryBird打發時間。」

　　過了不久，遲到的朋友終於一一現身。點完菜之後，卻不見大家放下手機，因為拍照的拍照、打卡的打卡，就連上菜開動之後，還是有人專注在手機中Facebook的朋友留言。

　　記者好奇地問：「不怕沒聽到大家聊什麼嗎？」

　　年輕人一派輕鬆地回答：「大家覺得好玩的事情，一定會Po到Facebook上，我只要看他們發佈的最新消息，就不會錯過啦！」

　　一群正在同桌吃飯的朋友的溝通方式，竟然是Facebook。這段訪談很明顯地透露出——那就是現代人逐漸失去處理真實人際關係的「耐心」和「能力」。

　　在未來50年，人類的歷史將是「技術與人」的互動關係史。而讓人擔憂的是，科技的變化速度呈現了等比趨勢，但人類的適應力卻是以較慢的等差級數進化，因此未來人與科技的關係，將存在著某種不穩定性。

　　基於人類對科技「又愛又恨」的矛盾心理，當科技全面侵入人類生活時，人們反而會越來越想逃離科技。也就是說，前面曾提到過的「體驗式經濟」將可能擴及到「面對面」的人際溝通層面。

比爾‧蓋茲（B. Gates）曾預言：
「機器人將重複個人電腦崛起的道路」。

9-8
我的家人是機器人

1999年，日本SONY首次推出了家用機器人，為日本企業開啟了一個前所未有的新市場。當年推出的寵物機器人「Aibo」（愛寶狗）3年內就賣了10萬台。接著，SONY又推出兩腳能直立行走的機器人SDR－4X。這款機器人可根據環境變化調整行為，不僅能認路認人，還能唱歌跳舞。是人類在機器人使用上的一個重要里程碑。

機器人的分類

如今家用機器人在功能上，有以愉悅主人的「寵物型」、也有以看家、做家事、與主人作伴的「實用型」。在造型上，有兩腳可以站立的人類造型，也有貓、狗或恐龍、海獺等動物造型。

關鍵數字

2020年

2020年，在先進國家中，每個家庭將至少擁有一台機器人。

日本本田（Honda）公司也曾推出了開發多年的兩腳站立行走式的機器人「Asimo」，並讓它擔任總公司的訪客接待員。

除了索尼與本田的直立式擬人機器人之外，還有Tmauk研發的恐龍造型看家機器人。當主人不在家時，這款機器人可以自動巡視屋內的各個角落，遇到可疑人物也會立即發出警告，同時還能利用內建的3G手機將看到的可疑現場以動畫方式傳遞給主人。

家家都有機器人

　　筆者預測到了2020年，在某些先進國家，每個家庭都將擁有至少1台機器人，到時候，家用機器人將像現在我們家裡的門鈴、電話、電腦、洗衣機、電冰箱一樣普及。21世紀，家家都有機器人的時代已被拉開了序幕。

　　無論這些機器人的樣子是否像人，它們將一天天的更聰明，智慧也幾乎能與人類匹敵（甚至某些能力已超越），因為全世界的工程師都正設法解決機器人技術中最麻煩的問題，如視覺辨別、導航與記憶學習等。

　　在世界科技史上，低成本的標準化生產是新技術普及不可缺少的前提，而機器人能否普及的關鍵就在於是否能實現「軟體和硬體的標準化生產」。堪稱「個人電腦普及王者」的微軟創辦人比爾・蓋茲曾預言：「機器人即將重複個人電腦崛起的道路」。可見機器人的量產指日可待，這場革命勢必和個人電腦一樣，徹底改變未來人類的生活方式。

家用機器人的五大類型

　　當然，人類對機器人的接受度取決於實用性，若以功能區分，未來可望普及的家用機器人主要有五大類：

娛樂機器人

　　這類機器人可為使用者消除精神上的疲勞，幫助使用者放鬆身心。SONY曾推出名為探索者（Orio）的機器人，就屬於娛樂類機器人，它可以漫步、跳舞，就連中國功夫也都難不倒他們，甚至還能指揮一個小型樂隊進行演奏。

未來1.0
encounter

如日本一隻名為帕羅（Paro）的海豹機器人，在護理之家用於治療的毛茸茸帕羅，它的毛皮底下和觸鬚都安裝了感應器，能對擁抱作出反應，還能眨眼和拍動身上的鰭，可以根據人們對它的觸摸方式調整動作，還可以提醒老年人按時吃藥。研究人員曾將帕羅安置在安養中心，進行17個月的長期實驗，觀察安養中心的老年人與小海豹之間的互動。

結果顯示，海豹能有效撫慰他們的情緒，老人家們甚至還幫小海豹佈置一個溫暖的家。即便只是單純的娛樂與陪伴，寵物機器人將能為老年人帶來心靈慰藉，有助於抒解人口老化所產生的老年照護問題。

靜態機器人

早上趕上班，只要一個命令下達咖啡壺，它就能自動煮好咖啡；智慧衣櫃可以網路連線天氣狀況，提醒你該穿多少衣服、是否攜帶雨具……這些都是靜態機器人的「服務」。

靜態機器人是安裝在固定地點的家用機器人。它透過嵌入式軟體與感應器感知，就能經由網路與使用者交流，幫助使用者完成特定工作。

電器機器人

例如勤奮的吸塵器機器人、拖把機器人等。就像具備智慧的家用電器一樣，這些機器人做家事時，超音波監視器可避免其撞壞傢俱，紅外線眼則可避免其失足跌下樓梯。

助理機器人

這類機器人的品種眾多，是市場潛力最大的機器人之一。飛利浦

（Philips）公司曾開發一種個人助理機器人，可幫助主人記憶陌生的面孔。當你向某人問好時，助理機器人立刻能透過語音識別引擎、小麥克風和相機等設備，將對方的名字、照片儲存到通訊錄當中。當你再度碰到這個人時，機器人就會小聲地告訴你對方到底是誰。

未來的助理機器人或許還能幫助使用者培養孩子的科學興趣。例如讓機器人移動到家中恰巧有蜘蛛結網的角落裡，它便可以慢速拍攝蜘蛛織網及捕食的全部過程。有了這樣錄影，父母便能為孩子上一堂生動的自然課了。

最困難的類人機器人

類人機器人是科學家的夢想，因為它們是最難開發的高階機器人，不僅具有人類的外表特徵，還有擬人化的情感和反應。從某種角度上來說，類人機器人的研發才是真正考驗人類科技與智慧的過程。

不計其數的電影、戲劇、電玩、漫畫等，都以類人機器人為主題，如《駭客任務》（The Matrix）、《AI人工智慧》（A.I. Artificial Intelligence）等，都在在表現出了人類對於類人機器人的嚮往。

科技的發展像一把雙面刃，在社會發展的歷程中，人類製造了機器人，但也可能因此被機器人毀滅。儘管如此，人們還是引頸企盼機器人時代到來，因為機器人確實能成為人類最忠實的幫手。

升級
未來腦

Robonaut2成為首位太空機器人

2011年2月25日，類人機器人Robonaut2（R2）已隨著發現號太空梭進入了國際太空站，成為歷史上的第1位太空機器人。R2機器人是美國NASA與通用公司設計製造的，科學家計劃讓這款機器人長期駐守在國際太空站，希望它有朝一日能夠冒險離開太空站，幫助太空人完成太空行走任務，並執行維修和科學實驗工作。

R2主要是由鋁合金和非金屬材料所製造，其重量約為150公斤，從腰部到頭部高約1公尺。除了它將成為太空中首個模擬人類的靈活性機器人之外，它還可以舉起44公斤的物品，大約是其他靈巧機器人的4倍。

R2更能利用它的機械手來完成之前的類人機器人所不能完成的複雜工作，它的指尖甚至能感受到一根羽毛的存在，可以幫助人類完成枯燥、重複或危險的任務。並且無論在地面還是太空，它都能安全地與人類並肩工作。

R2的升空，正式宣告只有人類的太空艙時代結束。NASA科學家表示，這項進步雖然只是機器人研究領域的一小步，但是對於類人機器人的發展卻是跨出了一大步！

機器人何時能全面取代人類？
到了那時，人類還能做些什麼？

9-9
機器人取代人類
所有工作

全球不斷發表越來越精密的機器人，同時他們能代替人類從事許多工作。在未來，機器人控制世界可能不再是科幻小說裡才有的情節，機器人也許真的能接管人類世界，成為世界的主宰。

機器人能做什麼？

　　機器人一般由電腦控制，當電腦程式設定之後，它們就能迅速處理各項任務。有些機器人可以獨立完成工作，而有些機器人必須由人類控制，而後者是現在比較常見的。人類可以遙控機器人完成許多危險任務，例如讓它們檢查炸彈郵包、將機器人送到海底拍攝深海照片或取樣，像是「鐵達尼號」的殘骸就是由機器人探測到的。

　　現在，許多工廠也利用工業機器人承擔大部分的工作，像是汽車零件的烤漆、焊接，或安裝各種電子零件。此外，部分高階的工業機器人工作時並不需要人類監控，卻同樣能準確完成任務（若需要人類，就不算真正節約人力了），當機器人能獨立運作時，就能完全取代人類的勞動力了。

　　機器人不只被用在機器製造、木材加工、運輸、具危險性和有害

未來1.0
encounter

環境的製程、倉儲、醫藥等行業中，在各種服務業也開始大量上線，如飯店、加油站、速食店、機場和火車站等，如能完成看護職責的伴侶機器人，如今已在美國的醫院服務了。

台灣的伴侶機器人研發

　　台灣科技產業也積極投入到伴侶機器人的研發行列。工研院表示，未來伴侶機器人的應用將推廣到其它產業，如下：

- 5C產業(Computer/Consumer/Communication/Car/Health Care)：除了現有的3C產業之外，未來在車用與醫療照護方面，伴侶機器人都有無限潛力。
- 3D企業形象：為企業打造與眾不同的機器人，成為企業最佳代言人，如大同寶寶機器人等。
- 2E產業(Entertainment/Education)：具有寓教於樂功效的伴侶機器人，不僅能為全家帶來歡樂，更可增進孩子學習效果，例如日前鴻海代工的電子小恐龍PLEO、及華碩電腦（ASUS）目前積極投入的幼教伴侶機器人EeeBot。

　　未來學家阿爾文・托夫勒（Alvin Toffler）認為，21世紀時機器人將被廣泛使用，屆時人類每週的工作時間將會減半，人類將提前於40歲或45歲退休。而美國未來學家馬歇爾・布萊恩（M. Brain）也指出，2030年時，「看起來」像人類的機器人會取代人們的大部分工作，美國海軍也斷言2030年將會有機器人上軍艦服役。

　　另一位未來學權威亞瑟・克拉克（A. C. Clarke）則提到，未來的人類將會變得無聊至極，他說：「選擇恰當的電視頻道，是未來我

們最操心的事情了。」這不禁讓我們聯想到動畫片《瓦力》（WALL-E）中駕駛太空船的艦長待在太空艙中百般無聊的無奈，以及瓦力拿著電視遙控器觀看電視裡的人類的一幕。

機器人將可縮短人類工時

機器人將改變人類的生活方式。目前在大部分的先進國家中，每天8小時的工作制十分普遍，一個成年人非睡眠時間的一半都用來工作，若加上通勤和加班時間，則每天工時約長達12小時。

而機器人可以大大縮短人類的上班時間，當它們承擔更多工作之後，人類就不必像現在這樣勞累了。21世紀中，人類也許能實現6小時工作制，甚至在遙遠的未來每天只需工作2至4小時，或許少部分的人還會停止工作和學習，放手去做自己想做的事。

人類失業率可能攀升

但是，停止勞動也許會讓未來的人們顯得手足無措。當已經適應了以往快節奏的生活，若是突然放下工作，人們可能會為不知如何打發日復一日無聊的日子而發愁，憂鬱症患者可能因此而增加。

筆者認為，到了21世紀中，因為大多數的工作都讓機器人負責，因此全球的失業率將可能達到50％。在經濟正常發展的情況下，失業率達到25％即是代表出現經濟大蕭條的跡象。然而到那時，蕭條的已不再是經濟，恐怕是人類自己了。

當然，還是有很多人喜歡工作、喜歡有事做。對他們來說，工作能發揮自己的能力，還能得到成就感，為他人和社會創造價值，如此，失業將令他們無法忍受。

所以，如果機械自動化的最後會讓人類都失業，那麼人類想必也會盡全力反對機器人主導過多的權力。

未來1.0
encounter

獨立思考與合理懷疑，
是面對資訊爆炸社會的最好態度。

10-1／
未來的巨變，
不會先等你換腦袋

美國總統的一句話，可能導致明天台灣股市的應聲倒地；今天你的一個決定，可能影響印度工廠的一筆訂單。想在未來取得先機，現在就必須養成敏銳、寬廣的「全球思維」（Global Mindset）。

　　到了今天，人類的生活已然進入了全球化、資訊化、與智慧化的社會，經濟更為自由，企業經營更具彈性，生活也更環保便利。在網路與全球的金融體系之下，國與國之間的界限越來越模糊，「地球村」由此形成。在現在這個以「持續的變」為不變規則的新世紀，你需要的是——提早培養具有綜觀全局的眼界，並逐步建構起世界觀與國際觀。

讓事件產生「意義」的全球思維

　　所謂的全球思維，就是能站在「國際化」的觀點來認識和思考問題，從國際事件中培養全方位的議題論述。

　　例如藉由日本東北的海嘯事件思考：防災警報系統的必要建構、能源替代方案、全球氣候變遷與經濟體系的衝擊等後續問題，並能認知到事件與台灣，甚至個人的連結。簡單來說，「讓事件產生意

義」，並明白個人是無法置之度外的，這就是全球思維的核心。而全球思維的內涵有五個方向：

1. 空間＋時間＋立體高邊疆＝未來思維

除了橫向空間與縱向時間的思維之外，未來還必須加入前篇章節所說的「高邊疆」思維以及系統性思考的能力。

縱向思維，指的是對單一事件的過去、現在與未來的評判，特別是因應未來的希望而選擇現在的行動。舉個簡單例子，如果你想要成為未來十大熱門行業之一的飯店管理人，那麼從現在開始就要提升外語能力與企管專業，並且持續關注觀光旅遊產業的走向。

橫向思維，是指對當前的單一事件，同步考量到發生在不同空間的狀況。例如同性婚姻的合法化、無性生殖的立法規範等如果發生在台灣，會引起什麼樣的社會輿論與立法爭議等。

最後，立體的「高邊疆」思維，則是著重在「無形權利」上，如航太技術、金融貨幣、資訊科技等發展，未來會對全球國際情勢有何影響。

2. 先本土後世界，再加上換位思考

既然瞭解世界，當然也要培養濃厚的本土意識，因為深耕本土、放眼國際，才是雙向思維的真諦。例如中國重金挖角台灣人才與製造山寨產品，就是一種截長補短的策略；又如國際間為了因應全球暖化議題所擬定出的碳定價與碳交易計劃，也是一種發揮優勢、各取所需的方案。

換位思考，則是養成變通而開竅的習慣。例如在全球傳統玩具市場衰退之際，讓行銷拐個彎，開發以「成人」為定位的療癒系玩具，

或是以「銀髮族」作為消費族群的伴侶機器寵物，那麼商機就能立即湧現。

◆註：「碳交易」碳交易是為促進全球溫室氣體減排，減少全球二氧化碳排放所採用的市場機制，即把二氧化碳排放權作為一種商品，從而形成了二氧化碳排放權的交易，簡稱碳交易。

碳交易基本原理是，合約的一方透過支付另一方獲得溫室氣體減排額，買方可以將購得的減排額用於減緩溫室效應，從而實現其減排的目標。在6種被要求排減的溫室氣體中，二氧化碳（CO_2）為最大宗，所以這種交易以每噸二氧化碳當量（tCO_2e）為計算單位，所以通稱為「碳交易」。其交易市場稱為碳市場（Carbon Market）。

3. 你需要思考與懷疑真相

身居台灣的我們，處在一個資訊流通非常發達的國家，但其實目前大眾傳播媒介的報導，大多都是經過霸權文化的「篩選」與「再製」而成的，尤其是台灣近年的媒體亂象，這些都並不是真正意義的「多元」觀點。

此外，網路上流傳的自由言論多數都是以訛傳訛、缺乏考證的，因此正確度都有待商榷，一不小心，就容易被假象矇蔽，跟著隨波逐流傳達錯誤訊息。例如發生911恐怖攻擊之後，多數民眾都會被洗腦成：只要是伊斯蘭教徒都會是激進的恐怖份子；而2010年8月27日，網路謠言流傳隔天將會看到「兩個月亮」高掛天上（其實是月亮與火星），這些都是源於對資訊的「全盤接受」才造成的錯誤認知與流傳。

在資訊爆炸的時代，我們不該一味的聽信「資訊」本身，反而應該培養「獨立思考」與「實事求是」的能力，對於任何的媒體消息都

應自我判斷，才能超越文化霸權與蓄意的造謠，讓自己吸收的是真知灼見。

4. 扁平化世界帶來的無限機會

全球化連帶地使地球呈現了扁平化，外商公司、外籍勞工在國際間早已司空見慣。如在美國企業的會議室裡，只有2個德國人面對著6台電腦螢幕，與身在美國、土耳其、墨西哥的員工開會；在英國倫敦的美國人，正為了一嘗台灣珍珠奶茶的美味而在長長人龍之中排隊；在台灣的你，正透過網路拍賣下單美國的平價服飾……扁平世界讓商業消費沒有國界，同樣地，讓就業也沒有國界，只要你敢大膽投資自己，讓自己「身懷絕技」，那麼放眼世界，到處都是歡迎你的「商機」。

5. 新的GQ——地球公民商數

繼IQ、EQ、AQ、MQ之後，作家馬克‧葛容（M. Gerzon）在其著作《GQ：地球公民，我們的未來》中更是提出了「GQ」，以傳達出地球公民意識的重要性。

GQ，代表Global Quotient，意即是「地球公民商數」，強調今日的我們都必須以「地球人」自居，你我的眼界與自我認識，都不再只是作為某一國家的國民而已，你還必須超越邊界，成為一個世界公民與地球公民。

◆註：IQ（Intelligence Quotient）是智力商數；EQ（Emotional Quotient）是情緒商數；AQ（Adversity Quotient）是逆境商數；MQ（Moral Quotient）是道德商數。

當我們只知道地球

　　所謂的世界觀，不僅僅是學習外語或了解國際情勢而已，更重要的是，你必須是真的打從心底認同自己是「地球公民」的身分。

　　「第1天、第2天，我們都指著自己的國家。第3天、第4天，我們指著我們的洲。到了第5天，我們只知道有地球。」這是一位沙烏地阿拉伯裔的太空人對自己航太之旅的描述。

　　的確，當視野拉到了遙遠的外太空，此時沒有洲際、沒有邊疆，當然更沒有人種之分。7萬4千年前的印尼火山爆發後，僅存的2千名人類，繁衍成今日的70億人口。

　　筆者如此想，人類的種族之間根本從來都不存在著隔閡，唯一有的，只是地域造成的膚色漸層罷了。

**升級
未來腦**

預測未來的7種方法

1. 瞭解、觀察並掌握先行指標、同期指標與落後指標的意義與趨勢。
2. 發現並瞭解循環週期。
3. 瞭解世界最新的趨勢與先進科技研發的進展。
4. 留意網站上倍搜尋的關鍵字（Key word）與網站排名的變化。
5. 觀察並研究目前大眾（或分眾）還「缺乏」什麼？或者在「期待」什麼？以預測未來的發展。
6. 在思維或用語上，習慣性地加上一個「後」（Post-）字。
7. 尋找那些被遺漏的縫隙，即所謂「縫隙預測法」（Future Clearance）。

只要善用「網路」這個超級資料庫，
人人都可以是趨勢大師！

10-2/
善用數據，
就會推測未來

學習未來學的目的之一，就在於從錯縱複雜的事件與歷史洪流之中理出頭緒，並藉以預測未來。如果想成為擁有先見之明的現代先覺者，就必須像統計分析師一樣，學習善用「數據」來歸納意義。

你可以觀察、掌握先行指標的意義

先行指標（Leading Indicators）又叫做「領先指標」或者「超前指標」，指的是在某些事件或總體狀況改變之前，會先出現的指標。

例如PPI（產品出廠價格指數）的起伏會導致日後CPI（消費者物價指數）的漲跌……當然其間會有「時間延遲」（time lag）的現象，然後CPI的變化再結合景氣，經過時間的延遲之後，又將影響到薪資的調整。

再者，「平均壽命延長」這個先行指標，將會造成「人口老化」，而人口老化則意味著退休年齡將會延後或者是醫療資源不足……如此地觀察先行指標，層層推演，就可預知未來。

此外，其它常見的先行指標如長期債券（5年至10年以上）的收

益率、裂解價差（市售汽油價格與產地原油價差）、出口訂單的成長或衰退率、貨櫃運輸量的增幅、供應商的平均交貨時間、農用肥料的產量變化等，以及較專業的PMI（製造業採購經理指數）、BDI（波羅的海運費指數）、RSI和隨機指數（Stochastic）等任何你想知道的多種指數，都可以做為預測未來的依據。

你可以發現、利用循環週期

諸多的自然現象與社會人文，大多存在著週期性的循環波動。例如冬季的西伯利亞冷高壓約7天南下一次，因此台灣冬日會出現「3天冷，4天暖」的現象。

鮭魚每3至4年洄游產卵、黃石公園底下的超級火山每60萬年噴發一次、每30年是一世代，也正好是土星

公轉一圈的時間、每10萬年會循環一次冰河期……而「76年」則是一個更奇妙的週期——無論是鐵器的壽命、房屋的壽命、人類的壽命都差不多是76年，平均每76年就會發生一次超級大地震，哈雷彗星也是76年造訪一次太陽系。

善用數據、善用網路資料庫

科學家觀察聖嬰現象，以電腦分析世界各地、各時點的海洋溫度與氣壓等數據後，得到了聖嬰年約每4到5年就會出現的規律性。隨著時間的拉長與氣象數據資料庫的逐步完整，其週期性的推估準確率已大大的提高，這就是善用數據的結果。

其實，不只是自然現象，就連經濟趨勢也有它的循環週期，例如總體（宏觀）經濟學的重要主題之首，便是「景氣循環理論」，包括了研究投資循環、庫存循環、房地產業循環、股價循環等經濟走勢會形成如何的循環週期，並設法預測下一階段與未來景氣的走向。

　　現代的預測雛型，是電腦結合網路分析數據資料庫而來，因此，只要能善用「網路」這個超級資料庫，人人都可以是趨勢大師！

每一則新聞，
都是一連串「蝴蝶效應」的開端。

10-3/
緊跟社會脈動，
從「無」想「有」

想在多變的洪流之中站穩腳跟？擔心「瞬變」殺得你措手不及？就必須隨時注意瞬息萬變的資訊與創新科技，還要充分瞭解當前的社會「有」什麼？又「缺乏」什麼？也就是「從無思有」。

必須緊跟著世界脈動

拜衛星及網路之賜，每天（或說每分鐘）發生的新聞可以藉由SNG連線、網路電子報或者報章雜誌於第一時間傳到你我的耳朵。舉凡是遍地開花的「茉莉花革命」、華爾街的股票大崩盤、iPhone4s上市，以及惠妮休斯頓與鳳飛飛驟逝等消息，都是不需幾秒便能傳到全世界。

每一則新聞，都是一連串「蝴蝶效應」（Butterfly effects）的開端。在21世紀的今天，如果只是閉門造車，也許結果不只是「出而不合轍」，還會發現眾人早已改乘「EN-V」電動概念車了。因此，想奪得先機，必須先跟著世界的脈動而律動。

◆註：「茉莉花革命」指發生於2010年末至2011年初的北非突尼西亞反政府示威導致政權倒台的事件，因茉莉花是其國花而得名。

2010年12月17日，一名26歲青年自焚，觸發境內大規模街頭示威遊行及爭取民主活動，事件導致時任總統班·阿里政權倒台，成為阿拉伯國家中第一場因人民起義導致推翻現政權的革命。

◆註：「EN-V」電動概念車是由電動引擎作為動力，可以同時搭載兩位乘客，卻只需要一般傳統轎車1/3的空間。此外，EN-V的「電子輔助開車系統（drive-by-wire）」，讓它可以轉換手排或自排系統，不僅可以加速，也可以讓車輛自己停止。

每天接收新知

最經濟實惠的方法，就是養成每天閱讀（無論是報紙、書籍、還是網路新聞）的習慣，藉由上網瀏覽新知、廣讀報章雜誌，與「下鄉」實際觀察來參與整個世界。

例如台灣經營之神王永慶，就是在大眾還不曉得「塑膠」為何物的時候，就憑藉著塑膠賺到了人生的第一桶金，成就了今日的台塑王國。

觀察市場「缺乏」什麼？又「期望」了什麼？

當年美國與日本不少成功的企業，都是靠著第一線人員收集的「Want sheet」（客戶需求單）來不斷地改進與提升自己的產品與服務，進而能繼續成長。

追根究底，其實「Want sheet」由「I won't buy, because……」（我不會買，因為……）引申而來，當企業廣泛收集了各類的「Want sheet」之後，便能了解其目標客戶群到底還「缺乏」什麼？或者在「期望」什麼？於是就能以此調整研發或行銷的方針。簡單來說，就是從市場需求與消費者的「無」中，思考可以開發的「有」。

看見負面缺乏之中的正面需求

人類文明的進展，在相當程度上都是基於負面的匱乏，像是談到「不方便」：因為筆記型電腦不方便閱讀，所以出現電子閱讀器；「不潔淨」：石化能源不環保，所以尋找再生能源；「不美觀」：手術留疤不好看，所以發明微創手術……。

此外，不健康、不安全、不自在、不具能力、不對等、不相信、不成功、不幸福、不聰明、不滿意、不願意等，所有的「不」，都反映出市場的「無」，而它的反面思考就是正向的欲求，是「期望」什麼？「渴望」什麼？「需要」什麼？只要能掌握人類的正面期望與負面缺乏，便可看見未來，創造出未來。

不管是「Makiyo」、「惠妮休斯頓」，還是「林書豪」，
只要是網路搜尋熱門關鍵字就是話題代表。

10-4
「熱門關鍵字」的背後意義

網路作為承載即時消息的重要媒介，關鍵字（Key word）又作為大眾搜尋資訊的第一途徑，其所反映的潮流趨勢不容小覷。從榜上有名的熱門關鍵字就能迅速掌握話題人物、時事議題與流行趨勢，以低廉的成本就能看透大眾的喜好，能及時掌握潛在商機。

當前世界幾大搜尋引擎，如Google、Yahoo、Yam天空、新浪、MSN、百度等，均配置了熱門關鍵字瀏覽與分析服務，以分析熱門關鍵字出現、爬升、到達頂峰或下滑的時間週期，讓使用者得以精準地掌握時事的矚目程度與壽命。

關鍵字服務的獲利

不僅如此，Google還推出關鍵字趨勢查詢服務「Google Trends」，只需使用者輸入單一字串或多項比較字串，就會出現該關鍵字的搜尋週期，並在幾處波峰標明出新聞或事件。

此外，知名網路市場研究機構comScore公布的前幾名搜索網站龍頭，也因拓展關鍵字廣告市場而獲利甚豐。

Yahoo於台灣崛起之後，不僅整體營收與經銷商營收表現亮眼，更躋身為網路廣告市場成長最快的廣告媒體。短短幾年，客戶群就由

十餘家爬升至數千家，業績翻升50多倍，堪稱推廣中小企業知名度的重要功臣。

據台北市網路廣告暨媒體經營協會（IAMA）調查，付費關鍵字廣告占了2010年整體網路廣告的32％，較前年成長約11％，達到了新台幣26億6千4百萬的規模。

熱門關鍵字搜尋＝人氣＝商機

關鍵字搜尋的高使用率促成了關鍵字行銷事業的蓬勃，而藏身於背後的，正是可觀數量的目標大眾，這些辭彙讓潮流趨勢不再神鬼莫測。例如電影《賽德克巴萊》風潮正席捲台灣期間，許多旅遊業者競相購買「賽德克巴萊」的關鍵字廣告，藉以吸引搜尋電影的網友，以促銷前往拍攝現場林口霧社街的觀光套裝行程。

網站排名的參考價值就在於「開拓商機」，熱門關鍵字代表著「正夯」與高人氣，而高人氣就象徵著潛在商機。若能抓住大眾的焦點與熱門話題，即時「投其所好」，就不怕產品乏人問津。

短視近利、人云亦云的人，
終將面臨淘汰與陪葬的命運。

10-5/
現在就會「後」
（Post-）思考模式

後G2時代、後ECFA時代、後911時代、後基因解碼時代、後奢侈稅時代、後PC時代、後雲端時代、後碳經濟、後資訊化、後扁平化……這些不勝枚舉的「後」思維，都代表著對當前事件的未來趨勢預測。

學習未來學的目的之一，就在於培養「後續思考」的能力，讓自己在思考上不落人後。現在就教你一招，試著在思維中加上「後」（Post-）字，讓它成為一種習慣，這就是一個絕佳途徑。

試著使用兩種前瞻的長程評估法

訓練自己回答這樣的問題，像是：「接下來會發生什麼事？」、「後PC時代跟PC時代有什麼轉變？」、「ECFA時代影響的產業有哪些？」、「後ECFA時代，這些產業又該何去何從？」等，待擬定好要進行的預測方向之後，接著運用兩種主要的前瞻（Foresight）長程評估法，那就是「SWOT分析」與「趨勢外插法」（Trend extrapolation）來分析事件的未來發展與影響。

「SWOT分析」偏重質化的詮釋，從Strength（優勢）、Weak（劣勢）、Opportunity（機會）、Threat（威脅）四個象限來預估未

來發展；而「趨勢外插法」則是以過去到現在的發展趨勢作為基礎，利用某種模型（通常是統計圖表或數學函數）來描述某一參數的變化規律，再將現有的各種數據照此規律向未來「外插」，以預測未來科技、經濟或社會發展等方面的走向。

香港首富李嘉誠曾表示，習慣短視近利、人云亦云的人，終將面臨到淘汰或陪葬命運，只有培養出「超前意識」，才能當自己的主人，主導自己的未來。而我們說「後續思考」就是「超前意識」的基礎，試著在名詞後方加上「後」字，訓練自己思考問題的後續、影響層面以及因應之道，我們就不只能站在巨人的肩膀上，更能讓自己成為具有長遠眼光的時代巨人。

升級未來腦

趨勢外插法的六步驟

趨勢外插法的基本假設為趨勢的發展呈線性的漸進變化，「未來」即「過去」到「現在」連續發展的結果。並可細分為六步驟：（1）選擇預測參數（即函數$y=f(x)$中的x與y）、（2）收集相關數據、（3）以最小平方法等數學方法畫出趨勢之發展、（4）趨勢外插、（5）預測說明、（6）研究預測結果在制訂規劃和對未來決策中的應用。

例如，鎖定10年前中國GNP約為1千美元的成長曲線，數年後人民幣開始增值，依此趨勢得出中國GNP將逼近2千5百美元的推論。量化預測之後，進行最重要的第6步驟，如判斷以下問題：「經濟持續成長將如何影響政策在社會福利、投資獎勵與進出口貿易的變化？」、「經濟寬裕將如何左右人民的消費與儲蓄意願？」、「經濟成長首要影響的是哪幾種型態的產業發展？而會有哪些可能的商機將要勃興？」等，讓數字產生它的意義。

當大家一頭熱地栽入之時，
先試圖另尋他人尚未發現的藍海吧。

10-6
開拓藍海＝
尋找被遺漏的縫隙

所謂的藍海策略，就是指開拓「嶄新未開發的市場空間」，拒絕在競爭已十分激烈的殷紅血海中削價求生。而其中找尋新市場的方法，就是「縫隙預測法」（Future Clearance），簡單來說，就是尋找那些「被遺漏的縫隙」。

是已遭棄置？還是未受發掘？

我們以球類運動為例，將所有現存的球型依直徑從小到大來排序，從3公分的桌球開始，到撞球、棒球、鉛球、排球、足球……直到27公分的籃球，就可以發現13公分到16公分之間呈現了空白狀態，這就是所謂的「被遺漏的縫隙」。而這樣的縫隙是否有開展新型球類運動的可能呢？抑或這樣的縫隙是否存在著某些難以克服的發展障礙？

如果能將此種思維搬到商業體系之中，縫隙就正是一塊在飽和市場中另覓出路的「藍海」市場或「真空」市場。

這裡值得注意的是，被遺漏的縫隙可能存在著兩極化的價值，其一是「已遭棄置」的縫隙，其二是「未受發掘」的縫隙，前者是「命運」，重在障礙排除；後者是「機會」，需要重新另闢蹊徑。

未來1.0
encounter

變形平板電腦與新型複合式KTV

例如華碩電腦就在筆記型電腦與平板電腦市場之間「見縫插針」，推出了觸控螢幕可與鍵盤基座完全分離的「變形平板」電腦（Eee Pad Transformer），成功吸引了對於前述二者皆有需求的消費者。

另外一個運用「縫隙」的例子，就是近年逐漸打開知名度的新興KTV「星聚點」。在好樂迪與錢櫃兩大KTV龍頭壟斷台灣KTV市場時，當年錢櫃創辦人之一的劉英決定東山再起，但是他不專營KTV服務，而是打著結合高級自助餐與唱歌服務的複合式娛樂名號，在「複合式」KTV這片藍海之中，找到屬於自己的廣闊領地。

當大家一頭熱地栽入某項領域之時，請先將自己抽離，另尋他人尚未發現的藍海，從細微的徵兆裡攫取先機，精確地填補縫隙，就能有恃無恐地在「夾縫中求生存」。

觀察人生、融合三實力，
你就是職場上最炙手可熱的人才。

10-7/
硬實力＋軟實力
＋巧實力

1990年，哈佛大學政治學教授約瑟夫·奈伊（J. S. Nye）在風靡全球的暢銷書《美國日不落》中，提出了硬實力（Hard-Power）與軟實力（Soft-Power），而後又加上了巧實力（Smart-Power），以此說明權力運籌與外交談判的策略。

不可不知的新時代三實力

所謂的「硬實力」，指的是以高壓手段迫使對方屈服，簡而言之，就是「以力服人」，是中國法家的「法術勢」，也是義大利政治家馬基維利（N. Machiavelli）所說的「威猛如虎，狡猾如狐。」

而「軟實力」則是強調營造出個人魅力，以創造願景、溝通及柔性呼喚說服對方，也就是「以德服人」、「動之以情」。

最後，「巧實力」指的是能靈巧變通上述二者的能力，著重在恩威並施、剛柔並濟。

在政治上，偉大的領袖必須懂得以「巧實力」動員群眾，凝聚國民向心力，一起推動具前瞻性的政務。如同美國總統老羅斯福（T. Roosevelt）就是一個「話說得夠軟，棍子帶得夠大」的巧實力典範。

當然不只是政治，在職場與人際關係上，巧實力依舊是開啟成功大門的第一把鑰匙。在少子化、獨子化的影響之下，許多七、八年級的職場新鮮人總給前輩一種「高自尊、低技能；高學歷、低抗壓」的負面觀感，歸咎原因，多半來自於父母的溺愛與缺乏失敗的經驗，以致於不懂得謙卑與待人處世。

曾經有人大聲疾呼：「不要僱用哈佛商學院的畢業生」，理由就在於這些精英雖然有著專業知識的「硬實力」，卻經常缺少團隊合作的「軟實力」。

未來人才的關鍵六技能

筆者認為，上述的「三實力」沒有優劣、都同等重要——只要用在正途上。除了三實力，未來人才還需要具備關鍵的六種技能：

- 具有功能性，加上創意設計的才華。
- 有論點，還能說引人入勝的故事。
- 有專業素養，同時具備整合開發能力。
- 重視邏輯，還能得理饒人、給予關懷。
- 除了埋頭苦幹，還懂得享受生活、懂得玩樂。
- 累積存款，還能追尋過程的意義。

若能掌握六技能，再充實三實力中的硬實力（鞏固自己的專業技能）、軟實力（待人處世多一點彈性）、以及巧實力（細細品味、觀察人生），你也可以是職場上炙手可熱的人才。

你將反思自己的生存價值，
並重新定義幸福的真諦。

10-8/
用國民幸福指數，
幸福治國

英國科幻作家亞瑟·克拉克（Sir Arthur Charles Clarke）曾預言，當人類進入了行動社區與虛擬城市的時代之後，社會各個組織都將會認同「幸福指數治天下」的價值觀，不再以過去的GDP作為社會發展的指標。

筆者認為，到了2020年時，某些城市社區將發生巨大變化，這將促使人類開始反思自己的生存價值，並重新定義「幸福」的真諦。因此，「幸福指數」這個概念將更加受到大眾青睞。

國民幸福指數將可能取代GDP

長久以來，GDP存在著為人詬病的缺點，就是它計算的是經濟市場中所有「有價值」的商品和服務——也就是說，GDP六親不認，只認「錢」。因此，中山大學政經系副教授劉孟奇曾說：「定義清楚，是GDP最強的地方，也是最弱的地方。」

發展經濟，目的在於「提升幸福」。可見，經濟本身並不是目的，而是過程，只是現代人在盲目的追求當中，往往迷失了初衷。

經歷金融海嘯之後，全球興起了一陣檢討GDP的思潮，諾貝爾經濟學獎得主、美國普林斯頓大學心理學教授坎尼曼（D. Kahneman）

說：「這開啟了一個可能性——有一天，當各國在進行國際評比時，不再只根據貨物與服務，而是根據一國人民對於快樂與否的真實感受。」

2010年，美國的蓋洛普（Gallup）公司發表了一份涉及132個國家、共計13萬6千人的調查報告。報告結果顯示：「儘管財富能提高生活品質與生活滿意程度，但它只對日常心情產生一些微小的影響。人們的幸福與快樂大多來自於被尊重、對生活有安全感與主導性等方面。此外，家人、朋友以及一份令人愉快的工作，這些為人類帶來的幸福感都遠遠超過了金錢。」

這項調查證明了「個人與國家的收入提高會使得生活滿意度提高，但更正向的情緒和幸福感則與其它的因素有關」。

因此在未來，「國民幸福指數」的評估系統將取代GDP，成為人類對居住環境要求的首選。對於研究「幸福指數」的專家而言，GDP指數帶來的只是工業技術的惡夢。

而GDP的另一個大問題就是，「不衡量環保及任何外部性的因果」。例如，在水源上游養豬，水污染不影響GDP，但是我們賣豬卻能增加GDP。因此，高GDP背後隱藏的，是大量的資源、能源耗損，與環境生態的嚴重污染，實則是得不償失。

生活富裕，不見得最幸福

英國曾經推出了《幸福星球指數》報告。在這份報告之中，曾拿下「幸福國家」榜首的，既不是美國，也不是英國，而是一個大洋洲上的島國，人均GDP僅有1440美元的萬納杜（Vanuatu）。

這項報告說明了：「富」未必「足」。強權國家未必幸福，龐大

的GDP指數並非人民追求的目標，因為漂亮的數據，並未替人民帶來心靈的寧靜與愉悅，反倒使人更焦慮不安。

「幸福星球指數」不僅是公認的人民幸福指數，近年來也成為衡量一個國家或地區在全球化的進程之中，「資源利用有效性」的指標，也就是該國能否花費最少的資源，讓人民過著最幸福的生活。

再如，近期英國的《幸福星球指數》中，指出日本人的幸福程度在178個國家裡排名第95位，與它的GDP排名相比，日本幸福指數的排名驚人的低。

因此明顯地，幸福指數糾正了傳統觀念中認為「高消費」必然帶來「高生活品質」的錯誤思維。

世界最幸福的國家

名不見經傳的萬納杜，曾是全球最幸福的國家，證明無需過度消耗地球資源，人類也能獲得長久並幸福的生活。《幸福星球指數》指出，萬納杜人民對生活的滿意度明顯高於其它國家，而他們對生態環境的破壞幾乎為零。

除了萬納杜，另一個成為全球幸福典範的國家，是位於喜馬拉雅山南麓的小國「不丹」（Bhutan）。

不丹素有「世界上最快樂的窮國」之稱。40多年前，不丹還維持以物易物的無貨幣經濟，境內沒有公路、電話、電視、電力，甚至直到近年才同意外國觀光客入境。

不丹政府在國家軍隊上堅持「零預算」，把多出來的資金投入福利政策，提供人民免費醫療與教育。此外，他們限制入境觀光客數以保護自然環境及傳統文化，更立法規定國土森林覆蓋率，並強制全國

禁菸。

　　奇妙的是，這些看似抑制發展的政策對不丹的經濟成長絲毫沒有影響，不僅國內GDP穩定成長，不丹人民對於生活也更加滿足。

幸福指數治天下

　　不丹國王是第一個在世界上行使「國民幸福毛額」（Gross National Happiness,GNH）來治理國家的元首。他的執政理念是：「國家的基本問題是，如何在物質生活與精神生活之間保持平衡，在實現現代化的同時，絕不能失去精神生活、平和的心態和國民的幸福」。按照不丹國王的思想，GNH的衡量應包括發展經濟、保護文化遺產、保護環境及實行良政等方面。

　　在歷經了亞洲金融風暴之後，泰國皇室也提出了「適足經濟」（Self-sufficient Economy）理念。「適足」代表著凡事適度、知足、誠實、不貪婪。言所需言，行所當行；適度工作，適度休養。

　　泰皇蒲美蓬（Rama IX, King Bhumibol）說：「認同這理念的國家，其人民必將快樂」。緊接著，2011年，日本政府也決定著手進行「幸福指數」調查，未來將不再以國內生產毛額（GDP）為基準，而是調查國民的幸福度。可見，幸福指數治天下的意識，逐漸在全球覺醒與蔓延。

10-9／
回到過去，
自給自足樂活風

傳統的手工業，將生產與生活結合，藝術與美學也被不經意地融入了日常生活。但在工業革命與資本主義掛帥之下，自給自足的產業結構被打破，人們的產出再也不是為己所用或者以物易物，而是以勞力來換取工資，這使得某些「意義」跟著消弭了。

當工作失去樂趣……

20世紀初，當工作逐漸變成機械式的重複之後，工作與休閒正式宣告分家。但是人們在工作之餘，必得尋求其它休閒活動以慰藉疲憊的身心靈，因此，美國興起了一陣「回到真正生活」（Go back to real life）的運動，許多上班族忙碌了一個星期後，周末就躲進住家的車庫或地下室敲敲打打，從事木工為家人打造家具，或是修理器械等，重拾「勞動」與「生活」的連結。

過了一個世紀，這樣的喜好與綠色概念結合，成為了「樂活」（Lolas, life styles of health and sustainability）理念。無論是靈修課程、腳踏車環島、社區總體營造或是有機園藝，崇尚「樂活」的群眾各自發展出重新接觸「土地」的方式，並且拒絕淪為工作的奴隸。

例如比利時的根特市（Ghent）首創了「週四無肉日」的活動，

由政府主導推出「無肉餐」，並高喊「素食減碳」的口號，就是一種「由上而下」的樂活表現。

找回自給自足的快樂與人情味

此外，「自給自足」的概念也成為樂活的重心。在美國，在家自行釀造葡萄酒及啤酒開始蔚為風氣，自製罐頭食品與醃漬食物也再度流行，有越來越多的都市居民嘗試在自家栽種有機香草、蔬菜甚至是果樹。

不只是傳統產業，高科技的農耕技術也可以很「樂活」，如美國堪薩斯市（Kansas）附近的「自然數e農場」，就是立志打造出一個「世界上第一個自我複製、自給自足、開放來源、對生態有利的高科技永續農藝生態村」。在那裡，居民用極少量的資本設置一個小型實驗室，使用廢棄金屬和塑膠製品當原料來製造農業機具。例如一種能切割、打穀與去除穀皮的微電腦多功能農耕機（Microcombine）就是這樣的機具。

根據一項全美的調查報告顯示出，在美國，每5個人裡就有1人表示一年內有自己種菜的打算。而在美國加州北部的一個小村落，還有居民自發性地打造出一個完全「自行供電」的農場與事業網絡。此外，廣受歡迎的社區菜園、跳蚤市場等，都從不同角度展現了人們「用心生活」、「樂在生活」的期望與活力。

值得注意的是，上述的Lohas表現，大多與「社區」結合在一起，筆者認為，這是受社會趨於疏離，個人害怕孤立的心理影響。人們越來越明白到「與社會的連結越強，在緊急危難時越能得到幫助」的道理，所以渴望藉由樂活模式找回傳統的人情味與安全感。

好的員工，
對生活必須有起碼的興趣。

10-10
醒來，請慢活

趕公車、趕電梯、趕開會、趕時間，什麼都很趕。現代人生活步調緊湊，凡事都講求一個「快」，你吃飯很快、走路很快、說話也很快、就連睡覺都很快（短暫睡眠）……無形之中，生命中的美好，就這麼被你「趕掉」了。

暫停，想一下

回想你今天一整天的行程，是否會對以下的敘述感到熟悉？

眼見黃燈快變成紅燈，於是你心一橫加足油門衝過十字路口；看著主管在台前不停的口沫橫飛，你撐著下巴盤算著會議什麼時候結束；你面露不悅地把印錯的A4紙揉掉，用力丟進旁邊的資源回收廢紙簍；塞在車陣中的你，對著眼前的車潮罵了一聲髒話；行事曆上寫滿了五顏六色的字跡，你劃掉了幾條卻只能增加更多的待辦事項……如果你覺得這些都像你常做的事，那麼請注意，你的「快」活，已經讓你的人生越來越不快樂。

你必須對「生活」有著起碼的興趣

最近網路上流傳著作家王文華的這麼一篇文章——

我當老闆時和一位來面試的年輕人對談，我問他的前四個問題是：

「有沒有女朋友？」

「我還年輕，想專心拼事業，目前不想交女朋友。」

「你去過最好玩的地方是哪裡？」

「我不喜歡出去玩，我喜歡宅在家研究電腦。」

「那你吃過最好吃的東西是什麼？」

「我工作時都全心全意，吃得很隨便。」

「你會做菜嗎？」

「我家附近有很多吃的，不用自己做。」

他可能以為這些答案都展現出他的專業，能為自己加分，於是得意地看著我。

但是我連學歷和經驗都懶得問，就跟他拜拜了。

為什麼看似全心全意為工作「賣命」的人，反而吃了閉門羹？這位老闆的理由是：「好的員工，對生活必須有起碼的興趣」。成功的人，必定是懂得「生活」而非「生存」的人，為工作廢寢忘食、到失去自我的人，終究會因過度封閉乏味而被未來的社會淘汰。

開始慢，慢食

有一位義大利記者因為目睹了一群大學生張開血盆大口大嚼漢堡的景象而驚嚇，於是成立了「國際慢食協會」（Slow Food International），希望喚醒人類對於飲食文化的認知，強調「進食」並非只是為了攝取營養的目的，因為「過程」本身也是一種目的。

在美食饗宴中細嚼慢嚥、仔細品嚐的過程，能給予味蕾足夠的興奮時間，不僅能幫助消化，還能讓心情更加愉悅。不僅如此，多咬多咀嚼，還可減少對胃的負擔。

開始慢，慢休閒

現代人的運動，往往只為了減肥或是雕塑「六塊肌」，因此總是計較體脂肪、精算熱量。此外，「參與式」的休閒（如露營）越來越少，而「旁觀式」的休閒（如看電影）卻越來越多，原因就在於後者省時又不費力。

其實，休閒活動不只消耗了卡路里或能得到消費的快感，單純的快樂、紓解壓力或與親友間的情感交流，也是休閒的重要目的。

近年來，以身心靈昇華為主旨的瑜伽、氣功、太極拳等「慢休閒」漸漸引起人們的興趣，因為這些運動不僅能鍛鍊心肺功能，還能讓疲憊的心靈得到釋放，是身心靈合一的養生運動。

開始慢，慢睡眠

一般來說，一個成人每天的平均睡眠時間應該要有8小時，才能使生理時鐘完整地循環睡眠週期。但現代人因為偷取了大量的睡眠時間去加班、熬夜、娛樂，甚至日復一日地倚賴咖啡成癮，這實在是時代影響下的現代病之一。

依照中醫說法，每天應該在晚上十一點前緩和情緒，就寢，才能讓身體有效修養。在一夜的安眠之後，第二天被陽光曬醒，睡眠充足了，也才能容光煥發地投入工作。

開始慢，慢社交

慢社交，就像道家說的「柔弱勝剛強」，以「柔道」處理人際關係，也就是前面提到的「軟實力」。有人認為，溝通的總效果＝7%語言＋38%聲音＋55%表情，可見一場成功的對話，並非三言兩語隨便說說就能解決。

未來1.0
encounter

你需要的是慢慢思考、侃侃而談，練習使用肢體語言，並學會同理心與互相體諒，如此一來才能完整的表情達意，能免去不必要的紛爭與猜忌，贏得人心，也贏得自己的好心情與事事暢通。

開始慢，慢工作

如果政府部門跟工作場所沒有時鐘、沒有任何人戴錶，那會是怎樣的上班情況呢？

這個構想，是由加拿大記者卡爾・奧雷諾（C. Honor）提出的。他建議美國國會設立「官方無錶日」，呼籲人們搶回被工作剝奪的時間。

根據統計資料，美國30％的大學畢業生及20％全職男性的每週工作時數超過50小時，並且年年都在增加（更別提工作時數一向高於歐美的勤奮亞洲國家！）。

因此，專家學者紛紛提倡縮短工時。不只是美國，台灣也有「低教育程度者未充分就業或失業，高教育程度者卻工作過度」的現象。多數學者認為，縮短工時不僅能讓人們多點自由來從事家庭活動與休閒，騰出來的工作也能增加失業人口的就業機會，挽救失業率。

開始慢，慢城市

義大利4個以布拉（Bra）為首的小鎮宣布成立了「慢城市」（Slow City），他們的宗旨是主張創造環保、和諧的城市環境，並且重視本土文化傳承、工藝與美學蘊涵、與品味生活的傳達。

在這裡，看不到有礙觀瞻的霓虹燈與廣告看板，也看不到我們熟

悉的麥當勞或星巴克等連鎖速食。舉目所見，只有鳥語花香的公園綠地與徒步區，以及時速僅20公里的慢車緩緩行駛。

「慢城市」提點了世人，唯有「緩緩」才能「留心」，唯有「留心」才能擷取生命中的每一個美好片段。

在你按喇叭的當下，就忽略了商店櫥窗中的耶誕裝飾；在埋頭填補行事曆的同時，總是無奈地將朋友的聚餐註記劃掉──現在就停止這些惡性循環，從「心」開始，迎接你的慢生活。

面對未來的態度

發明新觀念並不困難，但是難就難在從舊觀念裡跳脫出來。同時，未來屬於非理性的人，向前看而不向後看的人，確定一切都不確定，卻仍然有能力與信心進行不同思考的人。

現代的課程像是一間工廠，培養一樣的人才，但是後現代課程強調的是人才的多元。老師不該再直接給予正確答案，而是該釋放學生成為學習的主人，鼓勵學生發揮思考能力與創造力，從學習經驗中，建立起價值觀與世界觀。

當時光不再是距離與障礙，我們也更難專注在一個時光與一件單純的事情，然而大腦非常需要安靜的片刻，片段與一心多用的生活，使我們腦部認知發生質變，行為隨之改變，人們變得焦慮，與現實脫節，無法進行深層與關鍵性的思考，人際關係也日漸疏離，進而影響人們的道德觀與幸福感。因應未來的態度是，你必須思考「什麼是值得你追求的？」、「什麼是值得我尊重的？」、「什麼是值得我珍惜的？」，並著重於努力的過程與態度，從有興趣的科目或休閒活動建立信心，才能豐富自己的精神生活，得以面對這個多變的未來。

未來1.0
encounter

要減少「碳足跡」，
就開始吃綠色食品吧。

10-11

回歸綠色生活，
幸福留子孫

機器人做家事，看綠環保電視的節目，消耗綠能源，吃綠色食品，選擇環保產業的工作，你是「綠領」而非「白領」，開太陽能驅動的新能源汽車，降低自己在城市中的碳足跡（Carbon Footprint）……這些都是目前科學家所描繪的，人類不久的將來。

社會進步與經濟的發展，使人們可以選擇自己喜歡的生活方式與消費型態。但是，絕對不要因為過度奢華而造成社會資源和自然資源的浪費。為此，未來人們將更加宣導綠色的生活方式，並提倡與自然和諧相處，讓你我都能過簡樸、適度的綠色生活。

減少自己的「碳足跡」

以「碳足跡」為指標，能讓人們知道自己的「碳耗用量」，如果想減少「碳足跡」，我們就要儘量選擇吃綠色食品。

不同食物的碳足跡不同，例如蔬菜的碳足跡比較低，每1千克馬鈴薯和胡蘿蔔的碳足跡只有0.21和0.35，大豆為1.1，魚類為2.6，雞鴨肉為4.1，蝦和火雞為5.1，牛羊肉為14.3。由此看來，如果生理狀況允許，我們應盡量選擇低碳足跡食品，以減少碳耗用量。

此外，產品的外包裝不同，碳足跡也會有所不同，例如紙盒包裝

的較低，塑膠瓶適中，而玻璃瓶就高上許多，因其生產工藝耗能非常高。

2005年，日本宣布全面實施碳足跡標籤（Carbon Label）制度；目前在英國超市裡，也有許多食品的外包裝貼有碳足跡標籤；亞洲地區的韓國也有少量應用，其它如美國、加拿大、泰國、澳洲、台灣等也積極展開碳足跡相關政策與工作的建置。

◆註：碳足跡（Carbon Footprint），是指描述一特定活動或實體（entity）所產生之溫室氣體排放，因此可作為組織與個人評估其對氣候變遷的貢獻的方式。

「碳中和」的生產趨勢

碳足跡的計算，能夠促進製造商「有意識地」控制生產過程中的碳排放。例如奇美電子（CHIMEI）於2011年推出了「碳中和」（Carbon neutral）42吋LED液晶電視。在過去，一台42吋液晶電視碳足跡約為1千8百至2千公斤，但此次取得全球第一台碳中和標籤的奇美42吋液晶電視碳足跡僅約950公斤。

同時間，全世界第一家「碳中和成衣廠」也在斯里蘭卡開工。這座環保工廠中，所有的主管都穿上T恤，因為廠內以冷卻器取代冷氣，雖然溫度熱上了攝氏4℃，卻能省下很多電力。

此外，建商還設計了各種再生能源的利用巧思，例如特殊設計的窗戶，採用自然光讓工人縫製內衣；屋頂舖設隔熱板、太陽能板與草皮；特製儲雨槽能儲存雨水以供應部分用水。據測試，碳中和工廠比一般同樣規模的工廠節省了約40％能源，並且百分之百的用電都來自於再生能源，如9成是水力發電，1成是太陽能。

相信日後，除了「碳足跡」標籤外，市場上會出現更多「碳中和」標籤的綠色商品。

◆註：碳中和（carbon netural），是指單一個人或公司行號等機構，各自計算自身排放二氧化碳的總量，然後透過植樹等方式將這些二氧化碳排放量吸收掉，或者說把這些二氧化碳「中和」掉，希望達到環保與平衡的最終目標。

回歸自然，綠色交通

未來，城市的綠色交通，會以「節約資源」的方式，將絕大多數交通轉入地下，將城市更多的地面還給繁花、草地和森林。

現在世界各國都在研究綠色交通的方案，未來全球城市的交通也無疑將會是低耗能、低碳，甚至是無碳的。

為了解決交通問題，將來也會建立更多的地下高速公路，在封閉的地下隧道裡，廢氣、煙塵透過靜電排除，一氧化氮則用催化的方法解決。例如法國巴黎的地下快速道路建成之後，一氧化氮減少了16%，地上的高架道路用地則會變成綠地，讓景觀更加賞心悅目。

除了客運以外，貨運交通同樣可以轉入地下。日本東京準備建設300公里的地下物流系統，完成後一氧化氮與二氧化碳預計將減少10%到18%，耗能減少18%，貨運速度更能提高24%。此外，垃圾的收送及處理，也可以地下化，如在2010年上海的世博園區內，一部分的氣壓式地下垃圾輸送裝置已經開始「試用」。

除了避免因人為造成的頻繁的自然災害，更為了讓我們的子孫後代能再度擁有一個美好的生存空間而努力。減碳從來就不是苦行僧的行為，而是必須要先樂於將低碳生活融入生活習慣當中，才能持續下

去。因此，你我必須要先了解，在自己的生活習慣中產生碳的情形，才能知道如何去調整適合自己的低碳生活。

碳標籤（Carbon Label）

台灣碳標籤

數字表示**碳足跡**。指產品生命週期所消耗的物質與能量，換算為二氧化碳排放當量。

愛大自然的心，邁向低碳社會。

綠葉，表示健康與環保。

圖擷自行政院環境保護署

碳標籤，就是標示碳足跡的標籤。透過碳標籤制度的實施，能使產品的碳排放透明化，促使企業調整其產品製程，也能喚醒消費者的減碳意識，達到減碳的最大效益。

Wang's Golden Rules :Future3.0
The future that the world has never said

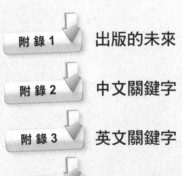

附錄 1 　出版的未來

附錄 2 　中文關鍵字

附錄 3 　英文關鍵字

附錄 4 　Test！ 你進化成未來人了嗎？

附錄 5 　未來便利貼！ 關於未來，他們是這樣說的

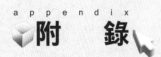

a p p e n d i x

附　　錄

Future 3.0

附錄

發明新觀念並不困難，
難就難在從舊觀念裡跳脫出來

看完了《王道：未來3.0》，
你的思維是否已經「夠未來」了呢?

附錄1

出版的未來

2008年Amazon Kindle及2009年iPad的相繼上市，成功引爆電子閱讀風潮，也掀起了出版產業的數位化革命。隨著平板電腦、智慧型手機、電子書閱讀器等各種數位閱讀平台的問世，不但加速電子書閱讀器的普及率與價格平民化，也活絡了數位出版市場及數位內容的創作。但在這一波電子書閱讀浪潮下，最大的獲利者與受益者究竟是誰呢？

電子書的發展

何謂電子書？將紙本書內容直接轉成PDF檔就是了嗎？還是經過重新排版成適合載體閱讀的出版品（即「優化」）？或是需在原本的內容加入多媒體影音甚至3D動畫檔？以上這些都僅算是紙本出版形式「電子化」的延伸，對讀者來說，出版品屬不屬於電子書並不是重點，真正的關鍵在於內容是不是他們要的，至於數位化、電子化只是一個輔助閱讀的過程或工具而已。

電子書大致包含兩個部分，二者缺一不可。一為數位內

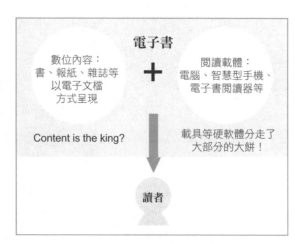

電子書

數位內容：
書、報紙、雜誌等
以電子文檔
方式呈現

＋

閱讀載體：
電腦、智慧型手機、
電子書閱讀器等

Content is the king?

載具等硬軟體分走了
大部分的大餅！

讀者

容：包含文字、圖片、影音、資料庫等。另一則是是用來閱讀內容的工具：包括桌上型電腦、筆記型電腦、平板電腦（如iPad）、智慧型手機（如iPhone）及以電子紙為載體的閱讀器（如Kindle）等。有時一本電子書是可利用多種工具來閱讀，這些產品彼此間存在一定的替代性。

　　根據經濟部工業局數位內容學院定義，數位出版是指從編、採、寫到印刷，以數位訊號傳送，並運用網際網路、資訊科技、硬體設備等技術、版權保護加密管理機制，徹底改變傳統出版經營模式。

　　目前台灣數位出版產業可概分成三種形態：

傳統出版業的升級	新興數位出版產業	非傳統出版業的數位出版產業
產生的數位內容，與紙本書一樣。諸多所謂「升級」的計畫，並未跳出傳統出版思維的框架。	含影音多媒體、網路傳輸、光碟或資料庫出版，如有聲書、電子影音出版或是手機書，完全跳脫傳統紙本書的框架。	產品形式與出版概念相同，如電子字典、地圖、幼教軟體、圖鈴下載、電子報、資料庫、廣告、可攜式載具（PDA）等。

台灣數位出版產業三種形態

　　電子書不單只是將紙本書內容數位化或電子化。而是要將各種資料數位化後再予以系統化與結構化的處理，針對不同的載體設備供人動態閱讀並充分利用到不同載具的特性。電子書的特點有：❶獲取與

攜帶方便；❷易於檢索與互動；❸客製化訂做（依據自己的需求訂製專屬的電子書）；❹使用方便，可隨時搜尋內容並下載，並改變字體大小及字型；❺多元化、多媒體；❻容量大；❼降低印製成本，且價格較紙本書便宜；❽節省保存書本所需之空間；❾可全球同步發行。

　　雖然電子書有以上的優點，但由於電子出版版權取得困難、使用者付費觀念仍未建立、螢幕閱讀的接受情形不佳、電子書格式分歧、閱讀介面規格不一、智慧財產權DRM機制等，使得電子書的推廣備受考驗。

電子書的製作及檔案格式

　　多數人認為電子書的製作很複雜，主要是因為隨著閱讀工具或電子書購買通路的不同，數位內容需要轉置成不同的格式才能閱讀。一般數位出版流程如下圖所示。

數位出版流程圖

　　台灣現行電子書載體及交易平台可支援的電子書格式，歸納如下：

載　體	廠　商		可支援的電子書格式
電　腦 （桌上型電腦、筆記型電腦）	Adobe Flash		swf、exe
	Adobe reader		pdf
	Adobe Digital Edition		pdf、epub、flash
	電子書交易平台	UDN數位閱讀網	pdf
		博客來網路書店	pdf
		新絲路網路書店	epub、Koobe keb、Koobe epub
		打開一本書網路書店（遠流）	Koobe keb、Koobe epub
		金石堂網路書店	Koobe keb、Koobe epub
		Amazon網路書店	azw
		Google Books	pdf、epub
		華文網網路書店	epub、Koobe keb、Koobe epub
		遠傳電信－e書城	pdf、epub
平板電腦	iPad		pdf、epub
	電子書交易平台	新絲路網路書店	epub、Koobe keb、Koobe epub
		遠傳電信－e書城	pdf、epub
		華文網網路書店	epub、Koobe keb、Koobe epub
		中華電信－hami書城	epub
智慧型手機	iPhone		pdf、epub
	Android系統		pdf、epub、flash
	電子書交易平台	中華電信－hami書城	epub
		新絲路網路書店	epub、Koobe keb、Koobe epub
		遠傳電信－e書城	pdf、epub
		華文網網路書店	epub、Koobe keb、Koobe epub
電子閱讀器	Kindle閱讀器		azw、pdf、mobi、prc
	Sony reader		bbeb、pdf、epub
	iRex閱讀器		pdf、epub、mobi、prc
	北大方正閱讀器		ceb

由上可知台灣目前較廣泛使用的檔案格式是PDF及EPUB。下表為PDF與EPUB之比較。

	PDF格式 （portable document format）	EPUB格式 （electronic publication）
發展起源	1993年Adobe Systems發展出的文件格式。	國際性電子書組織OeBF（Open eBook Forum）為使電子書能夠成功的開拓市場，並於閱讀系統之間的資料互通，制定OeBPS（Open eBook Publication Structure）標準，之後演變成EPUB標準，作為電子書內容描述的標準規範。
優點	★幾乎所有載體均可支援。 ★具目錄、書籤及批註等功能。 ★文字檔中的格式、字體、版型和圖片可向量放大。 ★可儲存高解析度的圖檔直接輸出使用。 ★文件可以設定為不可複製、不可列印或是需要密碼等幾種保護智慧財產的功能。 ★能保留文件原有格式開放標準，能自由授權、自由開發PDF相容軟體。 ★較新版本的PDF檔可加入聲音或Flash格式的多媒體檔案。 ★大部分的出版業是使用PDF檔作為出版印刷的標準格式，所以直接用PDF格式加上數位版權管理系統（DRM）販售是最有效率的方式。	★可支援跨平台的載體，流通性大。 ★製作容易。 ★具有目錄、書籤功能。 ★支援字體調整、版面重排等。由於可以自動重新編排版面，所以可以因應不同尺寸的電子閱讀器，自動呈現最佳的版面配置效果。

缺點	★無法依照閱讀器的螢幕大小自動縮排或換行。	★無法像PDF檔一樣適合需要精確排版的圖文、雜誌書。 ★不支援中文直排樣式。 ★無法呈現文繞圖的編排方式。
備註	國際數位出版論壇（International Digital Publishing Forum，IDPF）於2007年10月正式推動EPUB標準作為電子書內容描述的格式規範，EPUB格式的電子書已漸漸成為主流，並且在新版的格式規範中，已將多媒體支援互動、文字斷行規則、直書等功能納入，改善現行缺點。2009年6月台灣數位出版聯盟與電子書閱讀器製造廠商共同討論決議支持電子書共通格式EPUB（傳統出版業者是處於相對被動接受的情況）。	

數位內容版權加密保護技術（Digital Right Management，DRM）

　　現今有許多不肖的網站業者及個人使用者，利用掃描方式將紙本書內容以圖檔或文字檔等方式放在網路上讓人瀏覽、下載，造成出版商及作者莫大損失，也使得作者及出版業者提供內容的意願降低，最後自然也就無法形成市場。

　　出版機構為防止數位化資料被使用者任意轉載，於是發展出數位內容版權加密保護機制，避免電子檔案被大量複製。在DRM的架構下，系統能記錄購買數位內容的使用者，追蹤管理數位內容的閱讀、複製次數與內容流通等情形。目前在網站上購買的電子書，一般均有設DRM機制，但很難保證這個加密的機制不會被破解。長遠來看，出版社還是要想辦法加強DRM功能或索性放棄。像音樂產業就是一個很好的例子，過去在音樂檔上不斷地加密保護，仍難以制止盜拷散播。但現在卻是消費者先上網試聽，聽到喜歡的專輯再購買。其實賣歌已經賺不了多少錢了，但若因為歌曲廣為流傳，捧紅了歌手，光拍廣告、辦演唱會，靠著新的模式帶來的商業價值就遠大於賣歌的權利

金。

使用DRM機制保護數位內容的同時，相對也造成消費者使用上的困擾以及數位內容便利性的喪失。若買了某一廠牌電子書閱讀器可看的書，當換了其他廠牌的閱讀器，資料能否相容就是一個大問題了。

電子書交易平台

目前國內除了各大網路書店外，以聯合線上的UDN數位閱讀網與遠流的「打開一本書」（eBook.com.tw）為最積極投入發展電子書交易平台之業者。以UDN數位閱讀網為例，目前共有近一千個書種可供試閱及購買，雖然它強調親切的使用者介面、完善的分類檢索、書評和推薦功能，以及客製化的數位書房，但仍是針對在PC上閱讀的客群。

台灣電信龍頭業者——中華電信與台灣微軟、宏達電、蘋果等智慧型手機大廠合作，整合數位內容、智慧型手機及平台等三方資源，內容供應商方面則與台灣數位出版聯盟、城邦出版集團、商業周刊、遠流出版、華文聯合出版平台、采舍國際等國內知名出版業者合作，推出Hami書城電子書服務平台，發展手機加值內容，讓使用者在手機上直接下載內容閱讀，創造手機數位內容市場。

在眾多的電子書交易平台中，出版社在選擇合作的對象時，需考量哪些層面？建議業者可就交易平台的規模、可靠性、維護版權的技術水平、訂價控制、佣金及服務素質、平台的文化展現等層面來進行評估。

至於現行的電子書付費機制可分為免費使用及採收費制度。前者

使用者不須付費，即可閱讀電子書的內容，如新絲路網路書店、華文網網路書店的免費電子書區塊，或古騰堡計畫提供世界上重要文學作品之電子版型式，供讀者瀏覽。後者則須加入會員，收取酌量費用，讀者取得帳號密碼之後才可閱讀及下載電子書的內容，如國內華文網網路書店的付費電子書區塊、國外的NetLibrary等，皆屬較大擁有數位版權之規模業者。

國際市場產業現況

　　自Amazon Kindle熱賣後，許多高科技企業也爭相投入研發電子書。媒體甚至以「屠殺的序曲」來形容Kindle系列！Kindle背後的六個平台：電子書與有聲書兩大平台已穩居世界第一！另外四個平台目前都是世界第二；MP3音樂商店雖有近三千萬首歌曲，但仍遠遠落後於蘋果陣營的iTunes。另外三個則是Android Appstore、Prime Video與雲端處理平台。所以Kindle其實就是一台平板電腦，絕不僅僅是電子「書」而已！資策會產業情報研究所（MIC）表示，數位出版產業已經邁入產品高度成長期。紙本書有極大的數位化空間，電子出版已成為不可逆轉的趨勢。曾任美國Scholastic Book Fairs and Trade Publishing總裁的麗莎‧荷頓（Lisa Holton）認為數位出版在內容的應用上，會持續朝多平台、多元經營模式的方向發展。美國Palo Alto Software總裁及創辦人Tim Berry亦提出未來數位閱讀的商業模式將具備：❶短小而簡單以及連網；❷小額付費；❸向雲端移動的趨勢。

　　21世紀的達文西——蘋果前執行長史蒂芬‧賈伯斯（Steve Jobs）在2010年所主導的iPad平板電腦撼動了整個數位出版產業。因

應蘋果iPad的挑戰，邦諾書局以及亞馬遜書店分別調降電子閱讀器的價格。雖然iPad大幅威脅到這兩家的電子書閱讀器，但因消費者可透過免費的應用程式在iPad、iPhone以及iPod購買邦諾書局及亞馬遜書店的電子書，因此也帶動了這兩家的電子書銷售量。

近期國外一些媒體或出版集團，如美國雜誌及報紙出版商康泰納斯特（Conde Nast）、赫斯特（Hearst）、梅若迪斯（Meredith）、新聞集團（News Corp.）及時代公司（Time Inc.）宣布共同成立數位報攤；歐萊禮（O'Reilly）分享取消DRM數位版權管理機制的作法等，也開始影響到台灣業者的思維，例如：www.silkbook.com便有完全免費的DRM與電子書下載服務。

國內市場產業現況

數位內容產業被我國政府視為「兩兆雙星」計畫中的一顆星。經濟部工業局指出：2010年的數位內容產業整體產值為4603億元，其中以遊戲、動畫、影音、數位學習及數位出版的成長幅度較大，平均年成長率高達35.6%。並預期2013年產值可達到7800億元。自2007年起工業局五年內計畫投入38.85億元，以落實數位內容產業發展，整合創意與內容產業，預定朝向6,000億元產值邁進。針對電子書產業，行政院於2009年10月間核定通過「數位出版產業發展策略與行動計畫」，預計五年投入超過新台幣12億元來推動電子書產業發展，目標是在民國102年催生2至3家華文電子書內容交易中心、推動至少10項電子書創新應用服務，以及促成數位出版產業產值達到1,000億元。經濟部更指出，現階段要整合軟硬體、文化創意，以及應用服務等上中下游，解決閱讀器格式，以及電子版權等問題，讓至少十萬本

華文電子書進入市場。

　　歐、美及日本等國家的出版業者由於版權管理機制完善，出版社同時掌握數位與紙本內容的版權，並採用EP同步發行，紙本書及電子書同時輸出，因此，電子書市場日漸成熟。相對於台灣大部分的出版社，由於規模較小、資金短缺，對於數位出版都還處於觀望階段，不敢冒然進入投資，且數位版權管理機制也尚未完備，再加上讀者對於線上閱讀付費的觀念薄弱等，國內的數位內容出版仍處於萌芽的階段。

　　台灣的數位內容產業分為數位內容產品與服務兩部分，其中數位內容產品又包含八大領域。隨著有線與無線寬頻網路的興起，帶動了數位遊戲、行動應用服務、數位學習及數位出版與典藏等領域複合平均成長率皆超過30%，尤其是數位學習及數位出版典藏兩個領域，因為有國家型計畫經費的挹注，使得複合年成長率高達88%及42%。

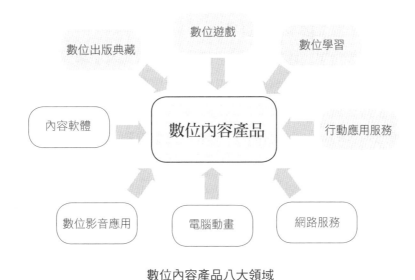

數位內容產品八大領域

在這一波電子書熱潮裡，仔細審視國內所有相關平台、硬體設備（電子書、閱讀器），會發現整個產業目前呈現出「只見電子不見書」的空殼狀態。「內容為王」（content is the king）是否仍是科技產品熱銷的定律？各國際大廠在競爭電子書市場時，核心的競爭焦點除了硬體規格外，決勝的關鍵就在於可供讀者下載的電子書目之多寡。Amazon Kindle剛上市時，就有九萬種電子書可供下載（今年Kindle在美國亞馬遜書店上已有超過百萬冊電子書可選擇）；Barnes & Noble推出Nook時，即宣布可下載之書超過百萬種；Sony eBook Store則有20萬本的商業書籍，以及100萬本公版權電子內容可供使用者下載；Interead CoolerBooks有一百多萬種數位內容，可支援Sony、PC等不同的閱讀載體；iPad則強調與美國最大的五大出版集團合作線上書店iBookstore充分供應內容。Amazon（Kindle Store）、Sony（Sony Connect Book Store）、Barnes & Noble（eBookStore）等挾強勢通路及軟硬體整合之優勢，同時大量彙集數位內容供應來源直接服務消費者。

　　相對歐美市場，國內電子書一來因過去政府及產業界都太偏重於硬體設備之研發，將資源過度集中在「數位化」，因而忽略了數位出版的核心其實是內容，數位化只是生產與消費的工具，軟硬體和網路則是傳遞內容的平台與媒介，於是數位出版推動了半天，卻造成只聞機器不見內容的窘境。二來加上國內外電子書的授權率不高，使得目前電子書產業的最大發展瓶頸就是內容供應不足，沒有內容就構不成產業鏈，擴增電子書內容供應量成為當務之急。台灣地區現有正式電子版權的出版品不超過兩萬種，即使民眾有數位閱讀的意願，但數位出版品的質與量仍無法滿足其需求。因此唯有解決、滿足內容供應者

的需求，才能鼓舞更多元、豐富、優質的內容投入產業，充實數位內容產業之內涵。

針對電子書內容供應不足的窘況，國內現有二大作法：

電子書面臨內容供應不足之作法

中大型出版社或圖書業經營之B2C平台   網路公司推出「直接出書」服務

服務
- 接收內容。
- 服務末端消費者。
- 以自家之出版品或委託發行的作品為主。

缺點
- 服務未擴及體系之外其他的創作者與出版社。
- 電子書格式未統一，因此無法跨平台、跨載具。

服務
- 服務一般民眾、素人作家（跳過出版社）。

缺點
- 作者必須自負印製費用與出版之成敗。
- 缺少專業的編審機制，出版品品質良莠不齊。
- 缺少靈活多樣的行銷企畫手法，作品乏人問津。

數位出版的範疇雖包含電子書、電子雜誌、電子報、電子資料庫、行動內容等，但其中以電子書市場的發展最為蓬勃，根據 Andrew Tribute研究指出，全球付費電子書銷售量每月約為四百萬本，估計2015年數位資料的銷售量將與紙本資料平分秋色。到了2020年，數位出版的市場占有率將達65%，數位出版產業已有銳不可擋之趨勢。面對廣大的全球數位出版市場，台灣的數位出版產業應該採取以下競合策略，共同為促進台灣數位出版產業的未來而努力。

推動紙本出版品數位化，方便資料傳輸下載與保存。此處所謂的

數位化，並非只是將紙本書的編排方式完全複製成數位檔案，而是依據載體的特性重新編輯電子書版面，以利於網路閱讀及載具操作。

確立數位版權的電子書及電子雜誌的交易機制（含定價及版權保護）。電子書平台的交易機制必須考量到使用者的操作，從下單、選擇付費方式、結帳等，都應該讓使用者感到便利。出版產業也可透過共同的資訊平台，與上下游廠商進行聯繫，加速訊息的傳遞。亦可導入消費者資料庫，了解顧客購買行為，進行顧客關係管理。

開發中文手持式閱讀器的上市，並結合實體與虛擬的整合行銷方式，擴大數位出版品的市場規模。鼓勵網路業者投入電子書、電子雜誌的交易平台，以及電信及手機業者的加入，推動手機線上閱讀與交易機制的完成，建構數位內容產業發展環境。

目前台灣內容、軟硬體、電信及平台等業者都積極參與電子書市場的開發，像是電子書內容生產者的出版機構——城邦、遠流、中時、聯經、天下、皇冠、采舍、華文網出版集團等等；電子書軟體業者有遠流（Koobe）、宏碁（Zinio）等；硬體廠商則為元太、友達、鴻海、華碩、英業達等；電信營運商有中華電信、遠傳、台灣大等相繼投入，積極整合數位出版產業上中下游業者共同合作，投入建置電子書內容交易中心，總投資額已超過新台幣三十五億元。

電子書市場將持續成長、成熟

市場研究機構ABI指出，全球電子書閱讀裝置市場將自2013年起開始起飛，估計2013年的電子書閱讀裝置出貨量將可達到2000萬台。而Amazon於2011年5月宣布，旗下Kindle電子書銷售量超過紙本書籍的數量。這或許不能說明電子書即將超越整體印刷書籍，但是

的確隱隱約約可以見到圖書市場未來趨勢。

相對於全球電子書硬體產品，幾乎全由國內電子資訊業者代工設計，台灣也已掌握電子紙等顯示材料供應的產業關鍵，國內提供電子書內容生產供應的圖書出版業，卻仍在檔案格式標準的選擇、電子書銷售平台的定價、版權代理供應商的合作條件上，尚未達成共識，對產業的升級和服務的提升幫助相當有限。

就目前電子書內容的市場而言，較之於傳統紙書市場比例還相當低。但在數位內容及電子書閱讀器的累積裝置量不斷提升的帶動下，市場將進一步發展。對台灣而言，這樣的市場發展提供了以下幾種可能機會：

在電子書產業鏈中，目前遇到最大的困難就是電子書格式相容性的問題，若能結合台灣IC設計的優勢，加速發展一套完整電子書閱讀器系統，解決不相容的問題，降低製作成本，擴大市場普及率，讓使用者在閱讀、購買上，有更豐富的內容可供選擇，如此不但提升台灣IC設計國際競爭力，還可進一步協助電子書硬體發展。

國際數位內容服務業者已積極利用雲端技術來發展產品服務（例如Amazon的雲端書櫃、Google的Google Edition），提供跨載體的內容服務，讓消費者能夠隨時隨地享受到，而國內市場尚未有完整跨載體的數位內容服務出現。

內容業者可藉由網際網路，以電子書閱讀器及其他載體，傳遞多元而互動的數位內容服務，讓消費者可在不同的環境下享受電子書的內容。

實體通路業者、服務業業者或個人等，可藉此發展豐富的創新應用服務（例如電子地圖、電子圖書館等），快速地將服務傳至市場

上，創造更多的商機。

　　過去兩岸在整體局勢及相關法令的限制下，華文單一市場的想法只能在檯面下悄悄布局。但近年來，在數位出版方面，不論是書籍、雜誌期刊還是報紙，中國大陸發展的比台灣還快速且廣泛。不論是數量，還是市場規模、產值，甚至在創新內容或研發數位出版相關技術方面，大陸也有相當大的部分領先台灣。

　　由於大陸一般的消費者並不習慣花錢購買電子書，所以大陸電子書產值主要來自學校、圖書館及機構組織等。隨著手機的普及，中國電信、中國移動、中國聯通等業者，已經著手建置大規模的電子書研發基地，涵蓋了硬體、內容到整合服務。另外，原創文學網站的數位出版在大陸也是當紅的炸子雞，其中的前兩大業者——盛大文學與中文在線，都曾於2009年來到台灣，進行實地的了解，並與台灣許多業者有著不同程度的合作計畫。

國內數位出版產業的挑戰

　　目前國內電子書產業的最核心的問題在於：「能上架的電子書太少」。為什麼電子書會這麼少？綜觀其因，一來是授權取得的問題；二來是電子書文字碼標準難以統一，檔案格式莫衷一是，造成轉換成本居高不下；再者，除少數中大型出版發行廠商外，多數作者及小型出版社極為分散，普遍規模不大，e化能力也不相同，且多數不具數位版權管理的概念及能力，沒有能力、資源，也找不到合適的相關數位出版、發行服務，或是在沒有版權保護、驗證機制下發行、流通作品，難以產生經營利益，進而降低創作、發行電子書的意願。而通路業者也缺乏有效的途徑找到足夠、多元的內容供應者，須投入更多資

源，也增加了經營成本。茲分述如下：

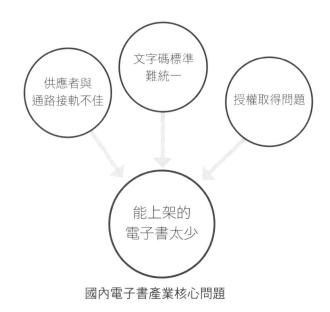

國內電子書產業核心問題

產業標準待制定，降低電子書轉換成本：數位內容與服務平台間的「資訊轉換」是出版服務中很重要的環節。未來的出版公司勢必會與多家交易平台合作。若沒有制定好產業標準，則一本電子書要在全國所有電子書平台上架，至少需要做出三種不同格式的檔案——PDF、EPUB、TXT文字格式，其中PDF檔還要再區分出三種不同的出血規格，此種資訊轉換過程既耗時耗工又耗成本。若讓一個中立出版的機構來協議訂定數位內容與服務平台之間的資訊交換中間格式。前段格式由各出版公司遵循共用格式規範，建立出版產業數位內容資訊交換的規範。而後段則由各個服務平台接續完成XML轉換（轉換成為EPUB，或未來新的格式標準）和CSS版面處理（負責XML的外觀呈現）兩項工作。如此各司其職，在一套規範的模式下

作業，才能使有價值的數位內容，透過服務平台發布、傳遞，成為一項數位出版產品。

台灣電子書交換標準討論半天，經濟部也宣布「採用EPUB作為我國電子書格式之產業標準」，但除了中華電信外，其他大廠還是只顧著打造專屬的封閉式系統。使得一本書要在多少個現有的銷售平台上架，就必須經歷多種轉換格式的波折。台灣雖然決定採用EPUB格式，但EPUB並沒有中文標準，且大陸電子書市場的內容文件格式也沒有統一（有EPUB、pdb、BeBB以及Adobe Content Server 4等）。加上EPUB不能直排、系統字型變化又少，在在都影響到製作與呈現的品質。

此外，除口頭支持EPUB規格外，還有文書處理程式的文字碼標準的問題。許多無法用Big-5碼輸入的字，為求印刷正確，常會自行造字完成，但當檔案轉成EPUB格式時，就會產生亂碼。由於電子書轉檔並非單純按幾個按鈕就可以完成，而是每本書每一次轉檔後，全文都要重新校對過，將亂碼、錯誤的體例、跑掉的格式，一一抓出並做更正，因此電子書轉檔的成本（含時間及金錢）目前是出乎意料地高。

電子書授權取得的問題：國內一年約可出版四萬種新書，但能上架成為電子書的卻只有區區的1%至2%。每家平台業者都會面臨到出版社無法給予電子書授權的問題。像是中華電信為了推動Hami書城，地毯式地拜訪國內各大出版社，但直至Hami書城上線時卻只取得四百種電子書，其中有三百種還是屬於公共財或是已經沒有版權保護的舊書，實際上由出版社轉檔上架的新書只有一百種（其中還有不少是雜誌）。由此可知電子書授權取得並不容易，其原因為：

過去出版社與作者所簽的圖書出版契約，多僅止於紙本出版的權利，沒有發行電子書的權利。出版社如何跟作家談電子版權？版稅的簽訂，繁簡體版要分開嗎？為了增加銷售通路，到了不同的發行載體，利潤分配怎麼談？

　　翻譯書籍數位版權部分，國外原出版社也許會自行在台出版，像是日本集英社的手機漫畫，就是直接與台灣三大電信營運商合作，跳過原本合作的出版社。或者國外原出版社也可能對台灣數位出版市場規模、版權保護機制、市場利潤分配機制比例等不熟，而採取按兵不動的方式觀望，但這是不利於現階段國內數位出版的發展。因為沒有具號召力或重量級的作品，來帶動買氣，就無法有效提升及刺激這個新興市場。

　　面對電子書熱潮，出版社擔心一旦把書製作成電子書授權出去，當與作者合約期滿之後，電子書檔案會平白便宜給平台業者。

　　台灣雖然有很多IT公司，但卻沒有人能做到像「Google 圖書計畫」般憑一己之力建制完成公共版權圖書逾百萬種之書目，供合作者免費下載。

　　數位出版品的定價策略及讀者付費意願：電子書定價若與實體書相同，這樣的定價策略與讀者的期待有很大的落差，是會造成讀者的反彈，因為電子書是虛擬的，不像實體書般可以觸摸保存，這會影響消費者對其價值之認定。另外，網路上的內容不僅多樣豐富，而且大多是免費的圖文內容，強烈吸引著使用者。既然免費的數位內容這麼多，要使用者養成付費習慣恐怕得費一些功夫。此外，現行實體通路及網路銷售多有折扣，79折算是普通的折扣模式，隨著不定期的書展活動，還會有更優惠的促銷方案及會員服務。目前業界對電子書的定

價還處於探索的過程，比較常見的定價模式為「實體書的5～7折」，但也有低於5折的。台灣數位出版聯盟曾提出建議的定價通則如下：

電子書定價=紙本圖書定價×60%～80%

拆帳比：

$$\frac{內容供應商}{通路平台} = \frac{7}{3}$$

出版社與電子書作者拆帳比=電子書定價×20%～30%

電子書行銷的問題：除經由電子書交易平台外，出版社亦會運用自有的行銷資源，如新書訊息、圖書誌、自家雜誌、公司網路及既有之通路資源，但效果有限。這是由於出版社對數位環境的宣傳認識與掌握不足所致，例如現階段網路上的影音傳播是最為消費者接受的一種宣傳方式，但多數出版社因為缺少相關人才，很難掌握好影音製作技術，使得完成的作品呈現出來有些簡陋粗糙或是過於平淡，缺乏真正的創意，也達不到吸睛的目的。目前出版社在網路社群經營真正傑出者屈指可數，就算有自家的官網，也因流量有限沒能帶來效益。因此如何結合實體與虛擬通路的資源做整合式的行銷，以增加品牌認同度與銷售量，是各出版社最重要的課題之一。

消費者數位閱讀習慣的改變：電子書的出現對於閱讀市場的影響究竟有多大？根據波仕特線上市調網（http://www.pollster.com.tw）的網路民調顯示其實並沒有非常大的變化。

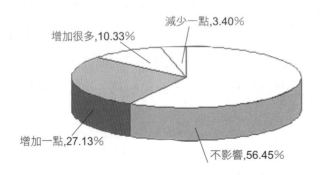

現今出版界所面臨的嚴重問題並不是紙本書將消失，而是——過去我們透過紙本書或雜誌取得知識，現今還有多少人會用這種方式取得資訊？即使現在所有的書都轉成了電子書，大家也都用得習慣，但「書」的數量還是會減少。那現在的人是如何取得知識？網際網路的發達，導致閱讀內容的方式出現了改變。例如網站的內容編排上是以HTML為圖文架構的方式，最大特色在於可設計超連結與標籤，再加上強大的檢索能力與搜尋服務，使得現代人愈來愈習慣運用關鍵字、搜尋引擎等，大量搜尋且快速瀏覽相關資訊。這種新的學習方式改變了對紙本書籍的需求。

出版者若想解決這個困境，不能繼續使用現在出版的形式，必須找出未來讀者會在哪裡取得所需的知識與內容，就在那個地方開始做出版。未來的書將會有更多種形態，只要是運算能力和連接性能夠做到的事，都會是書的形式。

國內因電子書授權不足，以及典籍數位化偏向典藏而未充分開放，從2007年開始，政府及民間如火如荼積極推動電子書至今，其出書量仍不到總書量的1%，不僅量小，大部分廠商也未見獲利。因此，未來決戰數位內容產業市場的關鍵要素在於：❶整合上、下游內容供應鏈，建立創新的服務體系與成功的營運模式；❷做好資源整合，結合數位家庭與行動閱讀概念，達到隨時隨地閱讀的境界；❸擴增電子書的數量，讓出版不再只是單向的輸入。並結合網路社群分享、共同討論或是結合休閒、娛樂等機能，讓數位出版品朝向多元化發展。

目前的出版社缺少的是，如何將現成的出版模式轉換成虛擬的電子書交易，並且可以獲得跟以往一樣的正常收入或甚至收入能更多的

經營方式。現在投入電子書市場的出版產業，每個人都擁有不同的優勢，像是可以生產出便宜且性能又好的電子書閱讀器，或是擁有許多數位內容出版品，亦或有著龐大會員基礎的網站平台。這個看似什麼都不缺的華文出版市場中，為何沒有產生出一個具指標性的領導者呢？其原因就是缺乏有效的整合力。電子書其實比的就是整合力，當年iPod也不是一上市就這麼成功，是等到Apple將使用介面、線上音樂平台等整個商業模式建構完成後，才將它一舉推向線上音樂的高峰。

　　台灣要成功發展數位內容，十分重要的關鍵要素在於「資源整合」，結合各種相關產業領域共同開發產品，建立優勢並贏利。由於台灣的出版機構大多為中小企業，同業間缺乏整合能力，以致產業規模一直無法拓展開來，較難爭取到國際大型業務。目前工業局也正積極推動加強各領域間數位出版的合作，以期發揮群聚效應，透過資源整合，以策略聯盟共同對外爭取國際業務與世界各地的華文內容訂單。

　　根據統計，整個出版產業有上千億的商機，只可惜面對閱讀習慣的數位化、消費者購書行為的轉向網路，傳統出版市場規模日漸萎縮等等趨勢，大多數傳統出版業往往缺乏能力及資源去應對，更因龐大的資金積壓在庫存書及大坪數倉儲成本上，對於方興未艾的電子書市場是看得到、吃不到，這些市場上的獲利大部分均由研發硬體設備的科技產業接收。出版業如果不積極轉型，將逐漸被邊緣化。而上述種種產業問題是必須藉由政府及民間產業共同努力突破，台灣的出版業才會露出新曙光，才有機會在全球電子書市場中成功卡位、贏得先機。

註：以下是台灣目前積極投入數位出版的民間協會：

台灣電子書協會 （Taiwan Ebook Association，TEA）	http://www.taiwanebook.org/
台灣數位出版聯盟 （Taiwan Digital Publishing Forum，TDPF）	http://www.dpublishing.org.tw/
台灣數位出版聯盟協會 （Association of Taiwan Digital Publishing Alliances，ATDPA）	http://netreading.wordpress.com/
台北市雜誌商業同業公會 （Magazine Business Association of Taipei，MBAT）	http://www.magazine.org.tw/
中華民國圖書出版事業協會	http://www.publisher.org.tw/
中華民國圖書發行協進會	http://www.csbca.com/

出版界進化，跨入新藍海

除了數位閱讀浪潮及電子書的大餅究竟誰屬之外（第一回合結束，這個大餅絕大部分非屬於出版業！），年輕族群閱讀習慣、使用工具及取得資訊方法的改變，也對傳統出版業界產生極大的衝擊：出版業者進化，或著是等著被淘汰？選擇與方向似乎已相當明確。

新一代的年輕讀者，從小就習慣電腦的使用，資訊的取得也十分容易、快速，紙本書籍之於年輕人與小朋友們——尤其是非教科書的「閒書」，已不再是必然與必需。由於網路的便利性，也導致他們的版權概念模糊化，彈指間，無數的非法複製與傳播藉由網路進行著，相對於傳統出版業對版權的嚴謹態度，數位出版的空間著實寬鬆不

少。再來，現在有太多出版產業之外的新鮮媒體與新的事物瓜分讀者的注意力（眼球爭奪戰——注意力經濟學是也！），傳統紙本書出版業的地位似乎是岌岌可危的。

在此面臨挑戰及轉型的時刻，出版業該如何因應及調整呢？我們要能夠動態思考、逆向思考、換位思考，以新的思維模式來迎戰新趨勢與新浪潮。在ＳＷＯＴ分析法中，當大環境（Ｏ與Ｔ）不佳時，Ｓ（Strength）是有可能強化或轉變核心競爭力以戰勝Ｔ（Threat）的！Starbucks成立於美國咖啡消費量已開始下滑的二十世紀八〇年代，當時不但咖啡消費量大幅下降，且已漸漸被廉價的三合一即溶咖啡所取代！Starbucks創立後卻以其品牌、氛圍、品質等核心競爭力一路長紅，便是Ｓ得以擊敗Ｏ與Ｔ的典範。出版界也不乏類似的例子，例如以發明大麥克指數（Big Mac Index）而聞名於世的英國《經濟學人》雜誌（The Economist）從每期發行量不到十萬份，目前已擴增至近二百萬份！不但廣告收入暴增，影響力也越來越強……英語系各領域意見領袖幾乎都會訂閱。所以說「與其贈來者以勁改革，孰若自改革！」

什麼產品與服務都賣的複合型網路書店這兩年成長快速，一方面新一代讀者的消費習慣改變助長了其擴展的速度，另一方面，也擺脫了傳統賣書的思維，從書出發，想出了許多衍伸性商機。

而提到網路書店，其中的翹楚莫過於美國的《亞馬遜》，初期《亞馬遜》只橫跨書籍、唱片、錄影帶等的銷售，但在一九九九年十月，他們開始有計畫的轉型為百貨商城：目前可以說什麼東西都賣——甚至於它的營運模式與網站平台也可以賣！《亞馬遜》對出版同業而言，可說是亦敵亦友，因為它擁有逾千萬人的會員市場，但在

Kindle穩定上線後，許多知名作者選擇與《亞馬遜》直接合作出版數位內容以換取更高的版稅，而成為出版社的競爭者。而台灣的博客來，也循《亞馬遜》的經驗，在統一集團入股後，結合了兩方的優勢，將博客來從單純的網路書店發展成全方位電子商務網站。舉個簡單例子來說：知名食療大師歐陽英出版了新的生機飲食書籍，對此書有需求的讀者就可聯想到是對飲食養生有興趣的族群，所以此類讀者為了湊足免運費門檻，可能會順便到「美食飲品館」購買生鮮食材，再到「3C館」逛逛新款的果汁機……。循這樣的行銷概念，可複製出許多行銷案型，例如：旅遊節書展，不主打書籍反而以「服飾配件館」的行李箱為主視覺，再往下帶出各類旅遊書籍……。

　　博客來的成功案例也讓台灣兩大連鎖書店——誠品、金石堂，紛紛跟進加強網路服務，其中最具勢頭的應算是金石堂。金石堂擁有全省近70家的實體門市，方便讀者在店取貨及退換貨的「消費安心感」是其最大的優勢。而其主要客群也與博客來稍不相同，大部分為較年輕（國中以下）或年長（50歲以上，不善用網路）的讀者，所以金石堂門市除了書籍外也大量拓展文具禮品市場。而在網路書店的經營上，金石堂根據客群較集中於年輕族群的特色，建置輕小說和漫畫館，針對動漫、輕小說產品的行銷宣傳下功夫，做出和博客來的區隔性，這可從金石堂首頁相關書訊的曝光中窺知一二。因此相關的出版社也積極將行銷資源投入金石堂網路，例如：典藏閣出版社一年前新開的輕小說線，即積極與金石堂網路合作，從10月份開始，出版的新書皆提供精美的金石堂獨家贈品，以此交換金石堂在出貨時夾寄典藏閣輕小說的新書介紹DM，更直接的設法去接觸到潛在與可能的讀者！

從這兩個通路的成功案例可知，其實讀者的需求還是存在的，只是出版社必須更精準的去規劃行銷計畫及對各通路的特性做更進一步了解和分析，同時也要積極的找尋各種異業合作的可能！

　　談到異業合作，就不能不舉補教名師王擎天的例子。王老師除了是知名數學家教班老闆，同時很早就開始積極與出版社合作，陸續發表許多作品，著作等。其思維模式為——視出版業為媒體業與公關業，如同歌手要先發片才更有機會開演唱會一般。

　　去年王擎天老師一件成功的異業合作案例，就是首度將參考書市場打進了超商通路。

　　王老師整理了多年的教學心得，出版了《擎天數學最低12級分的祕密》，並委託采舍國際與7-11（大智通）洽談合作，經過數月的溝通、協調，終於於11月正式在全省7-11門市亮相：全台7-11內均有一盒裝（一盒7本）的擎天數學祕笈。王擎天老師此舉的用意其實是藉著7-11全省超過5000家門市的曝光，除了銷售，更打響家教班知名度以利招生，因為現在學生一天進出7-11的次數，可能是進出書店的好多倍，而傳統書店也一家家的吹熄燈號，所以在此市場萎縮的情況下，唯有運用新思維、新創意，才能找到新市場的藍海。

　　出版正是一種媒體，舉例來說：CD/DVD為高單價商品，但其邊際成本很低，一張CD/DVD的燒錄成本其實只需5塊錢！創見文化出版社曾發行一套《用聽的學行銷（32片CD裝）》，原價4,986元、特價3,168元，是客單價門檻非常高的出版品，一般書店根本不願陳列展示。為達到銷售目的，當時出版社巧妙的使用了「同名書」的行銷手法，同時出版一本《用聽的學行銷》紙本書，內附4片試聽光碟及整套光碟的產品資訊，引導讀者在閱讀完書中內容後，為了獲得更

進一步的學習，再去搜尋並購買《用聽的學行銷（32片CD裝）》。此行銷技巧十分成功，一推出旋即站上新絲路網路書店銷售冠軍寶座，而新絲路網路書店也緊急與出版社洽談，推出書+CD優惠套裝組合，同樣引起了一陣搶購風潮。今年創見文化出版社又用同樣的手法推出12片CD、定價2,980元的《成功3.0》，以同名書的發行為媒體，僅華文網網路書店與新絲路網路書店就售出了千餘套！

再從另一方面來分析，數位閱讀對出版界的衝擊，一開始可能會以工具書感受會最為深刻。像是做地圖和字典等出版商，隨著Google地圖、翻譯的普遍使用與風行，可發現對於這些資訊有需求的消費者，因有了更快速又便宜的資訊取得方式，已不願意花錢去購買相關書籍。而智慧型手機的普及更加速了此種趨勢，大家不再隨身攜帶一本厚重的書，隨時上網或下載軟體即可解決當下需求。

但倘若不將此類資訊實體紙本化，這些出版、發行商就只能坐以待斃嗎？難道將這些內容轉化到網路上、衛星導航器材、電子辭典上就不能叫做出版嗎？

現在的「出版」，應該包含更多面向和意義，惟有不拘泥於傳統做法，並根據自家產品特性去開發出不同的發行策略，積極進軍各領域「更大的餅」並和各類媒體結合，才能達到生存與永續發展之目的！「兩兆雙星」難道出版業就這樣拱手讓給他人了嗎？

所以說這是最壞，同時也是最好的時代！好在於我們或許擁有了更多的商機和市場，但若不懂得轉化和進化，這些機會要不看得到卻吃不到，要不就恰恰成為取代你的關鍵！

出版界早該解放、早該向前跑了！期許出版業界，能一同跨過此時代洪流，前進藍海，共創新局！

抓住傳統出版的最後五個尾巴

大學時代我就讀於台大經濟系，教授們在分析各種貨幣政策與財政政策的工具時，常常會說某個政策只有短期效果，在長期是無效的！我當時就心想：既然在長期無效，那為何還要施行呢？直到讀到了凱因斯的名言「在長期，我們都死了」（賈伯斯也說死亡是最偉大的發明，是生命進化的媒介，清除老一代，同時為新一代開道。）才恍然大悟！每屆選舉，候選人猛開的支票往往也都是只有短期效果，有的甚至在長期間是反效果的（例如債留子孫）！其原因就在於候選人當選後的任期是短暫的！當然，在長期，我們大家也都死了！

1999年我出版了一本書《e鳴驚人》，提出出版業IC的藍海戰略，該書可能是台灣最早探討電子書對出版業長短期之不同影響的一本書。於是1999年起我經營的出版社開始投入電子書，諷刺的是：1999至2000年間投入電子書的公司們，後來大部分都倒了！我所領導的華文網，當時由於並未全力投入電子書，才因此得以存活。不過值得一提的是：當時華文網就是因為過早投入電子書，才引起創投（風頭）資金及大財團的青睞！至今和通集團、利通創投、中國電視、中租迪和、仁寶電腦、台北富邦銀行、台灣工業銀行、國寶人壽、東元電機、凌陽科技等知名企業仍是華文網的股東——創上市公司投資出版社之先河！我創辦的公司（台灣華文網、上海兆豐、天津創意等）在電子書時代仍能生存並發展之主要原因便是先想清楚所謂的「長期」與「短期」，在內部運作上大致分為新願景、未來方向與長期利益而奮鬥的「RD部門」，與持續傳統出版並設法抓住當下，為短期利益而努力的「CO部門」。「RD部門」負責Reposition（重新定位，目前大出版集團對電子書似乎已Overpositioning，小出版社

則Underpositioning）、Reimagine（另闢想像空間，因為電子書的意義與貢獻均極大，但出版業取得的實質收入卻不大！）、Repackage（重新包裝新的故事，以創造新的價值）、Recombine（重新組合）、Replanning（重新規劃）、Redesign（重新設計）、Reuse（資源庫的再利用）與Redistribution（資源重分配）等。「CO部門」則繼續操作著紙本書的出版：企圖用一手開拓具「魅力品質」之著作，另一手則緊緊抓住傳統出版的最後五個尾巴！當然，兩個部門有機結合：你泥中有我，我泥中有你。例如，本公司電子書收入來源之大宗：各圖書館採購電子書時，目前仍以該書有出紙本書為其選書之前題。

網路對於出版最大的衝擊便是去中間化（disintermediate），所以亞馬遜以垂直發展策略（網站上什麼東西都賣則是水平發展）推出Kindle系列後傳神地被描述成「屠殺的序曲」。眼看著傳統出版業的作業模式進入電子書世代後將逐漸被亞馬遜等電子書平台「去中間化」，但螳螂捕蟬黃雀在後，知名作者J.K.Rowling自己的Pottermore網站開站後自行對全球讀者提供電子書，又將亞馬遜等電子書平台「去中間化」掉！由於網路內容免費的「傳統」及去中間化的特性，加上網路上各方神聖（有同業說是好事之人）多不勝數！傳統出版方式與思維之式微是必然的！一定要有新思維才能有新觀念，要有新願景才能有新動能！

已年屆知天命之年的我，本著孫子兵法「知可以戰與不可以戰者勝」「識眾寡之用者勝」之明訓，仍認份地、自知之明地繼續負責著公司的「CO部門」（其實就是原部門）之運作，企圖抓住傳統出版的最後五個尾端（希望都是長尾）：自有內容（買斷內容來源或出版

社兼作者；也可更方便地支援新部門電子書之操作）、自費出版（紙本書最後的意義）、編輯顧問（服務作者協助出書）以及所謂的RC出版（紙書最後的價值與市場）。目前也小有斬獲，由於本文已超過本刊規定的字數太多了！這五個尾端的經營心得下期再續了。

（本文作者王寶玲先生為台北市出版商業同業公會理事，天津創意、華文一德、華文聯合出版平台、華文博采等公司董事長，亦為知名暢銷書作者。本文同時發表於台北市出版商業同業公會於2012年發行之《出版界》雜誌。）

參考資料

◆ 王祿旺、許齡尹（2010）。臺灣數位出版產業之競合策略。研考雙月刊，34（1）。

◆ 余登凱（2010）。電子書發展瓶頸之分析。修平科技大學行銷與流通管理系實務專題。

◆ 采舍國際（2012）。新聞局民國一百年數位出版創新應用典範體系計畫：采舍國際有限公司輔導捷徑出版社、凱信出版社、稻田出版社等16家傳統出版社e化及數位內容提升計畫（電子書閱讀全通卡）。台北市：采舍國際有限公司。

◆ 周暐達（2010）。2009年臺灣數位出版業市場概況。2010出版年鑑。

◆ 姜義臺。中文電子書發展的前景。報告人，4月9日。

◆ 張育銘（2009）。98年度提昇資訊互動設計研發與創新設計能力國際合作交流計畫。南台科技大學、嶺東科技大學。

◆ 張嵐婷、顏容欣（2011）。從電子書格式談政府出版品數位出版之規劃與準備。研考雙月刊，35（1），107-112。

◆ 張麗總（2010）。網路書店、線上出版、電子書。網路社會學通訊期刊，84。

◆ 莊丙農（2011）。台灣電子書協會，綠林資訊贊助「EZRead易讀機」。時報資訊，9月19日。

◆ 陳可涵（2009）。決戰電子書。Taiwan News，11月6日。http://times.hinet.net/times/magazine.do?magid=6881&newsid=2467582&next=1

◆ 王寶玲（2012）。王道：未來3.0。台北市：創見文化。

◆ 王寶玲。e鳴驚人：電子商務‧上網開店入門指南。台北市：華文網智富館。

◆ 葉耀琦（2010）。電子閱讀平台對臺灣出版社的影響。2010出版年鑑。

◆ 詹文男、黃偉正（2010）。電子書的機會與挑戰。2010出版年鑑。

◆ 劉家瑜（2010）。電子書熱潮全球持續發燒。台灣區電機電

子工業同業公會電子報，3月3日，第111期。

◆ 駱瑩瑩（2010）。「詹宏志談數位出版」紙本書變電子書是很小的事。編輯是很重要的工作。書香兩岸，總20，106-111。

◆ 謝吉松（2010）。從數位製作看「數位出版」解決方案。2010出版年鑑。

◆ Georgina Monjaraz Gomez.（2011）. User Experience in eReaders in an eBook store.University of Tampere School of Information Sciences Interactive Technology.

◆ WIKIPEDIA（2011）. Amazon Kindle. Available:

http://en.wikipedia.org/wiki/Amazon_Kindle

◆ Olivia Halme（2012）.E-reading Devices as a New Medium for Newspaper Reading. Aalto University School of Economics Department of Marketing.

◆ Alexandra Horowitz（2011）. Will the E-Book Kill the Footnote? .The New York Times. Available:

http://www.nytimes.com/2011/10/09/books/review/will-the-e-book-kill-the-footnote.html

◆ Susana Medeiros（2012）. What we really talk about when we talk about e-books . The Phoenix . Available:

http://www.swarthmorephoenix.com/2011/09/22/living/what-we-really-talk-about-when-we-talk-about-e-books

◆ Bruce Feiler（2011）. Snooping in the Age of E-Book. The New York Times. Available:

http://www.nytimes.com/2011/09/25/fashion/snooping-in-the-age-of-e-book-this-life.html

未來Key Word

中文關鍵字

二字部

3D	272	動漫	155	遠距	145
3G	129	紫領	155	藍金	227
3P	155	跨界	139	智慧	275
人工	186	電腦	272	雲端	310
太空	077	慢活	394		
甲烷	047	演化	061		
石油	231	綠領	152	### 三字部	
冰川	047	樂活	392	人民幣	083
地球	040	複製	181	人造肉	204
宇宙	084	核武	070	公共雲	310
奈米	194	獨居	357	太空城	077
天災	040	環保	399	太空站	084
能源	254	癌症	175	太陽能	239
				少子化	332

水足跡	227	硬實力	386	中美國	291
水凝膠	056	集思法	033	氫能源	238
世界觀	369	幹細胞	198		
巧實力	386	新人種	221	四字部	
未來觀	369	新粉領	157	行動辦公	148
全球化	326	新銀領	159	5C產業	366
冰河期	047	新藍領	156	U化城市	338
地球村	330	經驗法	033	π型人才	136
多元化	317	電子書	261	二氧化碳	047
宅經濟	155	電子紙	267	人口老化	333
即時性	306	電動車	240	人口爆炸	064
物聯網	278	碳中和	400	人工智慧	336
信息戰	084	碳交易	371	人工精卵	206
客製化	141	碳足跡	399	人造黑洞	074
扁平化	372	碳標籤	402	三螢一雲	310
核分裂	250	說故事	093	大都會區	324
核融合	249	數位化	260	子宮移植	213
草食男	155	複製人	215	微創手術	164
高邊疆	081	學徒制	322	太空領土	084
御宅族	155	機器人	361	太陽能板	234
部落客	320	關鍵字	380	手機病毒	282

文創產業	129	基因工程	209	腦波控制	270
火山爆發	053	教育改革	346	跨種移植	183
去中間化	309	潔淨能源	226	電力買賣	252
生態浩劫	060	貨幣戰爭	082	電子商務	086
生質能源	254	循環週期	374	電子貨幣	262
先行指標	374	換位思考	369	多點觸控	271
全球暖化	047	智慧電網	258	綠色經濟	152
再生能源	224	無性生殖	206	網際網路	317
地球公民	369	虛擬手術	191	遠距看診	202
多點觸控	272	虛擬城市	340	遠距辦公	145
自動駕駛	377	虛擬婚姻	355	數位文本	261
西班牙語	136	虛擬辦公	145	數位匯流	313
即時網路	306	視訊會議	145	蝴蝶效應	377
奇異夸克	074	超前意識	382	器官移植	181
幸福指數	388	高速火車	244	縮短工時	397
松島新市	338	雲端服務	310	薪資上漲	299
物種滅絕	060	雲端運算	311	隱私保全	345
金融風暴	328	感性領導	104	糧食短缺	064
訂製嬰兒	209	溫室效應	047	懷疑真相	371
個人隱私	343	節能減碳	399		
核電爭議	224	聖嬰現象	047	五 字 部	

人工纖維肺 186

生物多樣性 060

京都議定書 052

知識公共財 302

金融高邊疆 081

哈伯特曲線 232

後思考模式 382

動態歷史學 026

混合動力車 241

第一波浪潮 306

第三波浪潮 306

粒子加速器 074

透明顯示器 128

創造性思考 032

智慧化城市 337

智慧節能屋 352

經濟全球化 288

蜂群式作業 111

電子化病歷 201

電子閱讀器 265

網絡式組織 114

網路資料庫 374

機器人醫生 191

縫隙預測法 384

趨勢外插法 383

職涯規劃師 107

體驗式經濟 320

六 字 部

SWOT分析 382

水資源爭奪戰 227

市場議價法則 301

地球公民商數 373

安全監控產業 343

免費商業模式 302

哥本哈根協定 052

國民生產毛額 388

國民幸福指數 388

遠東環生方舟 352

數位傳播產業 317

遺傳基因篩選 209

七 字 部

有機太陽能電池 239

男性口服避孕藥 179

八 字 部

全球衛星定位系統 336

美國世界未來學會 024

碳捕獲與封存技術 252

數位個人生理檔案 201

未來Key Word

英文關鍵字

A 字 部

Ambient Intelligence	339
Anti-aging	333
Apprenticeship	322
AQ	372

B 字 部

B2C	009
Blog	320
Bloger	320
Blue ocean	384
Butterfly effects	377

C 字 部

Carbon Footprint	399
Carbon Label	402
Carbon neutral	400
CCS	251
Chimerica	291
Clean Energy	226
Clone	215
Cloud computing	310
Cloud service	310

D 字 部

Disintermediation	309		Global village	330
DIY	321		Globalization	326
DNA	186		GNH	388
			GPS	336

E 字 部

	GQ	373
Electronic Paper	267	Green Collar Economy	152
EQ	372	Green House Effect	047

F 字 部

H 字 部

Facebook	360		Hard-Power	386
Free	302		High touch	141
Future Clearance	384		Hubbert's Peak	231
Futures studies	022		Human Brain Project	219
Futurology	023		Hybrid	240
			Hydrogel	056

G 字 部

I 字 部

G2	292			
GCDF	107		IOT	278
GDP	388		IQ	372
Global Mindset	369			

K 字 部

Key word   380

Knowledge commons   374

L 字 部

Leading Indicators   374

LED   276

Lohas   392

M 字 部

Media convergence   313

Megalopolis   324

Moore's Law   272

MQ   372

N 字 部

N+3   244

Nanometer   194

Network organization   114

O 字 部

Ossip K. Flechtheim   023

P 字 部

Peak Oil   231

Post-   382

Public cloud   310

R 字 部

Reduce   353

Recycle   353

Reuse   353

S 字 部

Service on the internet   310

Smart Grid   258

Smart-Power   386

Soft-Power   386

Songdo   338

Space Station   084

STEEP 024

Strange quarks 074

Swarming 111

Web2.0 310

Web3.0 310

World Future Society 024

T 字部

tell stories 093

Transparent Display 128

Trend extrapolation 377

Twitter 307

U 字部

Ubiquitous 338

V 字部

Virtual City 340

W 字部

Want sheet 378

Water footprints 224

Web1.0 310

附錄4

Test！
你進化成未來人了嗎？

你是否觀念老舊還不自知呢？現在就來檢測看看你的未來觀是不是夠「潮」！

檢測方法

　　以下問題都分成三個選項，回答：「是」的人，表示你對問題充分理解，請繼續保持並隨時更新資訊；回答：「略懂」的人，代表你雖然聽過這個問題，卻還是一知半解，快趕緊查閱本書的相關章節以喚醒記憶吧！回答：「否」的人，表示你的未來觀還停留在恐龍時代，快透過本書、網路和報章雜誌來吸收新知，為自己的老舊思想Update！現在就開始測驗吧！

題號	測驗題目	選項			本書相關章節
		是	略懂	否	
1	知道未來學關心的範圍有哪些嗎？				Overture 01、02、03、05
2	能説出溫室效應對地球會造成什麼影響嗎？				1-1、1-2
3	能説出歷史上世界各國針對「節能減碳」簽署的協議是哪兩份嗎？				1-2

4	能列舉未來地球可能會遭遇到哪些毀滅性災害嗎？				1-3、1-4、1-7
5	瞭解全球人口的成長趨勢，同時知道這個趨勢會造成什麼影響？				1-6
6	知道什麼時候全球人口會達到100億嗎？ 人口爆炸又將為人類帶來什麼衝擊？				1-6
7	你知道各國面臨「人口老化」危機有哪些因應措施嗎？				8-14
8	能說說未來機器人將在人類世界中扮演什麼角色嗎？				4-2、5-3 9-8、9-9
9	能舉例說明什麼是「全球化」嗎？				1-10、8-6 8-12、8-13
10	能說出未來的「太空」對人類的意義是什麼嗎？				1-9、1-10、1-11
11	知道什麼是「Chimerica」嗎？ 它對未來的世界格局的影響又是什麼？				8-1
12	能說明什麼是「Web 3.0」嗎？它又將如何改變人類生活？				8-6
13	能解釋「雲端運算」的意義，並列舉它帶來的革新嗎？				8-7
14	能描述一下未來城市的特色嗎？				8-11、8-13 9-1、9-2

15	能說說什麼是「U 化社會」？它跟「e 化資訊革命」又有什麼不同？				9-1
16	知道什麼是「GNH」指數嗎？指數最高的國家又有哪些？				10-8
17	知道「碳足跡」、「水足跡」代表什麼意義嗎？而「碳標籤」又長什麼樣子呢？				6-2、10-11
18	知道什麼是「再生能源」嗎？它們如何與智慧節能屋結合呢？				6-1、9-5
19	能解釋什麼是「油峰」嗎？它對人類的意義是什麼？				6-3、6-4
20	能說說未來的交通工具跟現在的有什麼不同？				6-5、6-6 6-7
21	知道核融合與核分裂的差異嗎？用於發電的話各有什麼優缺點？				6-8
22	知道人類活動的能量也可以發電嗎？它又是基於什麼原理呢？				4-10
23	能解釋「數位化」對資訊社會的影響嗎？它的運用又影響了哪些層面呢？				7-1
24	知道什麼是「物聯網」嗎？				7-7

25	知道電子閱讀器和電子紙將如何改變人類的閱讀模式嗎？ 這對出版業、書店、圖書館及數位閱讀產業又會造成什麼影響？				7-3、7-4
26	能說說未來的電腦、手機或電視等家電的特色嗎？ 未來又會在什麼情境下使用這些3C產品呢？				7-6、7-7、7-8
27	知道除了電腦病毒外，手機也會中毒嗎？ 手機病毒又對使用者有什麼影響呢？				7-9
28	能說說未來十年內哪些行業最炙手可熱嗎？ 而又有哪些行業最「吸金」呢？				2-4、2-6 3-1、3-3
29	知道有哪些行業正逐漸沒落？ 這些產業又將以什麼面貌重新轉型？				2-1
30	知道未來的女性將在哪些職場上嶄露頭角嗎？ 女性的哪些特質是她們在職場上的優勢呢？				2-6
31	能說說自己需要具備哪些新技能及新思維，才能在時代的洪流中立於不敗之地嗎？				3-2、10-3 10-5、0-7
32	知道未來哪一種語言將會成為最熱門的第二外語呢？ 它成為主流的背景為何？				3-2

33	能解釋「π型人才」的特徵嗎？它跟「T型人才」差在哪裡？			3-2
34	知道什麼是「綠能產業」或「綠色經濟」？又有哪些領域呢？			2-11、3-6 3-7、9-5 10-11
35	能解釋什麼是「新五領」？這些新興產業又為何而生？			3-7
36	瞭解「網絡式組織」的運作模式嗎？相較於傳統組織，它有哪些優勢？			2-8
37	知道什麼是「遠距辦公」嗎？什麼行業又最適合這種模式呢？			3-4、3-5
38	知道未來辦公室的裝潢和硬體設備會有什麼革新嗎？能舉出一個自己認為最好玩的辦公室發明嗎？			2-11、2-12
39	能說明什麼是「3A辦公」嗎？			3-5
40	知道未來醫學會出現哪十大突破嗎？哪一項最讓你覺得驚訝？			5-1
41	知道「萬能細胞」指的是人類的哪種細胞嗎？它在醫學上有什麼貢獻？			5-4
42	能解釋「複製」的原理嗎？對於複製人，你有什麼看法？			5-10

43	未來男性懷孕將成為可能，你能描述男性懷孕是基於什麼原理或醫學技術嗎？				5-9
44	能說說「訂製嬰兒」技術會為人類帶來哪些貢獻與衝擊嗎？				5-8
45	能說說自己想像中的「新人種」的面貌嗎？				5-12
46	能解釋什麼是「GQ」嗎？				10-1
47	能說說看什麼是「先行指標」？能舉幾種例子嗎？				10-2
48	知道如何利用「Google Trends」來預測市場趨勢嗎？				10-4
49	知道什麼是「SWOT分析」？能利用它解釋「後碳經濟」嗎？				10-5
50	知道未來人才所需的「六技能」與「三實力」分別是什麼嗎？你目前具備幾種了呢？				10-7

檢測方法

　　上述50題問題，答「是」者得3分；答「略懂」者得2分；答「否」者得0分。計算你的總分之後，看看下表！就可以馬上知道你的未來觀是不是合格囉！

總分	評等	評語
125分以上	超讚的	太厲害了！你就是掌握未來、獨領風騷的時代新寵兒！想必你對自己的未來也規劃良好、期待實現吧！恭喜你！
100～125分	不錯啦	你對未來已經有所掌握，但還可以補充更多新知，達到更優秀的境界，怎能不再充實一下呢！
65～100分	很普通	雖然你的分數還在標準值，但是對新資訊一知半解是沒有幫助的，現在就把觀念再弄清楚一次吧！
65分以下	弱掉了	你的未來觀視野太小也太老，請快點加快自己的腳步，因為你的未來就掌握在此時此刻的進化！

附錄5

未來便利貼

關於未來，他們是這樣說的

人類若想要有一個看得清楚的未來，那麼決不會是靠過去或現在的延續達成。

——英國科學家，
霍布斯邦 *E.Hobsbawm*

人們種下的是「龍種」，而收穫的卻往往是「跳蚤」。

——德國詩人，
海涅 *H. Heine*

今日山寨，明日主流

——聯發科董事長，蔡明介

下一次超級火山的爆發只是時間問題。

——英國地球物理學家，
比爾‧麥奎爾 *Bill McGuire*

發明新觀念並不困難，難就難在從舊觀念裡跳脫出來。

——英國經濟學家，凱因斯
John M. Keynes

在未來，每個人都能成名15分鐘。

——普普藝術教父，
安迪‧沃荷 *A. Warhol*

未來十年，統計分析師將是
「最酷」、「最讓人羨慕」
的工作。

——*Google*首席經濟師，
瓦瑞安 *H. Varian*

亞洲未來趨勢之一，就是「男
性褪色，女性頭角崢嶸。」

——趨勢大師，約翰‧奈思比
J. Naisbitt

我們淹沒在資訊的洪流裡，
卻渴求知識而不可得。

——趨勢大師，約翰‧奈思比
J. Naisbitt

未來人才要像七巧板一樣，
專業巧到可以隨時拆解、隨
時變形，再迅速就位。你必
須跟著職場舞台的變化展現
十八般武藝。

——《30雜誌》

未來十年，人們必須習於合
作，跨界思考、跨界工作。

——蘋果電腦前設計總監，
克萊蒙‧默克 *C. Mok*

人類必須了解地球、太空與
大腦，因為我們必須了解人
之所以為人的原因。

——瑞士神經科學家，馬克蘭
H. Markram

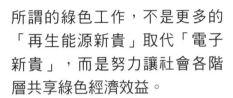

你不能坐在那裡等著別人告訴你你所在行業將會發生什麼變化。對此，你必須要主動。

——《華爾街日報》專欄作家，亞歷山卓‧列維特 *A. Levit*

所謂的綠色工作，不是更多的「再生能源新貴」取代「電子新貴」，而是努力讓社會各階層共享綠色經濟效益。

——「全民環保」倡導人法學博士，范‧瓊斯 *Van Jones*

蜜蜂絕種後4年，人類亦將滅絕。

——愛因斯坦 *A. Einstein*

我們無法駕駛變革，我們只能走在變革之前。

——管理學之父 彼得‧杜拉克 *Peter F. Drucker*

IC上可容納的電晶體數目，約每隔二十個月便會增加一倍，性能也將提升一倍。

——英特爾創始人，戈登‧摩爾 *G. Moore*

第一、第二天，我們都指著自己的國家；第三、第四天，我們指著我們的洲；到了第五天，我們只知道有地球。

——沙烏地阿拉伯裔太空人，出自馬克‧葛容 *M. Gerzon* 著作

認同「適足經濟」理念的國家，其人民必將快樂。

——泰皇，蒲美蓬
Rama IX, *King Bhumibol*

未來的挑戰是，確保世界各地的人們在日益老去的時候能有安全和尊嚴相伴，並且在參與社會生活時還擁有作為公民的全部權利。

——聯合國《世界人口高齡化》

定義清楚，是GDP最強的地方，也是最弱的地方。此外，不衡量環保及任何外部性因果也是另一個大問題。

——中山大學政經系副教授，
劉孟奇

除了走向網路，傳統媒體還必須走向深度化、專業化，才能在未來謀得立足之地。

——香港大學教授，
瑞貝卡‧麥金農*R. MacKinnon*

理解未來電視的關鍵，是不再把電視當「電視」看待。

——未來學家，尼葛洛龐帝
N. Negroponte

我們只想傳遞一個理念，就是「環保」將成為未來家居的風潮。

——「理想家居展」設計師，
喬治‧克拉克 *G. Clark*

手機應該被廣泛地應用到社會的各個領域當中，其中之一就是教育。為沒有機會充分接受正規教育的孩子創造「指尖上的未來」。

——約旦王后，拉尼婭*Rania*

台灣目前極需具備智慧財產權、技術移轉、投資評估、科技管理等整合專才，未來智慧財產管理人才將炙手可熱。

——屏東科技大學教授，林晉寬

我們正在努力向大家證明，人類可以利用腦波來做許多有意思的事。想像一下，動動腦子就可以輕鬆上網，那有多神奇。

——*IBM*

上個世紀社會學家都錯誤地認為人類在很久之前就停止進化。很明顯，這樣的想法並不正確，人類進化還在繼續……

——《一萬年之大爆發》作者，
喬治・考克蘭 *G. Cochran*、
亨利・哈彭丁 *H. Harpending*

人類醫生很容易忘了那機率較小的2%疾病的可能性，但華森醫療機器人不會。

——哥倫比亞大學醫學院

機器人即將重複個人電腦崛起的道路。

——微軟創辦人，
比爾・蓋茲*B. Gates*

在經濟的許多層面，尤其是資訊、文化、教育、運算和通訊領域，社交分享與交換已是習以為常的事。

——法律學者暨作家，
尤查‧班克勒（*Y. Benkler*）

未來，當我們的汽車、微波爐甚至腳上穿的鞋子都能成為網路的接收終端時，我們將真正實現資訊接收的「無時無刻」和「無所不在」。

——諾基亞前設計總監，
亞當‧格林菲爾德 *A. Greenfield*

好的員工，對生活必須有起碼的興趣。

——台灣暢銷作家，王文華

任何公路邊的小飯店加上它的電視、報紙和雜誌，都可以和紐約、巴黎一樣，具有天下在此的國際性。

——媒體及文化評論家，
馬歇爾‧麥克魯漢 *M. Mcluhan*

人類產生新知識與新觀念的速率，與人類到當時為止所累積的知識總量間，存在著高度加速的正比例關係。

——德國哲學家，
康德 *I. Kant*

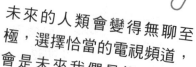

未來的人類會變得無聊至極，選擇恰當的電視頻道，會是未來我們最操心的事情。

——未來學家，
亞瑟‧克拉克 *A. C. Clarke*

最終決定我們社會的，將不僅僅在於我們創造了什麼，還在於我們拒絕破壞了什麼！

　　——前美國自然保護協會主席，
　　　　約翰・索希爾 *J. C. Sawhill*

人口成長以等比級數增加，但所需的糧食卻以等差級數增加，人口壓力永遠超過地球的供養能力，糧食終將不足。

　　　　　　——英國經濟學家，
　　　　　　馬爾薩斯 *T. Malthus*

有一天，各國在進行國際評比時，將不再只根據貨物與服務，而是根據一國人民對於快樂與否的真實感受。

　　——普林斯頓大學心理學教授，
　　　　坎尼曼 *D. Kahneman*

只有把自然經濟作為市場經濟的後備資本儲存，兩者才可能得以延續。

　　　　　　——美國科學院院士，
　　　　　　愛德華・威爾遜 *E. O. Wilson*

控制新技術將會比控制燃料本身更重要。

　　——美國喬治敦大學歷史學教授，
　　　　約翰・麥克尼爾 *J. R. Mcneill*

承諾一個乾淨能源的未來，我們可以創造許多新工作。

　　　　　　——前美國總統，
　　　　　　柯林頓 *B. Clinton*

成功3.0

王博士亞洲巡迴演講菁華

22講 12CDs完整版

華人世界非文學類暢銷書最多的本土作家 **王寶玲**

國際知名學者型教育家 **王擎天** ◎主講

王寶玲博士身為亞洲八大名師之首，多年來巡迴兩岸、星馬、香港等地演講，甚獲好評！可謂有口皆碑！！今本社完整收錄演講內容平價出版，讀者們不必再趕場赴各地花高額入場費聆聽。（雖所謂峨嵋絕頂亦盍興乎來~粉絲語）實乃功德一件，懇請各位閱聽朋友們惠予支持，感謝！

獨家內附
10項贈品

1.成功存摺	2.成功CPR	3.成功診療室
4.成功方程式	5.成功口頭禪	6.成功隨堂考
7.成功處方箋	8.成功同心圓	9.築夢信箋印花
10.常春藤電訊原價1,200元的電子書閱讀卡		

王道:成功3.0

華人世界非文學類暢銷書最多的本土作家 **王寶玲**

國際知名學者型教育家 **王擎天** ◎編著

讓天秤倒向你、天上掉下餡餅，
決戰千分之一的成功差距，
破局而出就是王！

一書附二CD
原價~~930元~~

只要 **490**元

就能汲取數百人數百年來的
成功精華！

榮獲
含章行文圖書發行有限公司總裁 于飛翔、華文博采總經理 曲小月、台中市長胡志強、數位投資（股）董事長 程雅人、采舍國際總經理 歐綾纖⋯⋯等兩岸三地人士強力推薦！

　　文化產業包括創見文化、風信子、典藏閣、活泉、啟思、博識晴天、含章行文⋯⋯等各領域之出版社一致推薦！

只要上新絲路網路書店購買，《王道成功3.0(隨書附2CD)》+《成功3.0：王博士亞洲巡迴演講菁華22講(附CD3~CD12共10片光碟)》就能享有超值優惠價NT$1250元，讓您一次購足完整全記錄！

您非買不可的理由

1. **物超所值**：位列「亞洲八大名師」的王博士，橫跨兩岸三地的演講費用，每小時從10,000元人民幣起跳，一堂課更要價80,000元台幣！現在，12片CD、840分鐘，價值100,000元人民幣的音檔，只賣您新台幣1,200元！

2. **限量販售**：本有聲書限量1000盒，為避免排擠效應與莫非定律，「成功」也將有所限定。因此，售完後即不再出版！

3. **成功隱學**：有別於書中所提之例，王博士將更為精彩、引人共鳴的成功祕訣與案例收錄有聲書中，精彩度必將讓您頻頻點頭、連聲道好！

我們改寫了書的定義

創辦人暨名譽董事長　王擎天
總經理暨總編輯　歐綾纖　　　印製者　家佑印刷公司
出版總監　王寶玲

法人股東　華鴻創投、華利創投、和通國際、利通創投、創意創投、中國電
　　　　　視、中租迪和、仁寶電腦、台北富邦銀行、台灣工業銀行、國寶
　　　　　人壽、東元電機、凌陽科技(創投)、力麗集團、東捷資訊

◆台灣出版事業群　新北市中和區中山路2段366巷10號10樓
　　　　　　　　　TEL：02-2248-7896
　　　　　　　　　FAX：02-2248-7758

◆北京出版事業群　北京市東城區東直門東中街40號元嘉國際公寓A座820
　　　　　　　　　TEL：86-10-64172733
　　　　　　　　　FAX：86-10-64173011

◆北美出版事業群　4th Floor Harbour Centre P.O.Box613
　　　　　　　　　GT George Town, Grand Cayman,
　　　　　　　　　Cayman Island

◆倉儲及物流中心　新北市中和區中山路2段366巷10號3樓
　　　　　　　　　TEL：02-8245-8786
　　　　　　　　　FAX：02-8245-8718

國家圖書館出版品預行編目資料

王道：未來3.0--世界不說，你卻一定要知道的未來趨
勢 /王寶玲 著.--初版.--新北市中和區：
創見文化 2012.3
面； 公分

ISBN 978-986-271-165-1(精裝)
1.未來社會　　　　　2.趨勢研究

541.49　　　　　　　　　100025961

王博士
演講邀約

王博士身為亞洲八大名師之首，多年來巡迴
兩岸、星馬、香港演講其知性與理性的各領
域獨到之見解，已在北京、上海、吉隆坡、
台北、台中……等華人地區講演數百場，想
一聽王博士分享精采絕倫的成功之道嗎？

歡迎各大學術機構、企業、組織團體邀約演講！

意者請洽
✦ 電話:(02)2248-7896 ext.305 黃小姐
✦ 傳真:(02)2248-7758
✦ E-mail:ying0952@mail.book4u.com.tw

人生課題 03

王道：未來3.0
世界不說，你卻一定要知道的未來趨勢

本書採減碳印製流程
並使用優質中性紙
（Acid & Alkali Free）
最符環保需求。

出版者／創見文化
作者／王寶玲
印行者／創見文化
總編輯／歐綾纖
文字編輯／馬加玲
美術設計／李家宜

郵撥帳號／50017206 采舍國際有限公司（郵撥購買，請另付一成郵資）
台灣出版中心／新北市中和區中山路2段366巷10號10樓
電話／（02）2248-7896
傳真／（02）2248-7758
ISBN／978-986-271-165-1
出版日期／2012年3月

全球華文市場總代理／采舍國際
地址／新北市中和區中山路2段366巷10號3樓
電話／（02）8245-8786
傳真／（02）8245-8718

全系列書系特約展示
新絲路網路書店
地址／新北市中和區中山路2段366巷10號10樓
電話／（02）8245-9896
網址／www.silkbook.com

本書於兩岸之行銷（營銷）活動悉由采舍國際公司圖書行銷部規畫執行。

線上總代理 ■ 全球華文聯合出版平台 www.book4u.com.tw
主題討論區 ■ http://www.silkbook.com/bookclub　　◉ 新絲路讀書會
紙本書平台 ■ http://www.silkbook.com　　◉ 新絲路網路書店
電子書平台 ■ http://www.book4u.com.tw　　◉ 華文電子書中心

創見文化，智慧的銳眼
www.book4u.com.tw   www.silkbook.com